国家语言文字应用科研项目(编号 BZ2005-09)

2010汉语新词语

侯敏　周荐　主编

商务印书馆
2011年·北京

图书在版编目(CIP)数据

2010汉语新词语/侯敏,周荐主编. —北京:商务印书馆,2011
ISBN 978-7-100-08661-5

I. ①2… II. ①侯…②周… III. ①汉语—新词语—2010 IV. ①H136

中国版本图书馆CIP数据核字(2011)第215563号

所有权利保留。

未经许可,不得以任何方式使用。

2010 HÀNYǓ XĪNCÍYǓ
2010汉语新词语
侯敏 周荐 主编

商 务 印 书 馆 出 版
(北京王府井大街36号 邮政编码100710)
商 务 印 书 馆 发 行
北京瑞古冠中印刷厂印刷
ISBN 978-7-100-08661-5

2011年12月第1版	开本787×1092 1/32
2011年12月北京第1次印刷	印张11

定价:22.00元

审　订	晁继周　李志江
主　编	侯　敏　周　荐
编委会	于根元　刘一玲　周洪波　李行健
	杨尔弘　何婷婷　刘　华

编　写　（按音序排列）

陈建军　陈　茜　陈毓麒　崔　乐
邓　斌　何　伟　侯　敏　李　洁
李雪燕　刘凤梅　刘　佳　刘　俊
刘　琳　刘欣斐　吕长凤　马月红
曲丽玮　邵燕梅　苏磊鑫　滕永林
王华英　王铭宇　王　宁　王新宇
吴继媛　曾　柱　张金玲　张　勇
赵　越　周　荐　邹　煜

责　编　李智初
插　图　陈静娴

目 录

前言 …………………………………………… 1
凡例 …………………………………………… 13
词目音序索引 ………………………………… 15
正文 …………………………………… 1—237
附录
  2007—2009 汉语新词语词目音序索引 ………… 238
  2007—2009 汉语新词语 ……………………… 243
  2010 年年度新词语使用状况表（按频次排列）…… 282
后记 …………………………………………… 311
致谢 …………………………………………… 316

前　言

经过半年多的紧张工作,2010年度新词语的编纂已近尾声。本书共收录了626条新词语,它们反映了2010年的中国语言生活,也记录了2010年中国社会变化的历史。翻检这些词语,仿佛会听到它们在讲述的语言故事和社会生活故事。为了让更多的人了解它们,下面试从语言学、社会学、传播学三个不同的角度对这626条新词语进行解读。

一、新词语的语言学特点

从语言学角度看,2010年新词语在词长分布、结构方式、使用频度以及构成格式上有如下几个特点。

1. 三字词占优势

词语长度是词汇的一个重要特征。计算时一个汉字、一个字母或一个阿拉伯数字,都算一个字长。对626条新词语统计结果显示,数量排前的依次为三字词、四字词、二字词。三字词语约占54%,是全部年度新词语的一半多,且几年来一直走高。四字词语占22%。二字词语占18%。平均词长为3.20个字。三字词语比例占优势,与近几年多用热门格式造词有关。2010年除了持续2009年的"被××、楼××、××门、××族"外,"××哥、××姐、××帝、××体"以及由"微博"衍生出的"微××"特别活跃。

2. 偏正式为主,后附加式增多

新词语的结构方式仍以合成型占绝对优势,单纯型只占0.8%。合成型中偏正式能产性最高,占总词数的60%,其次是后附加式合成词,占28%。类后缀构词中,这几年居高不下的"～门、～族、～奴"等继续凸显优势。2010年度新词语中,以"族"为后缀的有55条,占8.87%,以"门"为后缀的有36条,占5.81%,以"奴"为后缀的有9条,占1.45%。这三者占了所有词语的近六分之一。

其中特别值得注意的,是"～哥、～姐、～帝、～体"的出现。"哥、姐"本是亲属称谓,可在本年度,网民们却把它慷慨地送给了那些值得关注的人,甚至动物。称"～帝"的往往是在某一方面做到极致的人或物。"～体"是人们对某种特定或流行话语格式的总结和归纳。它们是否已虚化到类词缀还可以讨论。这类新词语在2010年度呈现多产、高频趋势。

3. 使用频次分布呈橄榄形

将626条新词语在10亿字的国家语言资源监测语料库中进行检索统计,可以看出,这些新词语出现频次分布呈橄榄形,两头小,中间大。频次在500以上的特别高频的仅占4%,频次在100以上的占22%,频次小于10的占28%,频次在10—99之间的占了一半。总体来说,新词语使用频率不是很高,这也体现了年度新词语的特点:在使用上,大多具有小众化的特点,还处在慢慢生长、逐渐发育阶段。其中有的词语一旦有合适的土壤,便可能迅速成长,消失了新颖色彩,甚至进入汉语词汇的常用词系统；有的词语条件不太好，但还存活着，缓慢生长，总是带有比较高的新颖度；也有的词语在语言生活中很快隐退，成为昙花一现的历史词语。

4. 造词格式不断推陈出新

2010年的新词语继承了2009年以反映社会问题为内容，以词语格式为标志形成词语群的特点，但词语格式有所变化。2009年最活跃的"被××"依然存在，"楼××"势头减弱，"～门"有增无减。新出现的词语群是"～哥、～姐、～帝、～死、～体、微～"格式，以及一组与涨价相关的谐音三字格式。其中出现最多的是"微～"，有29条，其次是"～哥"，有22条。

二、新词语的社会学特点

新词语是语言现象，也是社会现象的反映。作为社会变化的放大镜和显微镜，新词语在凸显语言的动态变化的同时，也凸显了社会生活中"动"的一面。从社会学角度进行分析，2010年度新词语至少可以看出四个比较明显的特点。

1. 以人为本——反映多元人群的词语居多

"人"是社会的核心，也是人们关注的焦点。在一个张扬个性、价值取向多元的社会中，面目模糊的总体人群会划分出越来越多清晰的、有个性特征的小族群，把他们用代码固定下来，就形成了新词语。2010年这类表人的词语特别多，共有193条，占新词语总数近三分之一。表人词语居多，也得益于几个准词缀形成的词语群，除了几年来一直活跃的"～族"外，特别体现2010年特点的是"～哥、～姐、～帝"。

2010新词语中,以"族"为后缀的词语收录了55条。这些"族"群词语的特点是使用频次都不是很高,在国家语言资源监测语料库中使用频次超过100的只有"张三族(127次)、跑腿族(119次)、傍傍族(118次)、柜族(118次)",但分布也不是很广,分别只出现在31、15、21、48个文本中。其余的词语使用频次大都在1—99次之间。这些词语从不同角度描绘了社会众生相,每一个词语后面都为我们展示了一幅社会风景:从"海囤族、海豚族、囤囤族、有备族"中,可以看到物价上涨时人们那不安、焦躁和忙碌的身影;"淘婚族、伪婚族、滞婚族、蜗婚族"呈现了人们对婚姻或积极或消极或委屈或无奈的态度和状况;"傍傍族"描绘了那种一心借助捷径,依附他人势力达到目的的人;"零帕族"指的是轻松应对生活和工作中的压力,保持积极乐观心态的人。还有,对物品占有欲望强烈,像野草般疯长的"草族",热衷于秒杀、团购的"秒团族",买不起房,只好住在集装箱里的"柜族",住在地下室里的"鼠族",职场上经不起风雨的"花草族",由于种种原因,下了班还不愿回家的"赖班族",聪明善学,经常在网上观看国内外名校公开课程的"淘课族、网课族",等等。这各种各样的"族"描绘出了一幅五光十色、曼妙多姿的社会生活画卷。

中国人向来注重家族、亲属关系,"哥、姐"是对家庭或同族亲属中同辈而比自己年长的人的称呼,带有浓重的亲情色彩和亲热意味。2010年,网民们慷慨地把这个称谓送给了他们所关注的人,甚至动物。中国几千年的封建文化成就了"帝"的神圣,2010年,"帝"也走下神坛,来到民间。与"族"群词语指称的往往是一类人不同,"哥、姐、帝"群词语指称的往往是某个人,虽然其中有些已显示出类化的倾向,如"保证哥、咆哮哥、淡定哥、浮云哥、表情帝",但这些词语是否能够真正类化,还需时间证明。我们从中选出34条收入本书,以显示这一时代的语言特点以及语言背后的民众心态和心理特征。其中,使用频次最高的是"犀利哥(4805次)"和"章鱼哥(2633次)"。"犀利哥"是一位流浪街头的名叫程国荣的乞丐,因其目光犀利忧郁,着装不伦不类却歪打正着撞到前卫潮流线上而红透互联网。对"犀利哥"为何走红的追问,形成了网上网下的一场大讨论,众说纷纭。"章鱼哥",也称"章鱼帝",是一只名叫保罗的章鱼,因神准地预测了南非世界杯从小组赛到最终决赛的八场比赛,准确率达到100%,为世界瞩目。还有,连续四年参加高考均取得优异成绩,却三次高分弃读的"高考哥";为了让瘫痪在床的妻子开心,历时四年,研制出一种孔雀开屏的装置,在《中国达人秀》节目中以孔雀开屏舞蹈感动了很多人的"孔雀哥";向有关部门赠送"不为人民服务"的大红锦旗的"锦旗哥";广州亚运会开幕式上站在演讲台旁长时间保持微笑的"微笑姐";在2010年的5部贺岁电影中主演了3部,在贺岁档13年历史中主演了12部贺岁片的"贺岁帝"(葛优);从300块钱摆地摊开始逐渐走上致富路的"练摊帝",等等。这里,大部分是草根,是社会底层的普通人。但每一位"哥""姐""帝"的背后,都有一道风景,都有一个故事,是他们,共同构成了这个百态的社会,也写就了这一年的历史。

2. 聚焦矛盾——反映社会事件的词语居多

社会矛盾是随着社会的产生而产生的。但近些年来,由于网络的传播作用,把各种社会矛盾通过事件摆到大众面前,反映这些社会事件的新词语也格外多。使用的词语格式主要是"～门、～死"。

原以为,自从美国"水门""电话门""拉链门"事件发生后,利用"～门"在汉语中造词说事儿,2009年已经达到了顶峰。可2010年,其势头有增无减,本书中收录了36条以"门"为后缀的词语。这些词语集中反映了各种社会矛盾:"擦汗门、发言门、台历门"表现的是人们对某些官员官僚作风的不满;"开水门、打错门、通缉门"说的是某些执政人员利用特权违法执政;"杯具门、茶杯门、禁网门"显示的是官民矛盾;"黄山门、语文门、学历造假门"反映了教育领域在德育教育、母语教育中的某些矛盾,也折射出社会价值评价体系上可能存在的问题;"激素门、早熟门"将近几年来一直存在的食品安全问题再次呈现在人们面前;"踏板门、天线门、紫砂门"暴露了产品质量中的问题;"跳楼门、连跳门"用血淋淋的事实表示了社会最底层百姓对所遭受的不公正待遇的反抗;"兽兽门、微博门"则是文化界掀起的阵阵风浪;"弹簧门、玻璃门"反映的是经济领域的矛盾,但与其他"门"不同的是,这两个"门"一语双关,也可以理解为实义的"门"。如果说2008年的"飙车案"暴露出"富二代"的问题,今年的"李刚门"则让人们把目光又集中于让人神经敏感的"官二代"。

2010年度新词语中,有关"～死"的词语有8条:冲凉死、粉刺死、骷髅死、如厕死、洗脸死、盖被死、发狂死、喝水死。这一系列令人匪夷所思的"～死",反映了人们对执法公信力的质疑,以及对执法正义性和人性化的呼唤和渴望。

3. 关注民生——谐音三字格词语群出现

民生已经成为世界语境中的重要话题。在住房、物价、医疗等一系列民生问题中,物价尤其成为 2010 年的焦点。在 2011 年 1 月 5 日揭晓的"汉语盘点 2010——用一个字、一个词描述中国与世界"活动中,"涨"继 2007 年,第二次当选为描述中国的第一字。面对飞涨的物价,面对生活的巨大压力,老百姓们把创造语言作为了自我解压的渠道和自我调侃的办法。一连串的三字谐音格式产生:豆(逗)你玩、蒜(算)你狠、姜(将)你军、苹(凭)什么、煤(梅)超疯、油(由)你涨、棉花掌(涨)、玉米疯、药你苦、虾(吓)死你、腐(扶)不起、鸽(割)你肉、糖(唐)高宗、糖(唐)玄宗。从中不难解读出一种幽默带讥讽的意味及宽厚且无奈的心态。

4. 借助新媒介——微博衍生的词语井喷

2010 年,被称为"微博元年"。这一年,人们传播信息的媒介发生了很大的变化,随着微博从网上到网下的急速发展,随着微博在人们生活中日益举足轻重的地位和作用,围绕"微博"产生了一系列词语,本书中收录了 29 条,反映出微博在各个领域对人们的影响。在政界,无论人大代表还是普通网民,只要是"微民",都可以"微博问政、微博议政",公安机关在网络上开设了"微博 110",人们可以进行"微投诉",体现微博舆论监督的"微动力"日益显示出强大的力量;文化领域已呈"微文化"态势:"微博控"们运用"微博体",写着"微小说",看着"微喜剧",读着"微新闻",进行着"微访",当然,由于微博的社区虚拟性,其中不乏"微谣言",也曾有"微博门",这些形成了一个"微世界";生活中,人们体验着"微博游",用人单位可以"微博招聘",面临就业的学生们可以投出"微简历",网络冲浪的高手去注册"微域名",彼此相恋的人们则写着"微情书",享受着"微爱情",负责微博管理的"微管"已成为一种新型的职业岗位。的的确确,生活在"微时代"的人们在经历着由微博引发的传播方式、生活方式、社会生态等方面的"微革命"。

三、新词语的传播学特点

语言是信息传播的工具。传播媒介和传播方式的变化,也会给语言带来变化,新词语必然首当其冲。从传播学的角度看,新词语具有下面三个特点。

1. 自媒体——新词语的草根化与语言游戏化

网络时代改变了传统的大众传播模式,尤其随着网络上论坛——博客——微博的依次出现,人们越来越走进了一个不再设有严格意义"把关人"的自媒体时代:面向公众发布信息的不再仅仅是精英,也有草根;人人手里都有麦克风,只要你愿意,你就可以面向公众说话。一个人,不管你是谁,只要说得好,或者虽不那么好,但能让有些人接受,都会马上得到喝彩,得到追捧,从而使这个说法得到广泛的传播。结果就是,人人都成了语言创造者,都成了"造词家"。可以说,在人类发展的历史上,人民群众的语言创造力从来没有像今天这样得到张扬,语言生活从来没有像今天这样新鲜活泼,新词语从来没有像今天这样活跃,尤其是那些带有鲜明草根色彩的新词语也从来没有像今天这样传播迅速,影响广泛。当然,其中也不乏一些新词语消失得同样迅速。近些年来几个类词缀"～族、～门、～奴、～男、～女、～客、～二代"等使用率居高不下就呈现了一种羊群效应,你造一个"急婚族"称那些急着结婚的人,我觉得不错,我就跟着造一个"懒婚族"说那些懒得结婚的人;你把那些为买房月月勒紧裤带还贷款的人叫"房奴",我就把那些因菜价上涨买菜需要费心算计的人叫"菜奴"。有了"富二代、官二代",也就有了"贫二代、民二代"。正是这种原因,近几年来的新词语一直呈现"聚类"的特点,每年都会形成几个比较大的"词语群"。与 2008 年、2009 年不同的是,2010 年度使用广泛的"哥、姐"词语群带有更加浓重的百姓气息和平民化色彩,一声声"孔雀哥、锦旗哥、咆哮哥、齐全哥、微笑姐、淡定姐",或敬佩,或惊异,或讽刺,或调侃,或喜爱,倾诉的是草根们的所见所想,呈现的是草根们日趋平和、宽容甚至处怪不惊的心态,散发着一种质朴又不失风趣、亲近又带有几分讥诮的气息。

新词语在日益草根化的同时,也日益凸显着语言的游戏功能。语言是交际的工具,是承载文化的容器,同时它也具有审美、娱乐的潜能。当人类还在为生存而挣扎的时候,语言或许主要是用来交际,一旦衣食无忧,需要更多精神层面追求的时候,语言的娱乐功能也会彰显出来。谐音、叠音、隐喻、借代等本是修辞手段,它往往会使人产生联想,而一种意料之外、情理之中的联想则会给人带来幽默的快感。这几年新词语中就不断闪现出这样的火花。2008年的"什锦饭(胡锦涛的粉丝)、八宝饭(温家宝的粉丝)、欺实马(70码)",2009年的"杯具(悲剧)、餐具(惨剧)、洗具(喜剧)、围脖(微博)、织围脖(写微博)"都是利用谐音双关的手段造词谐意,2008年的"范跑跑、郭跳跳",2009年的"何逛逛、楼歪歪、桥粘粘"都是利用叠音手段造词,还有"雷人、山寨、围观、打酱油、钓鱼执法"等等,或隐喻造词,或借代造词,这些词语无不带有浓重的或幽默或诙谐或戏谑的色彩。2010年,这类词语更多了,反映涨价问题的一系列谐音三字格"蒜你狠、豆你玩、姜你军……",网络上盛行一时的"神马(什么)、鸭梨(压力)",世博会志愿者的昵称"橙子、小白菜、小蓝莓",还有"足囚协会、萝卜招聘、海豚族、果粉、地板干部、天花板干部"等等。人们在创造和使用这些词语的时候,会觉得很好玩,很快乐,会明显体验到语言带来的愉悦之感,尽管这些词语很可能大都是短命的。

2. 词媒体——新词语的事件化与信息浓缩化

随着互联网的建立,我们已进入信息社会时代。这一时代的特点是信息呈爆炸式铺天盖地向我们袭来。时间有限,空间有限,人脑有限,为了信息传递的高效便捷,为了信息记忆的长期存储,为了能最大化实现信息价值,作为信息载体的语言,也在悄然发生变化:当一个事件或一种社会现象出现时,人们不再是四平八稳地用一堆旧有词语去讲述它,而是将之代码化——概括成一个新词,于是就形成这个时代新词语的三个特点：第一，表事件、表社会现象的新词语特别多；第二，新词语表达的信息高度浓缩，每一个这样的新词语背后都有一个故事，都有一道特别的社会风景；第三，相应的是，新词语的隐退、消亡也比较迅速。用词语来记录历史、描述社会、反映生活，已成为我们这个时代的特征。也正是由于这个原因，中文互动百科将自己的网站定位为"词媒体"。词媒体的出现，从一个侧面反映了信息社会语言变化的特点，也反映了凸显语言变化的新词语的特点。

3. ××体——语言传播的互文性与格式化

互文性，通常指两个或两个以上文本间发生的互文关系。它包括两个具体或特殊文本之间的关系，也包括某一文本通过记忆、重复、修正，向其他文本产生的扩散性影响。在2010年中，明显体现某些文本扩散性影响的是一系列带有"体"的新词语。实际上，在近几年的新词语中，一直有着"～体"的身影。"体"本来指文字的书写形式或作品的体裁，如楷体、宋体，公文体、政论体等。但这些新词语中的"体"主要指的是话语的语言组织格式和特点，是对不同特点的语言格式或形式的归纳，表现了人们对语言及语言功用的关注。如2006年的"梨花体"、2007年的"脑残体"、2009的"蜜糖体"，但到2010年，出现了一个小小的高潮，"～体"格式的词语出现了9条：凡客体、回音体、亮叔体、微博体、校内体、羊羔体、子弹体、QQ体、乡愁体。其来源林林总总，大到一种媒体，如微博，小到一个个人，如"亮叔"。其中虽有其他因素的影响，如"羊羔体"，但主要还是对语言格式的归纳。如"凡客体"是对网购品牌"凡客诚品"的广告文案的写作模式的归纳,由一系列"爱××,爱××,我不是××,我是××"的短句组成。"回音体"指将一句话逐字缩短模拟回音而形成的一种话语格式,目的是让人们体验由于或雷人或悲愤或其他感情而产生的荡气回肠之感。"子弹体"是网友模仿影片《让子弹飞》中独特幽默的台词或影片片名而归纳的语言格式,典型句式是"让××飞(一会儿)"。这些语言格式在不同内容中的反复使用,使得人们用一个个带"体"的符号把它们固定下来,形成了"~体"词语群。这些词语格式的使用,总会使熟悉它的人产生联想,不禁莞尔,充分体现了语言表达的互文性特点,以及语言的游戏功能。

上面我们从语言学、社会学、传播学三个不同的角度解读了2010年新词语,试图从不同层面说明语言与社会的关系,说明新词语是如何受到社会的制约,又反过来反映并影响社会的。但受到眼界和水平的局限,难免挂一漏万,敬请大家批评。

侯　敏

2011 年 4 月 24 日

于中传

凡　例

一、本书正文收入 2010 年产生的新词、新语和新义、新用法共计 626 条,附录补收 2007—2009 年产生的新词、新语和新义、新用法 157 条。

二、词目按音序排列。字母打头的词语排在最前面,阿拉伯数字打头的次之,然后是汉字构成的词语。汉字构成的词语,读音相同的按笔画多少顺序排列;笔画相同的,按起笔横、竖、撇、点、折的顺序排列。

三、词目根据《汉语拼音正词法基本规则》标注拼音。词目中的阿拉伯数字、罗马字母及其他字母径行列上,不再标音。轻声字不标声调。

四、汉语拼音之后,标出词目的词性。词性标注的原则是,绝大多数双字单位,视为词,标出词性;三字单位,根据情况,视为词的,标出词性,视为短语的,不标词性;四字及四字以上单位,一般不视为词,不标词性。

五、多义项条目用❶❷❸……加以区分。

六、词目均配有例句,前面标记 例。例句主要选自平面媒体(报纸)及有声媒体(广播电视节目转写文本),也有部分选自网络媒体。例句括注出处。少数例句末尾没有标点的,为原文的标题。

七、一些词语配有知识窗或相关词语。知识窗用"▭"标记,相关词语用"☻"标记。相关词语主要按音序排列,辅以形序、义序排列。所列相关词语中,左上角标"*"号的是本书中所列词目。

八、属于新义、新用法的,在词目前标"*"号以示区别。

词目音序索引

A

阿鲁族 ······ 1
爱堵族 ······ 1
爱绿日 ······ 2
安胎假 ······ 2

B

巴比 ······ 3
巴比晚宴 ······ 3
白菜服 ······ 3
白菜墙 ······ 4
白技 ······ 4
白金汉 ······ 5
白领返乡 ······ 5
摆婚 ······ 5
摆婚族 ······ 6
拜客 ······ 6
斑马族 ······ 6
板凳妈妈 ······ 7
半裸婚 ······ 7
半漂族 ······ 8
傍傍族 ······ 8
保本菜 ······ 8
保证哥 ······ 8
*爆仓 ······ 9
杯具门 ······ 9
悲催 ······ 10
北京镑 ······ 10
*北约 ······ 11
贝塔男 ······ 11
被出国 ······ 12
被弟子 ······ 12
被第一 ······ 13
被坚强 ······ 13
被酒驾 ······ 13

被联盟	13	草族	21
被明星	14	茶杯门	21
被潜门	14	刹那族	21
被上楼	14	拆弹红条	22
被上网	15	*超导	22
被逝世	15	*超学时	23
被署名	15	潮丐	23
被小三	15	潮外婆	23
被志愿	16	炒地图	24
被作弊	16	撤办令	24
毕剩客	16	*橙子	25
闭关族	16	吃拆迁	25
表情帝	17	吃费手机	25
*玻璃门	17	冲凉死	26
啵乐哥	17	春晚钉子户	26
博士工	18	戳车男	27
		词媒体	27

C

		词时代	28
		错案警示日	28
擦汗门	18		
彩衫军	19	## D	
*菜农	19		
菜奴	20	DNA 喷雾	29
菜头	20	打错门	29

代表门 …… 30	地板干部 …… 40
代际符号 …… 30	地板工资 …… 40
代客帮 …… 30	地补 …… 40
担忧爷 …… 31	地王秀 …… 41
单贵女 …… 31	地下标间 …… 41
淡定帝 …… 32	地震捕手 …… 42
淡定哥 …… 32	电子绿标 …… 42
淡定姐 …… 32	顶码 …… 42
蛋居 …… 32	豆你玩 …… 42
蛋形蜗居 …… 33	*对表 …… 43
党龄工资 …… 34	多忙时代 …… 43
导二代 …… 34	
灯光上网 …… 35	E
低水经济 …… 35	
低碳爱情 …… 36	鳄鱼哥 …… 44
低碳达人 …… 36	
低碳哥 …… 36	F
低碳谷 …… 37	
低碳交通卡 …… 37	发狂死 …… 44
低碳客 …… 38	发票奴 …… 45
低碳旅游 …… 38	发言门 …… 45
低碳人家 …… 38	罚款套餐 …… 45
低碳信用卡 …… 39	*翻墙 …… 46
低薪白 …… 39	凡客体 …… 46

反腐硕士	46	港生一代	54
饭局门	47	高端剩客	55
房二代	47	高姐	55
房托族	47	高考哥	55
飞机墓	48	高考微作文	56
废柴族	48	高薪蓝	56
坟奴	48	鸽你肉	56
粉刺死	49	*格子领	57
粉衫军	49	给力	57
粉丝买卖	50	根叔	58
封村	50	根叔式演讲	58
疯克鸡	51	工科联盟	58
浮云哥	51	工盟	59
腐不起	51	公家男人	59
负月薪	52	公益存折	59
富N代	52	古墓经济	60
富跑跑	53	故里经济	60
		观光孕妇	61
G		官效工资	61
		鳏寡效应	61
盖被死	53	光线雨	62
干水	54	柜族	62
感谢门	54	国十一条	63
钢管姐	54	果粉	64

果咖 …… 64	花草族 …… 71
果奴 …… 64	划车妹 …… 71
过期新鲜人 …… 65	*华约 …… 72
	化税为薪 …… 72

H

	环保妹 …… 73
	荒时代 …… 73
哈夫病 …… 65	黄山门 …… 73
孩农 …… 65	灰技 …… 74
海囤族 …… 66	灰色支出 …… 74
海豚族 …… 66	回音体 …… 74
海藻灯 …… 66	毁遗 …… 75
*喊渴 …… 67	婚宴红条 …… 75
汉堡族 …… 67	活粉 …… 75
喝水死 …… 67	火山灰危机 …… 76
核银行 …… 68	
贺岁帝 …… 68	
黑灯率 …… 68	

I

黑灯照 …… 69	IN词 …… 76
黑飞 …… 69	i理财 …… 77
黑飞族 …… 69	
黑机 …… 70	

J

哼唱搜索 …… 70	
红娘哥 …… 70	激素门 …… 77
互粉 …… 71	极虎 …… 78

极客男	78	经转限	88
挤生活	78	精英硕鼠	89
计算云	79	九宫格日记	89
*记者村	79	酒店试睡员	90
技术宅	80	就书	90
嫁房女	80	菊花文	90
姜你军	81	剧二代	91
僵尸病毒	81		
僵尸粉	81	**K**	
僵尸手机	82		
胶囊公寓	82	K歌培训师	91
蛟龙号	83	咖啡汽车	92
教考	84	卡佩罗指数	92
街拍控	84	开领	92
解独	84	开水门	93
解套哥	85	考神	93
金扫帚	85	考碗钉子户	93
锦旗哥	85	瞌睡哥	94
禁报令	86	可乐手机	94
禁网门	86	克隆生	94
禁香令	87	啃嫩族	95
禁怨令	87	啃亲族	95
经济弱势男	88	坑前班	95
经转商	88	空博	96

空房管家	96	理约	104
空气考生	97	立体快巴	104
空天战机	97	励志哥	105
孔雀哥	97	连跳门	105
恐检族	98	练摊帝	106
恐剩症	98	两手干部	106
口舌费	98	亮叔体	106
口误帝	99	灵猫六国	107
骷髅死	99	零百千万工程	107
快餐男	99	零帕	108
快炒族	100	零帕族	108
筷子路	100	流二代	108
		六普	108

L

		龙套帝	109
		龙虾门	109
垃圾减量日	100	垄二代	110
赖班族	101	楼超超	110
*蓝精灵	101	楼挤挤	111
乐价比	102	楼陷陷	111
乐益族	102	漏摇	111
乐宅女	102	陆生三法	112
梨花头	103	绿段子	112
黎明工程	103	绿价比	112
李刚门	103	绿色零碳信用卡	113

绿羊羊 ·················· 113
抢车男 ·················· 113
萝卜招聘 ··············· 114
裸辞 ····················· 114
裸购 ····················· 114
*裸晒 ··················· 115
裸账 ····················· 115

M

码奴 ····················· 115
卖折族 ·················· 116
脉客族 ·················· 116
慢城 ····················· 116
慢拍客 ·················· 117
慢跑干部 ··············· 117
毛基 ····················· 117
锚族 ····················· 118
冒死爷 ·················· 118
媒曝 ····················· 118
媒治 ····················· 119
煤超疯 ·················· 119
咪咪墅 ·················· 119
米包机 ·················· 120

密码强迫症 ············ 120
密码族 ·················· 121
蜜月测试员 ············ 121
棉花掌 ·················· 121
秒课 ····················· 122
秒停秀 ·················· 122
秒团族 ·················· 122
民生名片 ··············· 123
摩女 ····················· 123
拇指图书馆 ············ 123

N

N连跳 ·················· 124
奶瓶男 ·················· 124
耐药宝宝 ··············· 125
南杨案 ·················· 125
南中国三小时经济圈
························· 125
恼火族 ·················· 125
脑退化症 ··············· 126
闹太套 ·················· 126
能博会 ·················· 127
腻生活 ·················· 127

年奴 …… 127	拼养 …… 134
年清族 …… 128	平墅 …… 135
尿点 …… 128	*苹果皮 …… 135
柠檬水起义 …… 128	苹什么 …… 136
拧盖族 …… 129	
奴时代 …… 129	**Q**
暖床员 …… 129	
	七彩之心 …… 136
O	齐全哥 …… 137
	千团大战 …… 137
欧猪五国 …… 130	*签到 …… 137
	签到控 …… 138
P	潜伏地块 …… 138
	敲章族 …… 139
PE 腐败 …… 130	切客 …… 139
Phone 时代 …… 131	青春样范儿 …… 139
咆哮哥 …… 132	青绿人士 …… 139
跑京 …… 132	清退门 …… 140
泡菜危机 …… 132	穷二女 …… 140
批零同营 …… 133	求上墙 …… 141
脾气门 …… 133	去城市病 …… 141
漂二代 …… 133	全裸婚 …… 142
拼炒族 …… 134	全裸政府 …… 142
拼居族 …… 134	全漂族 …… 142

R

人流季 …………… 143
认房认贷 …………… 143
日历哥 …………… 143
融雪屋 …………… 144
肉片装 …………… 144
如厕死 …………… 144
乳房炸弹 …………… 145
入职季 …………… 145
锐词 …………… 145

S

3A族 …………… 146
3D巴士 …………… 146
3D报纸 …………… 147
3Q大战 …………… 147
4D男人 …………… 147
三低同事 …………… 148
三瓶女人 …………… 148
三嫂院士 …………… 148
扫街族 …………… 149
色酬 …………… 149
森女 …………… 150
山楂女 …………… 150
上班奴 …………… 151
*上墙 …………… 151
上墙哥 …………… 151
社会墙 …………… 152
神马 …………… 152
声音爸爸 …………… 152
十全十美婚 …………… 152
时间宝宝 …………… 153
时间芯片 …………… 153
时间信使 …………… 154
世博护照 …………… 155
世博婚 …………… 155
试考族 …………… 155
视频就业 …………… 156
手机僵尸 …………… 156
守望犬 …………… 157
兽兽门 …………… 157
鼠族 …………… 157
树官 …………… 158
数码毒品 …………… 158
双核家庭 …………… 158

睡蔬菜 …………… 158	特搜族 …………… 165
苏珊大爷 ………… 159	特招门 …………… 166
俗贿 ……………… 159	天冰 ……………… 166
素养男 …………… 159	天地图 …………… 166
蒜你狠 …………… 160	天花板官员 ……… 167
	天价QQ …………… 167
T	天线门 …………… 167
	跳楼门 …………… 168
TA时代 …………… 160	跳早族 …………… 168
踏板门 …………… 161	通缉门 …………… 168
台历门 …………… 161	偷票房 …………… 168
弹簧门 …………… 161	头衔通胀 ………… 169
碳捕捉 …………… 162	团购学历 ………… 169
碳粉知己 ………… 162	团客 ……………… 169
碳机会 …………… 162	团奴 ……………… 170
碳信用卡 ………… 162	团生活 …………… 170
糖高宗 …………… 163	团团族 …………… 170
糖玄宗 …………… 163	退出令 …………… 171
淘港族 …………… 163	囤囤族 …………… 171
淘婚族 …………… 164	鸵鸟爱情 ………… 172
淘课族 …………… 164	
淘男 ……………… 165	**U**
淘手 ……………… 165	
淘凶 ……………… 165	U盘采购门 ……… 172

W

瓦瓦祖拉 …………… 173
玩偶旅行社 ………… 173
网店实名制 ………… 173
网课族 ……………… 174
网配 ………………… 174
网上敬老院 ………… 174
网一代 ……………… 175
微爱情 ……………… 175
微博110 …………… 176
微博保姆 …………… 176
微博控 ……………… 176
微博门 ……………… 177
微博体 ……………… 177
微博问政 …………… 178
微博议政 …………… 178
微博游 ……………… 178
微博元年 …………… 179
微博招聘 …………… 179
微单 ………………… 179
微动力 ……………… 180
微耳 ………………… 180
微访 ………………… 180
微富二代 …………… 181
微革命 ……………… 181
微管 ………………… 181
微简历 ……………… 182
微民 ………………… 183
微情书 ……………… 183
微骚客 ……………… 183
微时代 ……………… 184
微世界 ……………… 184
微投诉 ……………… 184
微文化 ……………… 185
微喜剧 ……………… 185
微笑姐 ……………… 185
微新闻 ……………… 186
微谣言 ……………… 186
微域名 ……………… 186
微针 ………………… 187
微作文 ……………… 187
维基揭秘 …………… 187
维他糖 ……………… 188
伪城镇化 …………… 188
伪婚族 ……………… 188
伪农民 ……………… 188

未来哥 …… 189	献身门 …… 198
未来信 …… 189	乡愁体 …… 198
未来邮局 …… 189	箱居 …… 198
吻瘫 …… 190	祥云工程 …… 199
蜗婚 …… 190	橡皮婚姻 …… 199
蜗婚族 …… 191	*小白菜 …… 199
蜗居蛋 …… 191	小康二代 …… 200
蜗租 …… 191	*小蓝莓 …… 200
呜呜祖拉 …… 192	小青春期 …… 200
	校内体 …… 201
X	心脚标 …… 201
	心情地图 …… 202
夕阳隐婚族 …… 193	新国十条 …… 202
西毕生 …… 193	新国四条 …… 203
吸费门 …… 194	新老年 …… 203
吸金手机 …… 194	星期二综合征 …… 204
犀利哥 …… 195	行政刷票 …… 204
犀利姐 …… 195	胸替 …… 205
洗脸死 …… 195	熊猫姓氏 …… 205
洗蟹粉 …… 196	熊猫字 …… 205
虾死你 …… 196	袖珍公交 …… 205
下井助理 …… 196	炫父 …… 206
险奴 …… 197	炫证女 …… 206
限宴令 …… 197	学历造假门 …… 207

学模	207	印章相机	215
血房	207	婴儿黑洞	216
巡婚	207	泳动机	216
		油米	216
		油你涨	217

Y

10后	208	游二代	217
压力面	208	有备族	218
*亚历山大	209	有线手机	218
研漂	209	幼儿名片	218
羊羔体	209	余味男	219
阳光假	210	娱乐烈士	219
*洋白菜	210	语文门	219
洋代工	211	语音云	220
药老鼠	211	玉米疯	220
药你苦	211	预测帝	221
一厘米主权	212	鸳鸯名片	221
衣橱整理师	212	月光退休族	221
医联码	213	悦活	222
移动就业	213	云物流	222
以善代刑	214	晕3菜	222
亿时代	214		
议价师	214	Z	
隐贷族	215		
隐形世袭	215	早熟门	223

词条	页码	词条	页码
宅病毒	223	滞婚族	231
战略知识分子	224	中产焦虑症	231
张三族	224	中国达人秀	232
张悟本现象	224	中国答卷	232
章鱼哥	225	中国独秀论	232
赵作海案	225	中国服务	233
震网	226	中国金	233
正妹现象	227	中国控	233
证件哥	227	中国云谷	234
直改名	227	中考白条	234
植物环保瓶	228	钟摆式移民	234
纸牌门	228	竹立方	235
志愿彩	228	专拍哥	235
志愿歌	229	状态人	235
志愿礼	229	撞峰	236
智能蜗居	230	子弹体	236
智障包身工	230	紫砂门	237
滞婚	230	足囚协会	237

A

【阿鲁族】 ālǔzú 名词。兼职赚外快的人。"阿鲁"源于日语词アルバイト(读成 arubaito)。例不知不觉间,身边有六七个朋友已悄然加入阿鲁族行列,让人觉得有些疑惑:阿鲁族是否有违职业道德?"阿鲁"了,就能换取幸福吗?(2010 年 9 月 17 日搜狐网)|"阿鲁族"应根据不同的目标制订不同的理财计划。(2010 年 9 月 21 日《北京青年报》)

*草族 *柜族 *锚族 *鼠族 *爱堵族 爱疯族 *摆婚族 斑马族 *半漂族 *傍傍族 毕分族 *闭关族 蚕茧族 *刹那族 代检族 *房托族 *废柴族 分床族 刚需族 海啃族 *海囤族 *海豚族 *汉堡族 *黑飞族 *花草族 *啃嫩族 啃亲族 *恐检族 *快炒族 *赖班族 乐定族 *乐益族 *零帕族 *卖折族 *脉客族 *密码族 秘婚族 *秒团族 *恼火族 *年清族 *拧盖族 跑腿族 *拼炒族 *拼居族 *敲章族 *全漂族 *3A 族 *扫街族 晒密族 *试考族 手娱族 *海港族 *海婚族 *海课族 *特搜族 *跳早族 *团团族 *囤囤族 拖粉族 *网课族 *伪婚族 蜗婚族 午漂族 *隐贷族 隐居族 *有备族 *滞婚族 文化啃老族 *夕阳隐婚族 *月光退休族

【爱堵族】 àidǔzú 名词。指乐观面对长时间交通拥堵,在车内自娱自乐或继续工作的人。例"爱堵族"的出现,是

因长期经受堵车煎熬而催生出来的,遇到堵车除了"怒发冲冠"之外怎么办?当然得想办法享受时光,而笔记本电脑、手机则无疑成了首选工具。(2011年1月4日《深圳特区报》)|在国外很多人都有在地铁上阅读的习惯,还有许多业务员,利用堵车时间电话回访客户,"爱堵族"的出现是一种时间观念上的进步。(2011年1月14日《中国日报》)

相关词语见"阿鲁族"。

【爱绿日】 àilǜrì 名词。共青团北京市委组织的宣传"绿色理念"、开展"绿色实践"的活动日。每月一天,因"26"与"爱绿"谐音,故定在26日。例"青春绿色行动 京郊生态环保游"首都青少年"爱绿日"发布活动在怀柔区渤海镇六渡村举行。(2010年5月27日《人民日报》)|每月的26号是北京"爱绿日"。(2010年10月28日北京电视台《特别关注》)

低碳日 *错案警示日 减塑日 零利日 让座日 防灾减灾日 公共秩序日 *垃圾减量日 世界慢生活日

【安胎假】 āntāijià 名词。为鼓励生育,台湾地区专给孕妇设立的安胎假期。例赶在三八妇女节之际,台湾劳委会推出一项利好政策,女性劳工的安胎假从现行的30天,加长延期到最多能请到1年,预计规定最快5月底就会实行。(2010年3月8日中央电视台《中国新闻》)|为提升妇女生育意愿、提高台湾地区出生率,台湾当局日前宣布,将在劳工请假规则中增加孕妇"安胎假",这一假期最长可

达1年。(2010年3月9日《北京青年报》)

家长假 失恋假 心碎假 *阳光假

B

【巴比】 Bā-Bǐ 名词。美国富豪巴菲特和比尔·盖茨的合称。例这次巴比来和五十个富人吃饭,跟他们谈慈善这件事情,他对中国富人慈善的推动,或者对我们全民慈善意识的推动作用,可能会超乎他们的想象。(2010年10月11日深圳卫视《22度观察》)

【巴比晚宴】 Bā-Bǐ wǎnyàn 指富豪巴菲特和比尔·盖茨于2010年9月29日在北京举办的慈善晚宴。旨在向中国宣传两人的慈善理念,并交流了解中国的慈善现状。也称"巴比宴"。例对于前天晚上社会关注的巴比晚宴讨论内容,巴菲特表示,有些中国富豪担心自己的隐私,他们不希望自己的名字在报纸上曝光,害怕被社会误解,这也是为了保护自己的孩子。(2010年10月1日《北京青年报》)

【白菜服】 báicàifú 名词。指专为2010年上海世博会园区志愿者设计的统一服装。因颜色白绿相间,穿在身上酷似白菜,故称。也称"白菜装"。例从A片区的岗位走到食堂,短短15分钟路程,复旦大学志愿者汤永得走上40

分钟——那身"白菜服"令他和同伴被无数游人当作了移动问询处,常常为答问而耽误吃饭。(2010年5月4日《解放日报》)｜为了褒奖复旦志愿者的付出,复旦大学为每位志愿者准备了一份"礼包",其中包括一张世博会门票、一张志愿者本人的"白菜装"岗位工作照以及一封学校致志愿者的信。(2010年5月17日《新民晚报》)

*菜农 *菜头 *橙子 *白菜墙 *蓝精灵 *小白菜 *小蓝莓 *洋白菜

【白菜墙】 báicàiqiáng 名词。指2010年上海世博会中供志愿者书写感受、画图签名等用的墙板。因志愿者被称为"小白菜",故称。例除了徽章之外,沈寅豪还在世博会见到一样熟悉的东西,那就是白菜墙,大家可以尽情地在上面书写自己的心情,画图,签名。(2010年8月13日《上海青年报》)｜志愿者们用灯笼将休息室布置一新,平时用来写心得体会的"白菜墙"上贴满了用十多种语言写成的祝福卡片。(2010年10月6日人民网)

*菜农 *菜头 *橙子 *白菜服 *蓝精灵 *小白菜 *小蓝莓 *洋白菜

【白技】 báijì 名词。"白色技能"的简称。即职场生存所要具备的学识、技术、管理等方面的基本能力。与"灰技"相对。例如果把职场比作吃饭,我觉得"白技"是主食,保证营养摄入;"灰技"是甜点,是吃完主食后换换口味的锦上添花。"白技"是主导,"灰技"是补充。(2010年12月24日《新民晚报》)｜如果把职场应酬"吃饭、喝酒、K歌"命名为"灰技",那业务能力就简称为"白技"吧。一个人在职场的综合能力应该是"白技"与"灰技"之和。(2010年12月24日凤凰网)

【白金汉】 báijīnhàn 名词。指高学历、高收入、高品位的单身男白领。例一时之间,"富二代"、凤凰男、小开都成了男性阶级中的二等男人,"白金汉"一举成为这个都市里含金量最高的男士代表。(2010年8月3日腾讯网)|"白金汉"与"白骨精"们的成长,需要可持续的职业规划、可持续的自我增值。(2010年8月24日腾讯网)

【白领返乡】 báilǐng fǎnxiāng 从家乡到大城市工作的白领在心理优越感消退、工作压力增大以及中小城市经济发展迅速等因素的综合作用下,重返中小城市甚至农村工作生活。例没家人,没依靠,找不到优越感,更没有归属感,都市白领返乡暗潮涌动。(2010年3月24日《河南商报》)|网友认为造成白领返乡的最大因素是高房价。(2010年3月25日《中国青年报》)

【摆婚】 bǎihūn 名词。指婚前对婚姻和爱情是否继续下去摇摆不定。源自2010年热映电影《摇摆的婚约》。例经济因素也是青年男女摆婚的原因。(2010年7月9日《生活报》)|摆婚已成为一种生活方式。(2010年8月24日腾讯网)

*蜗婚 *巡婚 *滞婚 *半裸婚 *全裸婚 *世博婚 *橡皮婚姻 *十全十美婚

【摆婚族】 bǎihūnzú　名词。婚前对婚姻和爱情是否继续下去摇摆不定的男女。源自 2010 年热映电影《摇摆的婚约》。例在都市生活越来越紧张、各种情感价值观冲击的现代社会,很多都市男女都有着固定的情感和生活伴侣,却又被其他异性群体所吸引或是经济等因素制约,对于婚姻和爱情产生了摇摆不定的情绪,故被称为"摆婚族"。(2010 年 6 月 2 日海报网)

相关词语见"阿鲁族"。

【拜客】 bàikè　名词。坚持骑自行车出行,倡导低碳生活的人。[拜客,英语 bike 的音译。]例拜客·广州是一个旨在为广州市民自行车出行创造更好条件的组织,由一些热心于公益事业的年轻人组成。(2010 年 1 月 14 日《新民晚报》)| 亚运志愿信使"拜客"带着广州市委书记张广宁的亲笔签名信,骑行宣传低碳生活,推介广州亚运。(2010 年 10 月 12 日《中国青年报》)

纠客　脉客　*切客　剩客　*团客　闲客　*毕剩客　必剩客　代秒客　*低碳客　*慢拍客　沙发客　*微骚客　*高端剩客

【斑马族】 bānmǎzú　名词。不被纷繁的事物所困扰,能够像斑马只有黑白两种条纹那样,简单快乐生活的人。例这些新族群基本上都符合 80 后的特质,追求自我与个性,不受框架束缚,有自己的理想,爱玩儿,注重自己的内心感受,就像斑马族倡导的那样,简直就是无乐不作的一代。(2010 年 1 月 21 日天极网)

相关词语见"阿鲁族"。

【板凳妈妈】 bǎndèng māma 指湖南省湘潭市55岁的妇女许月华。她双腿伤残,靠手撑两条小板凳行走,坚持照顾孤残儿童,被称为"板凳妈妈"。例 1973年,她被湘潭市社会福利院收养,30多年来,许月华从被救助的孤儿成为照顾孤残儿童的"板凳妈妈"。(2010年9月21日《钱江晚报》)|家庭和经历的不幸并没有将小小的许月华击垮,在福利院的生活让她变得坚强和感恩,她学会了用两条小板凳代替双腿走路,并主动提出帮忙照顾福利院里的孩子,从此,湘潭市社会福利院的这个"半截人"变成了"板凳妈妈"。(2010年9月21日人民网)

暴走妈妈 春节妈妈 魔豆妈妈

【半裸婚】 bànluǒhūn 名词。结婚时不买房、不买车、不买婚戒等,只举办简朴婚礼的结婚方式。与"裸婚"相对。例 有社会学者认为,年过一年,"剩女"们年纪不断增大,而房价依旧持续飞涨,"裸婚"也好,"半裸婚"也罢,适婚女性应面对现实,别诸多苛求,以免误了自己的终身大事。(2010年1月5日中国新闻网)|大多数女性不愿意的是完全"裸婚",而对于"半裸婚"还保留一定的余地,她们在结婚方式上计较的也并不是"钱",而是男方表现出来的诚意和对待婚姻严肃的态度。(2010年1月6日《北京青年报》)

*摆婚 裸奔 *裸辞 裸分 *裸购 裸婚 裸捐 裸烟 *裸晒 *裸账

*蜗婚 *巡婚 *滞婚 *全裸婚 *世博婚 *十全十美婚

【半漂族】 bànpiāozú 名词。在异地求学并在该地就业的高校毕业生。与"全漂族"相对。例近日发布的就业蓝皮书新增的一个内容是对"漂族"的关注。家乡不在就业地的叫"半漂族",高校和家乡都不在就业地的叫做"全漂族"。(2010年6月4日《新民晚报》)

相关词语见"阿鲁族"。

【傍傍族】 bàngbàngzú 名词。依傍他人的权势、钱财来达到目的的人。例结婚要傍大款,理财要傍巴菲特,办事要傍有权力的人……如今,不少人一门心思地希望借助"捷径"实现个人目标,达到事半功倍的效果,这类人被称为"傍傍族"。(2010年12月8日《北京青年报》)

相关词语见"阿鲁族"。

【保本菜】 bǎoběncài 名词。指政府采取一定的补贴措施,面向城市低收入群体出售的零利润蔬菜。例由菜市场直接经营的"保本菜"摊位,每天固定时段为低收入群体供应"保本菜"。(2010年12月11日《北京青年报》)|保本菜的品种多集中在大白菜、西红柿、圆白菜等大路菜上。(2010年12月12日北京电视台《北京新闻》)

【保证哥】 bǎozhènggē 名词。称通过写保证书等形式向他人做出某种承诺的人。例当今官场上形形色色的"保证哥"其实还有不少——有些人每天都在拍着胸脯向组织保证、向百姓保证,可一转眼就把自己的保证忘个一干二

净,该吃吃该喝喝该玩玩,嘴上说一套背后做一套。(2010年8月19日《北京青年报》)

*啵乐哥 *淡定哥 *低碳哥 *鳄鱼哥 *浮云哥 *高考哥 *红娘哥 *解套哥 *锦旗哥 *瞌睡哥 *孔雀哥 *励志哥 *咆哮哥 *齐全哥 *日历哥 *上墙哥 *未来哥 *犀利哥 *章鱼哥 *证件哥 *专拍哥

"哥"在汉语中本是对平辈年长男性的亲属称谓,也可用作社会称谓,一般带有亲热、尊敬的色彩。"帅哥"一词出现后,"哥"开始泛指"男性",并逐渐形成了"××哥"的格式,指称人们所关注的男性,如"保证哥、证件哥、啵乐哥、齐全哥、红娘哥、被子哥、淡定哥、解套哥、孔雀哥、咆哮哥、锦旗哥、浮云哥、高考哥、海马哥、海悦哥"。甚至也可以指称人们喜欢的动物,如"章鱼哥、鳄鱼哥"。

【*爆仓】 bàocāng 动词。仓库爆满。特指快递公司因待投包裹过多,来不及投递,堆满仓库或仓库装不下。例每年第四季度都是网络购物增长速度特别快的时期,各快递公司对日接单量预估不足,是造成此次全国性连锁爆仓的直接原因。(2010年11月19日《中国青年报》)| 物价上涨,尤其是柴油涨价是"爆仓"的一个因素,深层次的问题则是物价上涨所致的网购数量暴增。(2010年12月2日《中国经济导报》)

【杯具门】 bēijùmén 名词。新闻报道中与茶杯相关的负面事件。谐音"悲剧"。例最近我们追踪报道了商丘睢县城郊乡村民用乡长茶杯喝水起冲突被拘留7天,如今这"杯具门"终于有了新进展。(2010年3月30日河南电视

台《都市报道》）| 不仅如此，不久前成为网络热点的"杯具门"、"对骂门"，均事关基层干部与群众的关系。（2010年11月2日《人民日报》）

*被潜门　*玻璃门　*擦汗门　*茶杯门　*打错门　*代表门　*发言门　*饭局门　*感谢门　*黄山门　*激素门　*禁网门　*开水门　*李刚门　*连跳门　*龙虾门　*内定门　*脾气门　*清退门　*兽兽门　*踏板门　*台历门　*特招门　*天线门　*跳楼门　*通缉门　*微博门　*吸费门　*献身门　学位门　*语文门　*早熟门　*纸牌门　*紫砂门　*学历造假门　*U盘采购门

2010年与"杯具"有关的事件有两起，无不带有"悲剧"色彩。一是3月22日，河南商丘市睢县65岁的村民魏克兴在讨要征地补偿款时，因想用乡长的茶杯喝水，与乡长发生冲突，被派出所拘留7天。二是4月19日，安徽宿州村民谢安全讨要征地补偿款时与镇党委副书记张坤发生争执，被其用茶杯砸中头部，昏倒在镇政府的花坛里。

【悲催】 bēicuī 形容词。境遇悲惨、催人泪下，形容极其伤感、极不顺心。也写作"悲摧"。例我们老乡聚会的时候，就会说她怎么老这样子啊，365天没一天过得不悲催的。（2010年12月6日《武汉晚报》）| 这是一个无比悲催的现实。这两年不断传出的白领逃离北上广新闻，已经让我们对大城市的宜居度产生过质疑。（2010年12月24日中国新闻网）

【北京镑】 běijīngbàng 名词。指中国人所花的英镑。产生于英国媒体，以表现中国消费者对奢侈品的购买力。

例 由于中国顾客消费能力很强,英国媒体基于"英镑"的概念创造了一个新名词——"北京镑",即为中国人所花的英镑。"北京镑"所消费的 Burberry、LV、Gucci 等大牌奢侈品预计将会占整个奢侈品行业销售额的三分之一。(2010年12月30日《重庆晚报》)| 英媒为这些中国人的消费能力起了一个新名词"北京镑",而其中偏爱奢侈品的中国消费者也被称为"古奇(Gucci)一族"。(2010年12月31日北方网)

【*北约】 běiyuē 名词。对北京大学、北京师范大学、北京航空航天大学、南开大学、复旦大学、厦门大学、香港大学等院校组成的高考自主招生联盟的戏称。因该联盟以北京大学为首,故称"北约",与"北大西洋公约组织"的简称词形相同,具有戏谑意味。与"华约"相对。也称"北大系"。例 "北约"和"华约"联考时间错开有利于考生有更多的选择,也缓解北大和清华两大名校联盟被指争夺生源的舆论压力。(2010年11月27日中国日报网)| 昨天(27日),北大的"北约"联盟由7校扩容到13校。(2010年11月28日中央人民广播电台《新闻纵横》)

*华约 *理约 *工盟 北大系 理工系 清华系 *工科联盟 理工联盟

【贝塔男】 bèitǎ'nán 名词。成就平平、性格温和的年轻男性。贝塔(β)是希腊字母中第二个字母,在表示"最优、第一"的阿尔法(α)之后,故称。与"阿尔法女孩"相对。例 当"阿尔法女"遇上"贝塔男",是互补,是排斥,是甜蜜,是

苦涩?(2010年6月2日新浪网)|"贝塔男",也称β男,指成就平平,性格温和,个性敏感和感性,善做家务,对待婚姻和伴侣也更加关心和体贴的男人,与阿尔法女正相反。(2010年6月3日新民网)

*淘男 宠物男 *戳车男 *极客男 *快餐男 *抡车男 *奶瓶男 *素养男 *余味男 *公家男人 *4D男人 *经济弱势男

【被出国】 bèichūguó 动词。某些高考考生因户籍受限,不能在居住地参加高考,也不适宜回户口所在地参加高考,只能被迫出国上大学。例住在北京的二代移民王女士的孩子小冰今年13岁,由于没有北京户籍,小冰在未来也只能是"被出国"。(2010年12月17日搜狐网)|非京籍高考生无奈"被出国"(2010年12月17日新疆电视台《新疆新闻联播》)

*被弟子 *被第一 被丁克 被购物 被广告 *被坚强 *被酒驾 被看球 被考研 *被联盟 被落榜 *被明星 *被上楼 *被上网 *被逝世 *被署名 被相亲 *被小三 被志愿 被中产 *被作弊

【被弟子】 bèidìzǐ 动词。指某人(多是名人)在不知情的情况下被他人称为弟子。例公开声明自己是"被弟子"的并非马云一例。(2010年8月18日《新民晚报》)|无论这些名人是否"被弟子",对于李一而言,声名鹊起是个不争的事实。(2010年8月23日新浪网)

相关词语见"被出国"。

【被第一】 bèidìyī 动词。不是第一,却被冠以"第一"的称号。例 2009年中国能源消费总量还是略低于美国,在能源消费问题上,中国又"被第一"了一回。(2010年8月2日宁波电视台《宁波新闻》)

相关词语见"被出国"。

【被坚强】 bèijiānqiáng 动词。指在承受挫折与苦难的过程中被动地变得坚强起来。例 你们不喜欢被就业、被坚强,那就挺直你们的脊梁,挺起你们的胸膛,自己去就业,坚强而勇敢地到社会中去闯荡吧。(2010年6月27日北京人民广播电台《话里话外》)

相关词语见"被出国"。

【被酒驾】 bèijiǔjià 动词。驾驶员未饮酒而在行车检查中被认定为酒后驾驶。例 石市桥西交警大队三中队中队长黄永强表示,驾驶员不需要担心喝藿香正气水或口腔内残留气体导致"被酒驾",因为酒精测试仪只是一种辅助标准。(2010年5月27日燕赵都市网)

相关词语见"被出国"。

【被联盟】 bèiliánméng 动词。指具有高考自主招生权限的高校迫于形势而加入联合招考联盟。例 对即将开展的自主招生联考,已经加盟"华约"或"北约"的高校,也"同床异梦",两所名校的招办主任告诉记者,自己是"被联盟"了。他们对联考有保留意见,却不得不"站队"。(2010年11月26日《新京报》)

相关词语见"被出国"。

2003年起,教育部允许北大、清华等部分知名高校拿出一定的招生名额,在高考之前自行考试,选拔优秀学生。入选者随后在高考志愿表上填报所选高校,录取时可获得一定优惠。2010年,全国有80所高校获得了自主招生权限。但一名考生若想增加中选几率,需分别参加不同学校的考试,因此不同的高校结为联盟实行联考,即联合出题、联合组织考试,使学生免于不同高校的奔波之苦和不同考试的备考之苦。

【被明星】 bèimíngxīng 动词。并非出于主观意愿而是意外地成为媒体或公众关注的对象。例在这个媒体无孔不入的海量信息时代,"神秘"是稀缺之物。物以稀为贵,朝鲜因此"被明星"。(2010年6月26日《新民晚报》)

相关词语见"被出国"。

【被潜门】 bèiqiánmén 名词。指演员传言被"潜规则"的事件。例对于被牵入"被潜门",女演员颖儿昨接受记者采访时十分气愤,她表示自己完全不知情,她是试镜了3次才获得角色的。(2010年3月10日《现代快报》)

相关词语见"杯具门""被出国"。

【被上楼】 bèishànglóu 动词。指农民被当地政府强迫搬出原住的平房,统一搬入楼房。主要是地方政府为了追求土地财政收入而采取的措施。例近年来,一些地方不顾发展条件,在农村盲目推行居住楼房化、高层化,出现了农民"被上楼"现象,引起各方关注。(2010年12月30日《光

明日报》）

> 相关词语见"被出国"。

【被上网】 bèishàngwǎng 动词。指在用户不知情的情况下，手机自动上网，随之用户的相应费用被扣除。例面对记者，她仍气愤地讲述了自己手机"被上网"，莫名被扣费的经历。（2010年3月15日《无锡商报》）

> 相关词语见"被出国"。

【被逝世】 bèishìshì 动词。还活着的人被谣传逝世。例金大侠遭遇"被逝世"在今年已经不是头一次了。（2010年12月7日《新民晚报》）｜这是金庸今年遭遇的第二次"被逝世"，他本人却显得很淡定。（2010年12月7日南方报网）

> 相关词语见"被出国"。

【被署名】 bèishǔmíng 动词。当事人在不知情的情况下被署名为文章或书籍的作者。例"被署名"的背后，有时候是学生小辈为了发表论文、顺利毕业，拉大旗作虎皮，打着"被署名"者的旗号提高发表成功率。有时候是"被署名"者为了出成果、完成工作量，默许和纵容共同署名。（2010年2月10日《人民日报》）

> 相关词语见"被出国"。

【被小三】 bèixiǎosān 动词。在不知情的情况下成为第三者，或不是第三者却被人认定是第三者。例恋爱不慎，我就这样"被小三"。（2010年3月31日腾讯网）｜近日，一篇名为"被小三的女人"的帖子火爆大众网日照论坛。

(2010年12月10日搜狐网)

相关词语见"被出国"。

【被志愿】 bèizhìyuàn 动词。不是出于自愿而被组织参加志愿者活动。例这是我第一次的志愿者经历,那个时候北京的志愿活动更多的还是倾向于组织,还有很多"被志愿"的状态。(2010年3月13日《解放日报》)

相关词语见"被出国"。

【被作弊】 bèizuòbì 动词。并未作弊的考生被认为涉嫌作弊。例"分数是一个与我素不相识的人在我毫不知情的情况下给我加上去的。套用一个流行词,我这次的遭遇可以算是'被作弊'了。"罗海伟对记者说。(2010年4月7日《中国青年报》)

相关词语见"被出国"。

【毕剩客】 bìshèngkè 名词。一毕业就失业的高校应届毕业生,或毕业很久都未就业的往届毕业生。例有一毕业就结婚的"毕婚族",有一毕业就分手的"毕分族",还有是一毕业就剩下的"毕剩客"。(2010年6月12日新浪网)|当然,毕剩客也有很多种。除了找不着合适工作的,还有一种是不想立即工作的。(2010年12月13日南方报网)

*拜客 纠客 脉客 *切客 剩客 *团客 闲客 必剩客 代秒客 *低碳客 *慢拍客 沙发客 剩斗士 微骚客 *高端剩客

【闭关族】 bìguānzú 名词。指关起门来,集中精力做某事的

人。例部分大学生为了应付考试,俨然成了"闭关族",不外出、不娱乐,甚至还通宵复习。(2010年1月14日《新民晚报》)

相关词语见"阿鲁族"。

【表情帝】 biǎoqíngdì 名词。称面部表情极为丰富,善于夸张、搞怪的人。例自此,兔斯基开始从QQ和MSN等即时聊天工具里的"表情帝"走向现实生活,人们甚至在公交卡上看到这只兔子。(2010年11月25日《人民日报》)

*淡定帝 *贺岁帝 *口误帝 *练摊帝 *龙套帝 *预测帝

"帝"本指神话或宗教中的天神或古代的君主、皇帝。在网络用语中,"帝"成为能产性很强的类后缀,并常常带有调侃搞笑的色彩。一般用"～帝"的形式表示在某领域有特长的人或动物,如影帝、爆料帝、贺岁帝、章鱼帝等。

【*玻璃门】 bōlimén 名词。比喻表面上看不见,但实际存在的阻碍或屏障。例现在一些地方和部门的政府信息公开好像是一扇"玻璃门",看起来好像是透明的,但实际这扇门是推不开的。(2010年2月24日《中国青年报》)|有人这样形容,"非公经济36条"把堵在民间投资面前的"石头墙"拆除了,但实际生活中却又挡了一层"玻璃门",好风景还是可望而不可即。(2010年5月24日《人民日报》)

相关词语见"杯具门"。

【啵乐哥】 bōlègē 名词。称创造了独具非洲特色的"啵乐乐乐乐"(Brrrr)大舌音的非洲草根明星巴鲁提。例活动

现场,一位来自非洲的艺人"啵乐哥"巴鲁提非常惹眼,他那独具非洲特色的"啵乐乐乐乐"(Brrrr)大舌音,成为全场球迷和歌迷竞相模仿的对象。(2010年4月14日《新民晚报》)| 啵乐哥的快乐传递方式使得快乐超越国界,并且使得快乐成为大家一起分享的精神滋养品。(2010年5月11日《中国青年报》)

相关词语见"保证哥"。

【博士工】 bóshìgōng 名词。指成为导师的廉价劳工的博士生。具有不满和无奈的戏谑意味。例博士生沦为"博士工",这是舆论对当下博士生生存状况最形象的比喻——当博士生沦为"技术工人",他所接受教育的那个大环境无疑沉沦为了"博士工厂"。(2010年9月28日《光明日报》)| 与近来中国国内热烈讨论的"博士工"不同的是,在瑞典,留学生申请到博士课程后,即会获得月薪。(2010年10月24日《中国青年报》)

智障工 *智障包身工

C

【擦汗门】 cāhànmén 名词。2010年8月3日下午,武汉市洪山区交警大队的执勤交警接到集合通知,在烈日下等待半小时后,武汉市公安局交管局政委王斌前来为他们擦汗,并有记者跟拍,擦完汗后政委随即离去。王斌被指有作秀嫌疑。这一事件被网友称为"擦汗门"。例从"戴脚套种树"到"擦汗门",一些地方公职人员作秀习气盛行,让人们审丑疲劳,久而久之,也在人们心中植入了"官员好做表面文章"的刻板印象,损害着公职人员的公信力。(2010年8月19日《北京青年报》)

相关词语见"杯具门"。

【彩衫军】 cǎishānjūn 名词。指由曼谷中产阶级、商业人士以及反对前总理他信的"黄衫军"所组成的支持阿披实政府的游行示威人群。因身着各色服装,与"红衫军""黄衫军"相区别,故称。例这些支持者由曼谷中产阶级市民、商铺业主以及"红衫军"老对手、人民民主联盟支持者"黄衫军"成员等组成,身着各色服装,堪称"彩衫军"。(2010年4月24日《北京青年报》)|"彩衫军"已经定于4月30日在曼谷举行大规模集会,声援政府。(2010年4月25日中央电视台《中国新闻》)

*粉衫军 黑衫军 红衫军 黄衫军 蓝衫军

【*菜农】 càinóng 名词。对2010年上海世博会志愿者的管理层的谑称。因世博会志愿者被称为"小白菜",故称。例可看到我们上大的"白菜们"被送上桌,又在"菜农们"的辛勤培育和"小水滴"的滋润下,茁壮成长为了"大白菜",心情又开始晴朗起来。(2010年10月21日《文汇

报》）| 领队张笑是传说中的"菜农",负责世博园区的志愿者招募。(2010年11月23日《中国青年报》)

*菜头 *橙子 *白菜服 *白菜墙 *蓝精灵 *小白菜 *小蓝莓 *洋白菜

【菜奴】 càinú 名词。因蔬菜价格高涨而承受较大经济压力的人。例网友称,当了房奴、车奴,如今在高涨的菜价之下,不少人又增加了一个"菜奴"的光荣称号,不少人开始纠集伙伴,探讨"菜奴"的省钱之道。(2010年5月20日浙江广播电视集团《九点半》)| 一份菜奴省钱攻略开始走红网络,菜奴们省钱的第一招是巧妙地选择买菜的时间和地点去买便宜蔬菜。(2010年5月27日北京人民广播电台《交通新闻热线》)

白奴 班奴 病奴 车奴 *坟奴 股奴 *果奴 婚奴 基奴 考奴 *码奴 *年奴 妻奴 权奴 水奴 *团奴 险奴 证奴 *发票奴 *上班奴 专利奴 租房奴 *奴时代

【菜头】 càitóu 名词。对上海2010年世博会志愿者的管理人员的戏称。例世博园区的志愿者被称为"小白菜",身为学校志愿者领队的王群就是一个"白菜头",大家笑称她为"王菜头"。(2010年7月2日新民网)| 金晨是长期管理岗位的"菜头",参与志愿者培训计划的修订、后勤保障与奖励机制的执行。(2010年11月11日《文汇报》)

*菜农 *橙子 *白菜服 *白菜墙 *蓝精灵 *小白菜 *小蓝莓 *洋白菜

【草族】 cǎozú 名词。"长草族"与"拔草族"的合称。"长草族"指对某种物品的占有欲望犹如野草般疯长的人;"拔草族"指最终把该物品买下来的人。"草族"一般以未婚青年为主,热衷时尚、新潮的产品。例 年轻人一般把"长草"、"拔草"合称为"草族"。"长草"代表一个人对某种"物品"的占有欲蓬勃发展;"拔草"是终于彻底、干脆地把该"物品"买下来。(2010年5月29日《羊城晚报》)

相关词语见"阿鲁族"。

【茶杯门】 chábēimén 名词。指与茶杯相关的新闻事件。2010年3月28日,河南睢县农民魏克兴在上访过程中因欲用乡长茶杯喝水引发冲突,魏克兴被警察拘留七天,乡长最终被免职。也称"杯具门"。例 "茶杯门"事件中基层干部面对老百姓的骄横心态,让网民几乎一边倒地批评乡长,舆论已经不再纠缠谁先动手等细节,而是质疑公权力介入了乡长与农民的私人摩擦。(2010年4月20日《中国青年报》) | 最典型的例子莫过于前不久的"茶杯门"事件,人们在正儿八经地分析权力傲慢的同时,地方权力或许正在懊恼,为什么不能早一点把帖子及时删掉。(2010年5月5日《北京青年报》)

相关词语见"杯具门"。

【刹那族】 chànàzú 名词。重视每一瞬间的价值,热衷于网络消费并引领时尚潮流的人。例 随着生活节奏加快,一个标榜"惜时如金""勤俭节约"的新族群"刹那族"在中国内地都市悄然走俏。(2010年5月24日网易网)

相关词语见"阿鲁族"。

【拆弹红条】 chāidàn hóngtiáo　指参加婚礼时用来代替礼金的欠条,当自己结婚时对方可凭借此红条还礼。因一些年轻人苦于支付婚宴礼金而将婚礼请柬戏称为"红色炸弹",故称。它往往是一张贺卡,上写恭贺新婚的话,最后附带上"来日可凭本条参加本人婚礼"的字句。也称"婚礼红条""婚宴红条"。例在面子和金钱之间,囊中羞涩的黄先生选择以"打欠条"的方式对付"夹生炸弹",他自制了一张"拆弹红条"来代替红包。(2010年1月29日中央电视台《新闻周刊》)| 说归说,有谁真的会使用"拆弹红条"呢?记者随机采访得到的答复是:礼金对大家来说是人情和面子,即便人不去,钱也得去。(2010年10月2日新华网)

【*超导】 chāodǎo　名词。对湖南卫视2010年推出的选秀节目"我要拍电影"冠军获得者的称呼。意思是超级导演。仿"超女""快男"造词。例如今湖南卫视联合华影盛世又推出一档选秀节目《我要拍电影》,节目旨在让那些"平民"导演也能在一夜间成为人气蹿升的"超导"。(2010年3月13日《北京青年报》)|"超女""快男"选出了一夜成名的歌唱偶像,"超导"能否选出才华勃发的新锐导演?(2010年3月23日《解放日报》)

【*超学时】 chāoxuéshí 动词。指研究生超出规定的学习年限仍未完成学业。例近日,华中科技大学研究生院发布一则通知,引起轩然大波,通知称学校拟清退超学时的硕士和博士研究生共307人,奥运冠军杨威和高凌位列其中。(2010年9月13日北京人民广播电台《新闻天天谈》)|该校2008年曾一次性清退9名"超学时"博士生,其中包括校内外一些教师和官员。(2010年11月22日新疆电视台《新疆新闻联播》)

【潮丐】 cháogài 名词。衣着搭配无意中顺应了时下潮流的乞丐。以网络红人"犀利哥"为典型。参见"犀利哥"(195页)。例从"犀利哥"以放荡不羁的"潮丐"形象走红,到"犀利哥"身世的一步步被揭开,相信关注他的朋友们已承受了一段跌宕起伏的心路历程。(2010年3月6日腾讯网)

潮女 潮人 潮童 潮物 潮范儿 *潮外婆 准潮妈

【潮外婆】 cháowàipó 名词。2010年3月,互联网上刊登一组《我的疯狂外婆》的照片。照片中的"外婆"穿着可爱,搞怪顽皮,引来众多网民跟帖转载,被称为"中国第一潮外婆"。例近日,网上一组《我的疯狂外婆》的照片引来众人跟帖。照片中的"外婆"穿着可爱,搞怪顽皮,被网友称为"中国第一潮外婆"。(2010年3月19日《长江日报》)|"中国第一潮外婆"在网上红了。(2010年3月24日《北京晨报》)

*潮丐 潮女 潮人 潮童 潮物 潮范儿 准潮妈

【炒地图】 chǎodìtú 动词。在国家区域经济政策或区域大事件的影响下,相关区域的上市公司股价上涨,股民为牟利而争相购买该股票的行为。"地图"是对区域版块的形象指称。仿"炒股"造词。例周五早盘,"炒地图"行情达到局部高潮,在成渝板块疯狂之后,其他地域板块蜂拥而起,但最后能够封住涨停的寥寥无几。(2010年2月26日腾讯网)| 昨天成渝板块在两会首日偃旗息鼓,是否意味着热得烫手的"炒地图"行情就此终结?(2010年3月4日《中国青年报》)

炒房 炒股 炒基

【撤办令】 chèbànlìng 名词。指2010年1月19日国务院办公厅印发的《关于加强和规范各地政府驻北京办事机构管理的意见》。其中明确提出保留省、自治区、直辖市、计划单列市、副省级市人民政府驻北京办事处,新疆生产建设兵团驻北京办事处,经济特区人民政府驻北京办事处;地级市驻京办经省政府核准可保留;其他各类驻京办一律撤销。例近日,内地准备在六个月内撤销驻京办的新闻,引发了很大的关注,随后就有官员出来解释说,表示这个撤办令还处于一个草案的阶段,但是撤销驻京办的大方向已经是确立了。(2010年1月28日凤凰卫视《总编辑时间》)|"撤办令"的调研、拟文除了国管局驻京办管理司参

与外,包括中纪委、财政部等多个相关部委也都参与了调研和讨论。(2010年2月2日新浪网)

*禁报令 *禁香令 *禁怨令 *退出令 *限宴令

【*橙子】 chéngzi 名词。对2010年上海世博会中"资深志愿者"的昵称。因身穿橙色的志愿服装,故称。例"海宝一代"生性轻松活泼。他们给自己起了很多蔬菜水果卡通类外号,绿衣服就是"小白菜",蓝衣服就是"小蓝莓""蓝精灵",橙色衣服就叫"橙子"。(2010年8月12日《人民日报》)|世博会结束,在街头小巷随处可见的世博城市志愿服务站点也将随之拆移,这让不少"蓝莓""橙子"心有不舍。(2010年11月1日《青年报》)

*菜农 *菜头 *白菜服 *白菜墙 *蓝精灵 *小白菜 *小蓝莓 *洋白菜

【吃拆迁】 chīchāiqiān 动词。靠房屋拆迁来获取经济利益(多指不正当的)。例"知识分子吃拆迁"与"没有强拆就没有'新中国'"都是一样的官场逻辑。(2010年3月1日网易网)|从"吃拆迁"到"非正常上访三次劳教",万载县委书记陈晓平被舆论推到了风口浪尖。(2010年11月5日新浪网)

【吃费手机】 chīfèi shǒujī 在用户不知情的情况下内置收费软件,自行扣除电话费的手机。销售这种手机是违规的商业行为。也称"吸金手机"。例停止经销"吃费手机"既

往不咎　五个品牌手机被列入"吃费手机"黑名单(2010年5月18日哈尔滨电视台《哈尔滨新闻》)｜"吃费手机"等通信资费各类欺骗之所以频频出现,根源在于行业垄断,最直接的原因则是通信行业实行的增值服务费代收模式。(2010年6月3日《中国青年报》)

*僵尸手机　*可乐手机　*吸金手机　*有线手机

【冲凉死】　chōngliángsǐ　动词。2008年3月14日,开封市劳教所学员穆大民在劳教所内于气温很低的情况下被强行冲冷水,导致脑血管破裂,送往医院后死亡。这一事件事发两年后曝光,网友称其为"冲凉死"。例开封市纪检部门已经组成调查组,就被媒体称为"冲凉死"的开封市劳教所学员穆大民死亡事件展开调查。(2010年4月14日《北京青年报》)｜在某些视法律为儿戏的地方,实际上每一个人都有"被劳教"的可能,而且稍不留神,便难逃"冲凉死"之类厄运。(2010年4月14日《中国青年报》)

*发狂死　*粉刺死　*盖被死　*喝水死　*骷髅死　*如厕死　睡觉死　*洗脸死　针刺死　做梦死

【春晚钉子户】　chūnwǎn dīngzihù　称几乎每年或连续多年在中央电视台春节联欢晚会上演出的演员。表达了观众因审美疲劳而厌倦,希望新人辈出的情绪。例春晚常见老面孔被诟病良久,一些演员歌手甚至被网民调侃为"春晚钉子户"。(2010年9月21日《中国青年报》)｜如今春晚的口碑一年不如一年,郭达也和赵本山、黄宏、蔡明等人一起被网友称为"春晚钉子户"。(2010年10月31日《北京青年报》)

*考碗钉子户

【戳车男】 chuōchēnán 名词。杭州人陆某因对小区内的违章停车不满,用水果刀戳破十几辆私家车的车胎,被网友称为"戳车男"。例"戳车男"的行为引发了众多网民热议,但奇怪的是,网友们的观点分为截然相反的两派,认为戳车是"违法又缺德"和"义心义举"的观点,都获得了不少人支持。(2010年11月9日新浪网)|合情不合法——正是"戳车男"的最大问题。法治社会里,是不需要"黑侠"式的英雄存在的。(2010年11月9日《中国日报》)

*4D男人 *海男 *贝塔男 宠物男 *极客男 *快餐男 *抢车男 *奶瓶男 *素养男 *余味男 *公家男人 *经济弱势男

【词媒体】 címéitǐ 名词。指将一个个词作为一个个事件标记的媒体形式。特点是内容高度浓缩,概括性强,便于记忆,传播速度快,适应知识爆炸时代信息传播的需要。"词媒体"一词由"互动百科"网站首创,该网站也将自己定位于此。例 5月7日,中文百科网站——互动百科在京召开以"记录时代,词写未来"为主题的"词媒体"战略发布会,向外界公布其"词媒体"的全新定位。(2010年5月11日《中国青年报》)|词媒体也好,词时代也罢,网络"锐词"

或"热词"具有浓郁的网络"微文化"的特征,也成为正在勃兴的网络文化中最有代表性和生命力的表现形式之一。(2010年6月1日《人民日报》)

全媒体 融媒体 *微媒体 自媒体

【词时代】 císhídài 名词。以热词、流行语大量出现为重要特征的时期。例作为本次发布会的特邀嘉宾,知名评论家、北京大学中文系教授张颐武先生从文化角度详细解读了"词时代"下"词媒体"产生的必然性,及其对于文化和社会发展的意义。(2010年5月7日千龙网)| 我们已进入"词时代",高度浓缩且精准形象的网络热词具有鲜明的网络属性,在广大网民的热情中,能迅速被广泛传播和讨论。(2010年11月5日《中国日报》)

被时代 *荒时代 6时代 *奴时代 7时代 *微时代 *亿时代 云时代 涨时代 触屏时代 短工时代 多忙时代 TA时代 "大三通"时代 后毕业时代 *Phone时代

【错案警示日】 cuò'àn jǐngshìrì 河南省商丘农民赵作海被判为无期徒刑是一件典型的错案,2010年5月9日,赵作海被宣布无罪释放。为了引为戒鉴,将此日设定为"错案警示日"。参见"赵作海案"(225页)。例报道称,河南省高院召开会议,将今年赵作海无罪释放的5月9日定为"错案警示日"。以后,每年这一天,该省的各级法院都要组织干警围绕这起案件反思,并作为一项制度长期坚持下

去。(2010年6月4日《法制晚报》)|商丘农民赵作海蒙冤11年,是河南省司法之痛,但我们看到公检法司各部门都在追究和检讨自身的责任,省高级法院为此还设立了"错案警示日"。(2010年6月10日商都网)

---

*爱绿日 *低碳日 减塑日 零利日 让座日 防灾减灾日 公共秩序日 *垃圾减量日 世界慢生活日

D

【DNA喷雾】 DNA pēnwù 用安装在银行等场所的特殊装置喷出的含有特殊DNA的喷雾。喷雾接触到人体后,感应器能够迅速识别,经比对,如发现有作案记录的人,能立即发出警报提示。例英国Selectamark公司最近研制生产出一种新型DNA喷雾器,其中含有警察局从以往所有犯罪嫌疑人体内提取的DNA信息,那些幻想实施银行抢劫的人现在想作案可谓难上加难。(2010年11月11日《人民公安报》)

【打错门】 dǎcuòmén 名词。指2010年6月23日,湖北省武昌公安分局驻省委大院6名警察错把湖北省某官员的妻子当成上访对象,对其进行殴打引发的事件。也称"错打门"。例对于"打错门",舆论焦点集中在"打错"上,原

因是武昌公安分局道歉称这是"误会"。言外之意是:领导夫人不能打,普通群众但打无妨。(2010年7月23日《人民日报》)

相关词语见"杯具门"。

【代表门】 dàibiǎomén 名词。指2010年11月12日,在韩国首尔召开的20国集团峰会落幕式上,中国记者芮成钢以"代表亚洲"的身份向奥巴马提问所引发的热议。例有人戏言芮成钢是要和奥巴马争夺话语权;更多的人则是抓住"代表亚洲"四个字不放,质疑芮成钢口出狂言,甚至为其贴上了"代表门"的标签。(2010年11月16日《北京晚报》)

相关词语见"杯具门"。

【代际符号】 dàijì fúhào 用于指称不同年代的人的符号。如"80后""90后""00后""10后"等。例昨天,"10后"的诞生标志新的代际符号的出现。(2010年1月2日《北京青年报》)|十年一代人,境遇迥然,耐人寻味。我们以倒叙的方式展现这四代人进入2010年的代际符号。(2010年1月2日《北京青年报》)

【代客帮】 dàikèbāng 名词。专门提供服务,代人做事并收取一定费用的人。服务项目包括代购、代恋爱表白、代喝酒、代接送人、酒后代驾等。例记者从"代客帮"的淘宝网店铺看到,在重庆购买一次"代客"服务的起步价是10元,任务难度越大,收费就越高。(2010年4月7日人民网)|凌晨两点,正在熟睡的重庆"代客帮"成员冉苒被一

个电话吵醒,电话里传来一位女士的声音:"能帮我买一份酸辣粉吗?"冉苒接到电话后,立即起床前往顾客居住地附近购买酸辣粉,任务完成后,他得到了20元的报酬。(2010年4月7日网易网)

【担忧爷】 dānyōuyé 名词。一位82岁的西安老人在自己的三轮车后面贴上"你酒驾,爷担忧"的标语,提醒司机不要酒后驾车,被网友称为"担忧爷"。例西安一位82岁的老大爷也是潮人,他在自己的三轮车上贴上了六个大字:"你酒驾,爷担忧。"网友拍摄的图片迅速在各大论坛流传,老爷子被称为"担忧爷"。(2010年7月14日《新民晚报》)|去年,兰州也同样有一位神似"担忧爷"的老人家。眼见十字路口常有车辆闯红灯、撞行人,兰州这位老爷子好不恼怒。(2010年7月14日中国日报网)

*冒死爷 *苏珊大爷

【单贵女】 dānguìnǚ 名词。"女性单身贵族"的简称。指事业成功,收入可观的单身女性。例"单贵女"因自身的优秀,使她们不必依赖爱情取悦男人而去获取长期饭票。(2010年4月6日《中国日报》)|"单贵女"无不崇尚健康美丽,因而常去健身会所,塑造完美形体。(2010年10月2日腾讯网)

*摩女 *森女 胜女 囤女 *嫁房女 *乐宅女 *穷二女 *山楂女 *炫证女 *三瓶女人

【淡定帝】 dàndìngdì 名词。称遇事从容镇定、处变不惊的男子。含戏谑色彩。例尼日利亚队门将恩耶马在本届世界杯上迅速蹿红,被网友戏称"淡定帝"。(2010年7月8日《北京青年报》)

*表情帝 *贺岁帝 *口误帝 *练摊帝 *龙套帝 *预测帝

【淡定哥】 dàndìnggē 名词。称遇事从容镇定、处变不惊的青年男子。含戏谑色彩。例世界杯门将"淡定哥"走红网络(2010年7月1日新浪网)|上海现"淡定哥":百米外爆炸他仍专注垂钓(2010年10月20日腾讯网)

相关词语见"保证哥"。

【淡定姐】 dàndìngjiě 名词。称遇事从容镇定、处变不惊的女子。含戏谑色彩。例11月30日下午现身兑取胜负彩10091期108万元大奖的吉林女彩民,堪称彩民中难得一见的"淡定姐"。要不是投注站销售员多次热心提醒,她恐怕真的错过百万巨奖的兑奖期了。(2010年12月6日腾讯网)

暴力姐 *钢管姐 失控姐 *微笑姐 *犀利姐

【蛋居】 dànjū 名词。"蛋形蜗居"的简称。例蛋居,民众看到的是住不起房的困窘,官方看到的则是违法。(2010年12月7日《中国青年报》)|戴海飞表示,自己来京两个月来,大部分时间都是住在"蛋居"内,借住朋友家的他开

始感受到每天挤地铁的压力,现在准备在北京租房的他也在争取有关部门的许可,希望能合法地搬回来。(2010年12月8日《北京青年报》)

*蜗租 *箱居 *蜗居蛋 *蛋形蜗居 *智能蜗居

【蛋形蜗居】 dànxíng wōjū
指漂泊在北京创业的青年戴海飞为自己居住而造的一座蛋形小屋。以竹条为主材编制而成。简称"蛋居"。也称"蜗居蛋"。例这样的迷你房屋很普通,并没有北漂小伙戴海飞的"蛋形蜗居"漂亮可爱,只可惜像"蛋形蜗居"这样充满创造性和趣味性的建筑设计,还很难有容身之地。(2010年12月6日《北京青年报》)| 当众多房奴为了一套住房押上一生,当买不起住房的蚁族只好借助《春天里》排遣内心迷惘,当一枚自己打造的"蛋形蜗居"也被城管当作违法建筑拆除时,房管局副局长的30套房屋像一枚时代的尖刺,无情地刺痛了公众神经。(2010年12月7日《中国青年报》)

*蛋居 *蜗租 *箱居 *蜗居蛋 *智能蜗居

因北京租房价格难以承受,戴海飞利用公司的设计创意,用竹子造出一座"蛋形"小屋,作为自己的蜗居。小屋主体用竹条编制,并用钉子固定。材料总成本6427元。除竹条外,还有竹席、保温膜和防雨膜,最外边是麻袋拼成的保温层,麻袋里填充发酵木屑和草籽。蛋形小屋里摆设简单,一张约一米宽的床,床头放着几本书。床尾藏有一个水箱,小屋装有轮子,可以移动。

【党龄工资】 dǎnglíng gōngzī 根据入党时间对党员职工按月发放的一项工资。例非公企业自己出资发放"党龄工资",应该是做了精打细算的,与党员对企业发展的贡献相比,这种投入肯定是物超所值。(2010年11月3日《人民日报》)|"党龄工资",乍听起来颇有新意。有人评价,这是新时期非公有制经济组织党建出现的新生事物。(2010年11月5日《光明日报》)

*地板工资 *官效工资 绩效工资

内蒙古赤峰市一家大型非公企业推出的一项工资激励机制:凡是本企业的中共党员,每月可享受20元到50元不等的"党龄工资",党龄在5年以下的,每月20元,5至10年的每月30元,10年以上的每月50元。只要党员无重大违规违纪行为,"党龄工资"都随当月工资发放。该企业认为,党建与企业发展已形成水乳交融的整体,党员是企业发展的财富,设置党龄工资,就是从时间跨度上,对党员特别是老党员的价值给予肯定。

【导二代】 dǎo'èrdài 名词。其父辈是导演,自己也是导演的人。例说话含混、才华横溢的"教父之女"内藏着一

颗才华横溢的心,虽然做不成"星二代",却是个成功的"导二代"。(2010年9月5日《新民晚报》)

单二代 独二代 *房二代 富二代 官二代 *剧二代 *流二代 *垄二代 民二代 农二代 *漂二代 贫二代 权二代 文二代 星二代 *游二代 *微富二代 *小康二代

【灯光上网】 dēngguāng shàngwǎng 指利用LED照明灯发出的可见光来传输信号上网。特点是低辐射、低能耗,传输速率可达2兆/秒。也称"光照上网"。例世博会航空馆中,有一间6平方米的灯光上网体验区。这里的所有陈设都仿照真实机舱,座位上方的蓝光LED阅读灯就是小桌板上笔记本电脑的无线网络接入点。(2010年6月4日《文汇报》)|对于家庭用户来说,照明、上网两不误且没有电磁辐射,无疑是灯光上网技术的新奇之处。(2010年6月4日网易网)

【低水经济】 dīshuǐ jīngjì 一种经济发展形态。在水资源短缺、水污染形势严峻的地区,通过技术创新、制度创新、转变发展模式、产业转型等手段,减少对水资源的过度依赖、过度消耗、过量需求。例云南遭遇60年最大旱灾 专家呼吁发展"低水经济"(2010年2月11日《中国青年报》)|滇中地区应该大力发展低水产业,推进低水经济,逐步把对水依赖程度比较低的经济形式和产业形式发展为区域经济的主体。(2010年4月1日新民网)

身经济 她经济 心经济 瘾经济 宅经济 单身经济 *古墓经济

*故里经济 名人经济 墓产经济 润滑经济 婴孩经济 大肚子经济

【低碳爱情】 dītàn àiqíng 指在恋爱过程中不注重物质消费,婚礼中不讲究排场铺张,尽量降低能源消耗的婚恋方式。例 3月18日,以"越幸福越低碳,越低碳越高尚"为主题的"低碳爱情峰会"在百合网举行,众多经济学家、环保人士、婚恋专家来到现场,为大力推动"低碳爱情"而鼓与呼。(2010年3月28日《光明日报》)| 会议倡导的低碳爱情模式是:放弃豪华轿车的排场,选择单车约会,情侣间互赠环保礼物,定情物是共植爱情树。(2010年5月15日《北京青年报》)

低碳风 *低碳哥 *低碳谷 *低碳客 低碳日 低碳装 *低碳达人 *低碳旅游 低碳名片 *低碳人家 *低碳交通卡 *低碳信用卡

【低碳达人】 dītàn dárén 称在节约能源、促进环保方面表现出色的人。例 "大学生环保协会"在全校师生员工中发起的"倡导低碳生活,做校园低碳达人,共建绿色校园"活动反响热烈。(2010年3月15日光明网)| 市集现场还将组织达人之间旅游纪念品的物物交换活动,如果你有意低碳出游,想与更多低碳达人们交流的话,那就赶快加入吧。(2010年3月16日网易网)

相关词语见"低碳爱情"。

【低碳哥】 dītàngē 名词。❶一位在网上发帖的男子,称自己无房、无车、无老婆,被迫过着低碳生活,被网民称为"低碳哥"。例 "低碳哥"是一位老实、低调、节俭的80后,帖子是一帮哥们起哄发到网上的,并非为了炒作出名。(2010年5月7日《新闻晨报》)❷泛指过着低碳生活的人。例当民生的压力越来越重,面对蔬菜、粮油、大豆之类的物价疯涨,我们注定无奈地步入"低碳哥"大军,日复一日地"被低碳"。(2010年5月24日《重庆晨报》)

相关词语见"保证哥""低碳爱情"。

【低碳谷】 dītàngǔ 名词。指以倡导低碳生活为主导,融合科学研究和高新技术进步,促进文化社会与城市功能协调发展的科技园区。仿"硅谷""光谷""药谷"等而造。例清华大学与鄂尔多斯市共建的"中国·鄂尔多斯市低碳谷"奠基仪式在鄂尔多斯市康巴什新区隆重举行。(2010年3月24日《光明日报》)|该低碳谷占地2000亩,是由鄂尔多斯市政府与清华大学签约合作的高科技项目,旨在打造西部首座低碳科技研发园区,为打造鄂尔多斯低碳城市、低碳生活开启新的一幕。(2010年5月14日《人民日报》)

相关词语见"低碳爱情"。

【低碳交通卡】 dītàn jiāotōngkǎ 由上海市公共交通卡有限公司和中国民主促进会绿色出行基金共同发行的一种公交卡。每一张卡的持卡人为"绿色出行基金"贡献20元基金,以抵消自己出行造成的一吨碳排放。例由上海市公共交通卡有限公司和中国民促会绿色出行基金共同发行的"绿色出行"低碳交通卡将通过四家推广合作伙伴面向社会公众发行,开始走入寻常百姓家。(2010年6月6日《光明日报》)|世博绿色出行低碳交通卡旨在鼓励参观

者选择绿色和低碳的交通方式参观世博会。(2010 年 8 月 23 日《人民日报》)

相关词语见"低碳爱情"。

【低碳客】 dītànkè 名词。倡导和践行低碳生活的人。例活动鼓励游客选择公共交通来游园,争做"低碳客",赢回勋章和奖项。(2010 年 4 月 8 日爱读爱看网)｜全美在智能科技的推动下主打低碳环保牌,数十种家味儿浓郁的车用生活类产品,满足消费者的不同需求,力求打造一个又一个的低碳客,让他们在畅快之余体验环保时尚的魅力。(2010 年 7 月 8 日创业商机网)

*拜客 纠客 脉客 *切客 剩客 *团客 闲客 *毕剩客 必剩客 代秒客 *慢拍客 沙发客 *微骚客 高端剩客

【低碳旅游】 dītàn lǚyóu 以低能耗、低污染为基本要求的旅游。例最引人注目的是许多旅游机构将"低碳旅游"作为一种旅游产品来招徕顾客,如将以前便已存在的绿色生态旅游、野外徒步健身旅游或"无公害旅游"都称作"低碳旅游"。(2010 年 2 月 26 日《人民日报》)｜名副其实的低碳旅游,需要用文化创意产业的手法,讲述有艺术般魅力的科技成果。(2010 年 8 月 30 日《光明日报》)

相关词语见"低碳爱情"。

【低碳人家】 dītàn rénjiā 指在家居装修中采取各种措施节能减排的住户。例护住窗户的温度就能有效控制室温,所以,"低碳人家"除了更换节能效果好的断桥铝合金加双层中空玻璃窗子外,还给窗子贴上了可控制玻璃散热的玻璃膜,大大提高了窗户的节能性能。(2010年4月15日《北京青年报》)｜住在一层的胡老师在自家护窗栏上焊上了"低碳人家"四个大字,再加上醒目的太阳能面板,在小区里别具一格,分外引人注目。(2010年7月5日《人民日报》)

相关词语见"低碳爱情"。

【低碳信用卡】 dītàn xìnyòngkǎ 兴业银行推出的一款信用卡。用可降解材料制成。除信用卡本身功能外,还可通过专属网站测算自己的碳排放、查询个人碳交易记录及所支持的碳减排项目信息,并可购买碳减排量。例昨日,北京环境交易所联合兴业银行推出国内首张低碳信用卡。申办该卡就意味着承诺卡片激活后,每年购买定额的碳减排量。(2010年1月29日《新京报》)｜兴业银行推出的"中国低碳信用卡",除了具备信用卡本身的功能外,最大的亮点就在于客户可用信用卡来购买碳减排量。(2010年9月13日《中国环境报》)

*碳信用卡 *低碳交通卡 *绿色零碳信用卡

【低薪白】 dīxīnbái 名词。薪酬低的白领。与"高薪蓝"相对。例在当下的招聘广告中,随处可见的诸如此类"高薪蓝"和"低薪白"用人信息,显然刺激到了一大批初入职场的低薪小白领。(2010年4月18日新浪网)｜光眼红别人是徒劳的,还是尽快调整好自己的心态,努力工作,早日晋级告别"低薪白"才是正事。(2010年5月11日《中国青年报》)

【**地板干部**】 dìbǎn gànbù 基层干部。因地板在房间中是位置最低的,故名。与"天花板干部"(已到顶,不能再升迁的干部)相对。例由于基层干部基数太大,"地板干部群体化现象"难以避免,对大多数基层干部来说,他们是要脚踏"地板"一辈子的。(2010年10月17日《宁波日报》)|乡镇干部是真正的"地板干部",一生最初的愿望就是晋升提拔乡镇副职,最大的可能就是晋升提拔乡镇人大主席和乡镇长或乡镇党委书记,而真正能够实现愿望的又寥若晨星。(2010年11月2日搜狐网)

*两手干部 *慢跑干部 书香干部 四门干部 天花板干部

【**地板工资**】 dìbǎn gōngzī 指企业以当地最低工资标准发放的工资。因地板在房间中是位置最低的,故称。例在富士康事件后,"地板工资"成了一个新名词,它是指一些企业近年来规模、效益逐年递增,但农民工的工资水平还和10年前差不多,这些企业大都按照当地最低工资标准给农民工发薪水。(2010年6月22日《中国青年报》)|富士康十多年来实行的"地板工资"政策,也一直备受诟病。(2010年10月2日《北京青年报》)

*党龄工资 *官效工资 绩效工资

【**地补**】 dìbǔ 名词。地方财政支出的补贴。与"国补"相对。例北京、上海、广州等城市还推出了"地补"方式,即由当地财政支出,为淘汰黄标车的车主提供鼓励性补贴。

(2010年12月23日《人民日报》)｜在车主可以自愿选择"地补"或"国补"的城市,即使增加了补贴额度,以"国补"方式淘汰的黄标车,仍然远低于以"地补"方式淘汰的黄标车。(2010年12月23日新浪网)

【地王秀】 dìwángxiù 名词。指拍卖建房地块时,参拍者激烈竞拍,致使价格不断飙升,频频出现地价新高的现象。例一边是"老地王"上荒草丛丛,一边是"新地王"频频冒头。前赴后继的"地王秀"背后,究竟谁是"推手"?(2010年2月8日《人民日报》)｜专家认为,"地王秀"更大的危害在于:开发商、地方政府所获之利,均是从飙涨的地价获得的"透支性"收益。(2010年2月8日《中国青年报》)

【地下标间】 dìxià biāojiān 指河南省郑州市退休矿工陈新年在自家院内地下6米处挖成的房间。是无力购房的无奈之举。例陈新年说,其实"地下标间"住起来并不舒服,只因实在买不起房子,居住条件又太差,才想出这个办法。(2010年9月8日《中国青年报》)｜一家四口人,住房面积却仅15平方米,买不起房也从未想过买房的郑州64岁退休矿工陈新年,四年前开始在自家所住棚户区院内挖房,最终挖出10平方米的"地下标间"。(2010年9月9日《北京青年报》)

【地震捕手】 dìzhèn bǔshǒu ❶一种专用于监测地震情况的计算机软件。例"地震捕手"软件一推出,就发挥了巨大作用。今年2月,"地震捕手"软件捕获到了智利发生的里氏8.8级大地震以及芝加哥西北部发生的3.8级轻度地震。(2010年4月29日网易网)❷安装了"地震捕手"软件的计算机的所有者。计算机正常使用时,能在感应到异常震动时将数据传送给研究员进行分析。由此形成的网络称为"地震捕手网络"。例目前已经有61国的1000人登记成为"地震捕手"。(2010年4月29日《武汉晨报》)

【电子绿标】 diànzǐ lǜbiāo 加入电子封条的汽车环保绿色标志。它包含车主姓名、车辆牌号、检测时间、排放达标情况等车辆信息。例"电子绿标"不仅不再让汽车挡风玻璃处花花绿绿,本市每年至少少印制数百万张"绿标",实现了低碳,其还有强大的信息功能。(2010年6月9日《北京青年报》)| 通过"电子绿标",在不停车的情况下,检查人员就可通过仪器读取该车的相关环保信息。(2010年6月10日《新京报》)

【顶码】 dǐngmǎ 名词。指超市使用价格相同的其他商品条码顶替收银系统中未及时登记或更新的商品条码的现象。例工商人员提醒市民,交款后认真核对购物小票和所购商品是否相符,遇"顶码"应及时要求超市开具手工填写的购物凭证。(2010年8月1日《新京报》)| 通州工商分局昨日提醒称,"顶码"商品难维权,很可能无法享"三包"服务。(2010年8月1日新浪网)

【豆你玩】 dòu nǐ wán 对绿豆、黑豆等豆类价格飙升,超出

合理范围的戏谑说法。谐音"逗你玩"。例连日来,连续上涨的大蒜和绿豆价格,已经引起越来越多人的关注,有网民甚至给这些价格飞涨的农产品取了一个个特殊的名字,大蒜涨价叫"蒜你狠",绿豆、红豆、黑豆涨价被戏称为"豆你玩"。(2010年5月30日《光明日报》)|由"蒜你狠"到"豆你玩",继"天价"大蒜、绿豆"问世"之后,蔬菜、玉米等农产品价格也一路攀升。(2010年6月4日《广州日报》)

*腐不起 *鸽你肉 *姜你军 姜一军 *煤超疯 *棉花掌 *苹什么 *蒜你狠 糖高宗 糖玄宗 *虾死你 *药你苦 *油你涨 *玉米疯

【*对表】 duìbiǎo 动词。比喻双方就某个问题或某种立场沟通协商,以求达成一致。也指行动要与目标一致。例在伊朗核问题上,美国副总统拜登近日的中东之行被外界解读为负有与以色列"对表"的使命,即统一两国对伊朗"是战是和"的立场。(2010年3月12日《人民日报》)|国防科研必须为部队服务,为提升战斗力服务。他时刻提醒自己:实验室必须与未来战场"对表"。(2010年10月8日《中国青年报》)

【多忙时代】 duō máng shídài 指当下生活节奏快、工作繁忙、应酬繁多的时代。由日本《读卖新闻》提出。例《读卖新闻》日前刊发专题报道,称在眼下这个"多忙时代",省时又省力的"就书"正给忙碌的现代人带来难以抗拒的诱惑。(2010年3月23日《广州日报》)|媒体称多忙时代的日本

已进入"就书"时代,人们的生活更加注重实用和效率。(2010年5月11日搜狐网)

相关词语见"词时代"。

E

【鳄鱼哥】 èyúgē 名词。称在南非世界杯期间准确预测了西班牙夺冠的一条名为"脏哈里"的咸水鳄鱼。例"鳄鱼哥"预测 澳大利亚北领地一只鳄鱼19日"预测",现任总理朱莉娅·吉拉德将当选新总理。(2010年8月21日《北京青年报》)|虽然"鳄鱼哥"看好吉拉德,但最新民意调查显示,吉拉德和阿博特所领导阵营的支持率难分上下。(2010年8月22日网易网)

相关词语见"保证哥"。

F

【发狂死】 fākuángsǐ 动词。精神病患者林立峰在看守所内离奇死亡,尸体上有多处伤痕,公安机关称其在看守所

"发狂而死"。这一事件被网友称为"发狂死"。例有评论说,林立峰刚开始大概并不想"发狂死"的,他想"躲猫猫"死。但是自从去年"躲猫猫"出事以后,看守所不让搞"躲猫猫"了,无奈之下,最后只好选择"发狂死"。(2010年3月13日《新京报》)

*冲凉死 *粉刺死 *盖被死 *喝水死 *骷髅死 *如厕死 睡觉死 *洗脸死 针刺死

【发票奴】 fāpiàonú 名词。为了报销或抵各种费用而苦于四处找发票的人。例继卡奴、房奴之后,一些白领戏称自己又成了"发票奴"。(2010年1月7日《新民晚报》)| 85.7%的受访者称,自己就是发票奴,会为了报销到处找发票。(2010年12月14日中央人民广播电台《新闻纵横》)

相关词语见"菜奴"。

【发言门】 fāyánmén 名词。在2010年3月湖南省双牌县政协七届三次会议上,政协委员、县委办副主任胡佐军的发言引起县委书记郑柏顺的不满,被指责为违反政治纪律,个人主义膨胀。胡佐军被安排下乡工作。网友称这一事件为"发言门"。例胡佐军任县委办副主任,主要分管材料,领导讲话和发文件由其签字。"发言门"后,他再没有签字或把关。(2010年4月27日《新京报》)

相关词语见"杯具门"。

【罚款套餐】 fákuǎn tàocān 指某些交警部门推出的违章罚款包季、包年制的荒唐做法。例乐平市交通执法部门

推出"交通罚款套餐",明显属于知法犯法。(2010年8月19日《光明日报》)|车辆超载是全国普遍存在的问题,治理超载一直是个难题,但个别地方"以罚代管",并推出"罚款套餐"的做法却令人匪夷所思。(2010年8月24日《新民晚报》)

【*翻墙】 fānqiáng 动词。利用代理或虚拟专用网络等手段,绕过网络防火墙到被屏蔽的网站上浏览。例一名员工利用闪存驱动"翻墙",浏览大量色情页面。(2010年4月24日《新民晚报》)|有个日本的AV女优,她在twitter上面跟中国影迷打招呼,结果震动中国网界,一大堆中国网民都学翻墙上twitter,结果使得她成为twitter的微博女王。(2010年4月27日凤凰卫视《锵锵三人行》)

【凡客体】 fánkètǐ 名词。指网购品牌"凡客诚品"广告的写作模式,由一系列"爱××,爱××,我不是××,我是××"的短句组成。例用江湖上近来流行的"凡客体"来描述这群人,应该是这样的。爱爱情,爱亲情,也爱友情。我不是情圣,不是花心大萝卜,我是EX一家亲。和谐万岁。(2010年8月10日《中国青年报》)|用流行的"凡客体"形容这部电影很恰当,《恋爱通告》可以说是为王力宏量身定制的。(2010年8月19日《北京青年报》)

纺纱体 红楼体 *回音体 *亮叔体 蜜糖体 排比体 *微博体 *乡愁体 *校内体 *羊羔体 *子弹体

【反腐硕士】 fǎnfǔ shuòshì 由最高人民检察院和中国人民大学联合培养的职务犯罪侦查方向硕士研究生,旨在提高

他们的反腐专业技能。俗称"反腐硕士"。例"反腐硕士"赫然出现,在学术领域已然成为一个研究方向,说明了腐败现象腐败行为的严重程度,治办硕鼠的紧迫必要。(2010年8月5日《新民晚报》)|反腐硕士班首批共招收30名学生,课程包括检查学、职务犯罪侦查学、职务犯罪侦查证据学等。(2010年9月24日凤凰卫视《总编辑时间》)

【饭局门】 fànjúmén 名词。指富商重金邀请明星吃饭而引发的丑闻。例所谓"饭局门"一般除指被蒙上了神秘色彩的非正常饭局外,一些明星也会遭遇这样的社交饭局,甚至不乏被骗或者被迫的情形。(2010年6月24日《北京青年报》)|明星"饭局门"事件屡曝不鲜。(2010年11月16日新浪网)

相关词语见"杯具门"。

【房二代】 fáng'èrdài 名词。父母为子女购置房产,这些拥有房产的子女被称为房二代。例2岁女孩妞妞的家人为其买下一套300平方米的别墅,价值近400万元,妞妞因此被称为南京最小而且最富的"房二代"。(2010年8月30日《新民晚报》)|"最小房二代"正好集中了这个时代最容易引发公众围观的两个焦点:居高不下的房价、垄断企业的职工收入所代表的社会分配不公。(2010年8月31日山东人民广播电台《山东新闻》)

相关词语见"导二代"。

【房托族】 fángtuōzú 名词。与房产中介机构配合,假装看房买房,制造楼市火热假象并从中获得好处的人。例一

些组织推介会的机构,甚至给内部员工发放补贴,并通知员工把家人带去,形成人数众多的"房托族",营造一种项目火热的假象。(2010年11月29日《京华时报》)|开发商、"房托族"、普通的有房户形成利益共同体。(2010年11月29日《半岛晨报》)

相关词语见"阿鲁族"。

【飞机墓】 fēijīmù 名词。位于美国亚利桑那州沙漠中的一个退役飞机安置场所。也称"飞机坟场"。例这处"飞机墓"位于亚利桑那州图森市美军戴维斯—蒙森空军基地,占地面积约10.5平方公里,相当于1430个足球场大小。(2010年2月25日《新京报》)|"谷歌地球"首次曝光世界最大"飞机墓"的高分辨率卫星图片,向世人清晰地展现这一壮观图景。(2010年2月25日《广州日报》)

【废柴族】 fèicháizú 名词。无所作为、一无是处的人。"废柴"出自粤语。多用于自嘲或搞笑。例从某种角度而言,"废柴族"的出现,就是对传统励志教育的一种悲壮的抵抗。(2010年6月8日《新闻晚报》)|用最新的网络名词来说,在妈妈眼中,女儿的梦想居然是做蛋糕,绝对是沦落到了"废柴族"的层次。(2010年6月8日新浪网)

相关词语见"阿鲁族"。

【坟奴】 fénnú 名词。为了安置逝去的亲人而不得不承担日益高昂的殡葬费用的人。也称"墓奴"。例继房奴、孩奴、车奴之后,难以高攀的殡葬价格又催生了一个网络热词——坟奴。(2010年11月3日网易网)|依笔者之言,

要真正摆脱"坟奴",除了要加大教育和引导力度,树立人们文明丧葬的观念,各地也要加大殡葬行业管理和整顿力度,为社会营造一个文明的丧葬环境,才能真正使生者安慰,逝者安息。(2010年11月4日《中国日报》)

相关词语见"菜奴"。

【粉刺死】 fěncìsǐ 动词。2009年11月13日,山东省文登市高村镇人于维平在看守所内死亡,家人在查看尸体时发现胸部有小洞,当时被告知是抠掉的粉刺。而尸检结果显示,死者遭遇了"针类锐器反复刺戳胸部致心脏破裂,心包腔积血致心脏压塞死亡"。网友称其为"粉刺死"。也称"针刺死"。例假如"粉刺死"具有说服力,并且有警方人员尝试过或者经科学验证过,那敢情好,看守所警察同志就可以一推六二五,与我无关,因抠粉刺而死,死得其所。(2010年4月18日红网)

*冲凉死 *发狂死 *盖被死 *喝水死 *骷髅死 *如厕死 睡觉死 *洗脸死 针刺死

【粉衫军】 fěnshānjūn 名词。主要由学生、教师和旅游业者等组成的泰国民间政治组织。呼吁反政府示威者避免对持不同政见者使用暴力、挑衅和恐吓手段。因其统一身穿粉色衣服,故称。例以泰国部分学术教育界人士组成的"粉衫军"近日也走上街头,表达反对目前解散国会下院和支持阿披实政府的立场,并和"红衫军"支持者发生肢体冲突。(2010年4月5日《光明日报》)| 自2005年以来,

泰国民间政治组织以身着不同颜色的上衣表达政治诉求,例如"黄衫军"属反他信阵营,"红衫军"属顶他信阵营,"粉衫军"号称为呼吁和平的中立派,而"蓝衫军"则由脱去制服的军警组成。(2010年4月27日《新民晚报》)

*彩衫军 黑衫军 红衫军 黄衫军 蓝衫军

【粉丝买卖】 fěnsī mǎimài 指对微博中的粉丝(拥护者;推崇者)数量进行买卖的行为。例微博的走俏催生了一种新的经济——粉丝买卖。淘宝网上如今有海量出售"微博粉丝"的商铺,常见的促销模式是打包买卖,比如被冠以"高质量、永久"称号的虚拟粉丝,价格是100人16元。(2010年5月25日《文汇报》) | 微博粉丝买卖已经引起重视,并设立了专业团队,即时对那些恶意注册进行清除,一般两到三天这些买来的粉丝数就会消失。(2010年5月25日凤凰网)

【封村】 fēngcūn 动词。政府和公安部门对村庄实施封闭式管理,通过建围墙,安街门,设置录像监视探头,凭证件出入等措施,加强治安,防止流动人员作案。例"封村"初步计划是将村民住宅集中、成片建设的村庄外围封闭,预留两三个主出入口,设置监控探头、岗亭并派人24小时值守,配置巡防队和流动人口管理员,人凭卡、车凭证出入。(2010年8月12日《北京青年报》) | 对于"封村",村民们已经逐渐习惯,感觉有了门卫,村里闲杂的外人少了,安全感多了。(2010年8月13日《北京青年报》)

【疯克鸡】 fēngkèjī 名词。指雌雄同体的鸡。[疯克鸡,英语 funky chicken 的音译加意译。]例对于"疯克鸡"的成因,科学家以前一直认为是因为激素失调导致的,但近期科学家惊奇地发现,这种鸡一半的细胞拥有雌性染色体,另一半拥有雄性染色体。(2010 年 3 月 21 日《新京报》)|发表在《自然》杂志上的一篇关于雌雄同体的"疯克鸡"的文章改变了人们对性别表现决定因素的看法。(2010 年 3 月 22 日人民网)

【浮云哥】 fúyúngē 名词。2010 年 12 月,一网友在华龙网两江论坛贴出了一名乞丐的组图,其中一幅配有"在哥面前,神马都是那浮云"字样,这名乞丐被网友称为"浮云哥"。后也泛指豁达淡定、不计名利、自得其乐的人。例他希望大家在帮助"浮云哥"的时候应该尊重"浮云哥"的意见,不要"好心"地去帮他做一些事,却违背了他的意愿。(2010 年 12 月 8 日新疆电视台《新疆新闻联播》)

相关词语见"保证哥"。

【腐不起】 fǔ bù qǐ 对豆腐价格猛涨的戏谑说法。谐音"扶

不起"。例继"豆你玩""蒜你狠""苹什么""糖高宗"之后,近日,受大豆原料价格快速上涨影响,豆腐、豆浆等豆制品的价格也全线上调,被戏称为"腐不起"。(2010年11月10日新浪网)|"豆你玩""蒜你狠""姜一军""玉米疯""腐不起""苹什么""糖高宗""药你苦""棉花掌"表明物价在疯涨,这些戏谑且生动的网络热词不断拨动老百姓的语言心弦。(2010年12月24日人民网)

*豆你玩 *鸽你肉 *姜你军 姜一军 *煤超疯 *棉花掌 *苹什么
*蒜你狠 糖高宗 糖玄宗 *虾死你 *药你苦 *油你涨 *玉米疯

【负月薪】 fùyuèxīn 名词。指求职者为竞聘上岗,在试用期间不领月薪,反而向聘用单位交纳一定费用的现象。例为了能获得在该公司的工作经历,为以后找工作打好基础,即使"负月薪"我也认为是值得的。(2010年6月7日《成都晚报》)|《劳动合同法》明确规定:劳动者在试用期的工资不得低于本单位相同岗位最低档工资或者劳动合同约定工资的百分之八十,并不得低于用人单位所在地的最低工资标准。因此,试用期"零月薪""负月薪"在法律上是不允许的。(2010年8月11日《青岛日报》)

【富N代】 fù N dài 名词。家里几代都是富人甚至富豪的人。N表示概数。例在科学发展观的引领下,让中国更好更快地走向"富N代"的"共富社会"。(2010年3月22日《中国青年报》)|在《极品飞车》游戏中警察追逐的也都是兰博基尼,这款车往往联系的就是桀骜不驯或是交通破

坏者,在中国也许还有一层附加含义,那就是"富 N 代"。(2010 年 6 月 9 日《北京青年报》)

【富跑跑】 fùpǎopǎo 名词。对选择移民境外的富人(多指新富阶层和知识精英)的戏称。例虽然被冠以"富跑跑"的不雅名称,但与之前出现的"明星移民"现象相比,广大网民却对这些投资海外的富人抱以宽容的心态。(2010 年 7 月 23 日凤凰网)|从之前的"欺实马"到今天的"唐骏学位门"、"富跑跑",以互动百科为代表的百科型网站充分发挥了忠实记录历史、还原历史的特点。(2010 年 8 月 2 日新浪网)

G

【盖被死】 gàibèisǐ 动词。2010 年 11 月 25 日,广东男子戚业强在看守所内突然死亡。警方通报死因时说是被棉被闷死的,网友称其为"盖被死"。例广东茂名警方 6 日晚通报称,当地一名叫戚业强的在押青年男子突然发病,经送医院抢救无效死亡。连日来,该事件被传为"盖被死",在坊间闹得沸沸扬扬。(2010 年 12 月 7 日《新民晚报》)

*冲凉死 *发狂死 *粉刺死 *喝水死 *骷髅死 *如厕死 睡觉死 *洗脸死 针刺死

【干水】 gānshuǐ 名词。一种化学物质,里面是水,外层是略像糖粉的沙质硅。因成分中95%是水,而表面干燥,故称。例"干水"不同于液态水、固态水和气体水,这种物质有些像糖粉,它将能够让化学物质的利用方式产生革命性变化。(2010年9月2日腾讯网)│科学家相信,"干水"可以用来吸收和捕捉温室气体二氧化碳,从而可以部分解决全球变暖问题。(2010年9月12日新浪网)

【感谢门】 gǎnxièmén 名词。短道速滑运动员周洋在2010年温哥华冬奥会夺得金牌后接受采访时只说了感谢父母,事后被体育总局领导批评没有感谢国家。这一事件被称为"感谢门"。例获得女子1500米短道速滑金牌后,周洋感谢父母养育,并希望"父母能因此生活过得更好一些",而后却被指"运动员应该先感谢国家",陷入"感谢门"事件。(2010年4月14日凤凰卫视《名人面对面》)

相关词语见"杯具门"。

【钢管姐】 gāngguǎnjiě 名词。称在南京地铁2号线上跳钢管舞的一位女子。例"钢管姐"第一次现身是在6月1日下午3点多,她身穿粉红色短袖衫、白色中裤、黑色高跟鞋,被网友们亲切地称为"红衣女子"或"粉红舞娘"。(2010年6月6日《扬子晚报》)

暴力姐 *淡定姐 失控姐 *微笑姐 *犀利姐

【港生一代】 gǎngshēng yīdài 指父母为内地人,因在香港出生而取得香港户籍的一代人。例从2001年开始,一个迅速成长的群体正强势地出现,他们被称为"港生一代"——父母均来自内地,他们自 2001 年以来在香港出生并自动获得港人身份。(2010 年 3 月 11 日《新民晚报》)│如果从有数据可查的 1998 年算起,十几年来"港生一代"更是超过 10 万人。(2010 年 3 月 24 日《人民日报》)

筒一代 *网一代 淘宝一代 鸟巢一代 鸟笼一代 世博一代

【高端剩客】 gāoduān shèngkè 各方面条件都很好,但过了适婚年龄却未能解决婚恋问题的剩男剩女。例经济压力、社会压力、舆论压力,导致"剩客"尤其是女性"高端剩客"失去了明确的择偶目标与择偶观,不知道什么样的婚恋生活最适合自己。(2010 年 1 月 9 日腾讯网)

*拜客 纠客 脉客 *切客 剩客 团客 闲客 *毕剩客 必剩客 代秒客 *低碳客 *慢拍客 沙发客 *微骚客 剩男 剩女 剩斗士 齐天大剩

【高姐】 gāojiě 名词。称高速铁路列车上的乘务员。仿"空姐""动姐"造词。例"高姐"们身材高挑,面容姣好,形象绝对不亚于空姐。(2010 年 10 月 21 日《新民晚报》)│飞机有"空姐",动车有"动姐",沪杭高铁运营首日,让我们和人民网记者一起,去领略高铁"高姐"的风采,感受她们贴心的微笑服务。(2010 年 10 月 26 日人民网)

【高考哥】 gāokǎogē 名词。对杭州高考考生陈一天的戏称。因其连续四年参加高考均取得优异成绩,却三次高分弃读,故称。例四次被知名高校录取,三次放弃,陈一天因此被人视为"高考枪手"而称其为"高考哥"。(2010年7月14日东北新闻网)｜杭州一所高考复读学校冒出一位"高考哥",这名学生连续三年参加高考皆取得高分,有一年甚至曾成为某县的高考文科状元。(2010年7月21日搜狐网)

相关词语见"保证哥"。

【高考微作文】 gāokǎo wēizuòwén 写在微博上的高考作文。例有不少网友在微博上跃跃欲试,发表高考微作文。(2010年6月8日《信息时报》)｜随着微博的盛行,今年网上出现了大批才华横溢的"高考微作文",写作者在140字里给予了各种话题或妙趣横生或愤世嫉俗的解读。(2010年6月12日《羊城晚报》)

*微作文

【高薪蓝】 gāoxīnlán 名词。薪酬高的蓝领。与"低薪白"相对。例"高薪蓝"显然已经刺激到了很多初入职场的低薪小白领。有报道称,尽管甘愿放弃白领职位去当高薪蓝领的并不多,但这种失衡心态已经悄然蔓延。(2010年5月11日《中国青年报》)｜薪酬的刺激很直观。但真要换到"高薪蓝"的工作岗位,日复一日地在流水线上重复工作,又该感慨工作单调乏味了吧。(2010年5月11日搜狐网)

【鸽你肉】 gē nǐ ròu 对肉价猛涨的一种戏谑说法。谐音"割你肉"。例在"豆你玩"之后,糖高宗、姜你军、油你涨、

苹什么、鸽你肉,形象地展示出食品接力涨价的现状和群众的无奈和抗议。(2010年11月24日新浪网)

*豆你玩 *腐不起 *姜你军 姜一军 *煤超疯 *棉花掌 *苹什么
*蒜你狠 *糖高宗 *糖玄宗 *虾死你 *药你苦 *油你涨 *玉米疯

【*格子领】 gézilǐng 名词。同时具备"白领"的理论知识和"蓝领"的实践技能的人。因"白领"与"蓝领"兼具,成"蓝白格子领",故称。例在求职大军中,一个名为"格子领"的群体正悄然兴起,成为招聘市场的"香饽饽"。(2010年3月19日《光明日报》)|"格子领"复合人才手持同一领域的"蓝白领"技能,与职位的匹配度自然更高,应聘者自然更有竞争优势。(2010年3月19日《中国青年报》)

白领 粉岭 金领 *开领 蓝领 绿领 紫领

【给力】 gěilì ❶形容词。很棒,很带劲,酷,牛。例纵观姚明的现场表现,完全可以用当下最时髦的词语来形容他,"给力"!(2010年10月11日《新民晚报》)|他的"羡慕嫉妒恨"准确描绘出一种普遍的国民心态,着实很给力。(2010年12月17日《新民晚报》)❷动词。指给以力量,支持。例江苏给力"文化强省"(2010年11月10日《人民日报》)|CPI持续走高提醒调控政策执行要给力。(2010年12月13日《中国青年报》)

"给力"一词最早出现于日本搞笑动漫《西游记:旅程的终点》的中文配音版,是方言和日语的混合产物,意思是很带劲、很有帮助、很有作用,在互联网上流行了一段时间后成为网络流行语。2010年11月10日,《人民日报》头版头条打出了"江苏给力'文化强省'"的标题,"给力"一词一时间在网上网下频传。创意十足的网友甚至发明了它的"英文说法",给力即 geilivable,不给力是 ungeilivable。

【根叔】 gēnshū 名词。学生及网友对华中科技大学校长李培根的称呼。含亲切意。例我们都非常敬爱他,还亲切地称呼他"根叔"。(2010年5月25日人民网)| 大学生们确实需要"根叔"做导师。他们希望看到还有一部分知识精英在关心他们、帮助他们。(2010年6月25日《北京青年报》)

【根叔式演讲】 gēnshūshì yǎnjiǎng 2010年6月23日,在华中科技大学2010届本科生毕业典礼上,校长李培根的演讲《记忆》,深入人心,受到学生的热烈欢迎,并在网上引起热烈讨论。其充满深情和幽默的演讲风格被称为"根叔式演讲"。例"根叔式演讲"渐流行 冲击官场演讲风格(2010年7月11日人民网)| 华中科技大学校长李培根在2010届毕业生典礼上的演讲,被掌声打断30次,全场7700余名学子起立高喊"根叔!根叔!"很多人泪洒现场,这一演说一跃成为了"根叔式演讲"风格,风靡各校。(2010年8月11日《保山日报》)

【工科联盟】 gōngkē liánméng 由北京理工大学、大连理工大学、东南大学、哈尔滨工业大学、华南理工大学、天津大学、同济大学、西北工业大学和重庆大学等工科高校组成的高考自主招生联盟。简称"工盟",也称"工科系"。

工公 gōng 59

例 名校自主招生,"北约""华约""工科联盟"已经形成2011年中国名校自招的三国鼎立的格局。(2010年12月5日《新民晚报》)

*北约 *工盟 *华约 *理约 北大系 理工系 清华系 理工联盟

【工盟】 gōngméng 名词。"工科联盟"的简称。例 日前,八所以工科见长的高校在各自网站上同时发布八校将合作自主招生的消息,并签署《卓越人才培养合作框架协议》。之后重庆大学也随即加入"工盟"。(2010年12月3日艺通网)| 今年,高校自主招生力度空前加大,除了"北约""华约""工盟""京派"这四大联盟外,也有其他高校单兵作战。(2010年12月8日《无锡日报》)

*北约 *华约 *理约 北大系 理工系 清华系 *工科联盟 理工联盟

【公家男人】 gōngjiā nánrén 忙于公事应酬,很少与家人在一起的男人。例 公家男人在身份上通常是那些有一官半职,大到高官,小到股级,时常穿梭于酒桌与各个圈子的男人。(2010年11月30日搜狐网)

*淘男 *贝塔男 宠物男 *戳车男 *极客男 *快餐男 *抡车男 *奶瓶男 *素养男 *余味男 *4D男人 *经济弱势男

【公益存折】 gōngyì cúnzhé 用于记录公益活动和志愿服务次数的类似存折的簿册。持有人每参加一次公益活动

或志愿服务,可获得一个"爱心种子"印戳作为记录。例领取"公益存折"后只要参与社区志愿服务、公益活动,每参与一次就盖上一个"爱心种子"戳记。(2010年5月29日《北京青年报》)|公益存折让居民每一次的公益活动都有记录,拥有者每参加一次公益活动,就可在存折上获得一枚爱心种子标记。(2010年6月1日《人民日报》)

【古墓经济】 gǔmù jīngjì 利用古墓发展旅游业,以带动当地经济发展的经济模式。例从"名人经济"到"故里经济"再到"古墓经济",GDP功利主义下的争宠行为开始陷入"恶性竞争"。(2010年5月24日《中国青年报》)|"古墓经济"并不像一些地方鼓吹的那般美好,也不可能对地方发展化腐朽为神奇,实现地方经济的持续发展和民生改善。(2010年7月8日《光明日报》)

身经济 她经济 心经济 瘾经济 宅经济 *单身经济 *低水经济 *故里经济 名人经济 墓产经济 润滑经济 婴孩经济 大肚子经济

【故里经济】 gùlǐ jīngjì 利用名人故里发展旅游业,以带动当地经济发展的经济模式。例对名人故里争夺应实事求是地看待。首先要承认"故里经济"在不少地区的确促进了民生发展,特别是对于中西部地区,文化旅游常常对地区经济增长和民生改善起到比较关键的积极作用。(2010年5月11日《光明日报》)|名人故里经济甚嚣尘上,现实版的闹剧看完一幕又上演一幕,不知道什么时候结束。(2010年6月5日中央电视台《新闻1+1》)

身经济 她经济 心经济 瘾经济 宅经济 *单身经济 *低水经济 *古墓经济 名人经济 墓产经济 润滑经济 婴孩经济 大肚子经济

【观光孕妇】 guānguāng yùnfù 为了使孩子获得美国国籍,利用旅游签证赴美国生子的孕妇。例当美国政界人物在"出生公民权"存废之争中特别提出"观光孕妇"现象之后,美国各大主流媒体均将此列为热门讨论话题。(2010年8月28日《北京青年报》)|美国NBC电视台专门探讨"观光孕妇""生了就走"的做法。(2010年8月28日《北京青年报》)

【官效工资】 guānxiào gōngzī 以行政级别而非工作业绩为依据分配的工资。仿"绩效工资"造词。例据欧阳传圣调查,众多一线教师对这次绩效工资改革不满,因为自己的收入原地踏步甚至还有所减少,而中层领导、校领导待遇增加的幅度过大,"绩效工资变成了官效工资"。(2010年2月22日《人民日报》)|在实践过程中,绩效工资受教师诟病,认为领导绩效工资分配不合理,是"官效工资"。(2010年3月8日腾讯网)

*党龄工资 *地板工资 绩效工资

【鳏寡效应】 guānguǎ xiàoyìng 指夫妻中的一方在另一方去世后三年内离世的现象。鳏:鳏夫,死了妻子的男人;寡:寡妇,死了丈夫的妇人。例英国研究人员研究数万对夫妻发现,不少人在配偶去世后3年内离世。研究人员将这一现象称为"鳏寡效应"。(2010年11月16日新浪网)｜英国研究发现:丧偶之痛杀伤力大 鳏寡效应男女有别(2010年11月16日科学网)

安可效应 粉底效应 口红效应 茅坑效应 同城效应 土豆效应

【光线雨】guāngxiànyǔ 名词。2010年7月10日凌晨在厦门出现的一种罕见的自然现象,天空中出现数十条垂直的光线,非常明亮,疑似海市蜃楼。例本报报道的"光线雨"这个新名词,昨天在网络上传开了。(2010年7月12日腾讯网)｜近日,厦门市民目睹天文奇象——环岛路黄厝天空上出现神秘"光线雨"。(2010年7月13日新浪网)

【柜族】guìzú 名词。指无钱购房或租房而租住在集装箱里的人。也称"集装箱蜗居族"。例"柜族"像一面镜子,折射出农民工生存状态的不堪。(2010年4月18日《新民晚报》)｜让人心酸的"柜族"农民工处境,

是社会和谐之痛。(2010年4月22日新浪网)

相关词语见"阿鲁族"。

【国十一条】 guó shíyī tiáo 指2010年1月10日国务院办公厅颁布的《关于促进房地产市场平稳健康发展的通知》。其内容共有十一条,俗称"国十一条"。例从"国四条"到"国十一条",从"抑制"到"遏制",中央从财政、税收等多方面打出"组合拳",挤泡沫、稳房价。(2010年1月21日《人民日报》)|无论是之前出台的"国四条"、"国十一条",还是"两会"上总理所做的政府工作报告中相关内容,都已将抑制投机性购房,作为下一阶段调控房地产市场的主攻方向,发烫的楼市能否回归理性,人们拭目以待。(2010年4月9日中央电视台《今日观察》)

国四条 *新国十条 *新国四条

国务院颁布"国十一条"的目的是进一步加强和改善房地产市场调控,稳定市场预期,促进房地产市场平稳健康发展。内容主要有:(一)加快中低价位、中小套型普通商品住房建设。(二)增加住房建设用地有效供应,提高土地供应和开发利用效率。(三)加大差别化信贷政策执行力度。(四)继续实施差别化的住房税收政策。(五)加强房地产信贷风险管理。(六)继续整顿房地产市场秩序。(七)进一步加强土地供应管理和商品房销售管理。(八)加强市场监测。(九)力争到2012年末,基本解决1540万户低收入住房困难家庭的住房问题。(十)中央将加大对保障性安居工程建设的支持力度,适当提高对中西部地区廉租住房建设的补助标准,改进和完善中央补助资金的下达方式,调动地方积极性,确保资金使用效果。(十一)进一步健全和落实稳定房地产市场、解决低收入家庭住房困难问题由省级人民政府负总责,市、县人民政府抓落实的工作责任制。

【**果粉**】 guǒfěn 名词。指美国苹果公司数字产品的粉丝(拥护者;推崇者)。例苹果在中国市场的每一次动作,都会引来果粉、商家甚至是黄牛党的行动。(2010年10月10日北京电视台《特别关注》)| Iphone 4进入国内市场后,备受果粉追捧。(2010年11月25日上海广播电视台《东广早新闻》)

奥粉 *互粉 *活粉 麦粉 散粉 微粉 职粉 *僵尸粉

【**果咖**】 guǒkā 名词。一种具有水果口味的咖啡类饮品。例偌大的美术馆就这样被"果咖"、快餐盒、咖啡杯等垃圾废物包围,那种巨大的视觉冲击提醒观众,北京城的垃圾不仅仅在那些大幅的摄影作品里,它们就在身边,并且无时无刻地在增加着。(2010年7月3日《齐鲁晚报》)

【**果奴**】 guǒnú 名词。因水果价格高涨而承受较大经济压力的人。例菜价高了,"进口费"涨了,"菜奴""果奴"冒出来了。(2010年5月25日《国际金融报》)|继"房奴"之后,吃不起蔬菜水果的"菜奴""果奴"也开始在网络上冒泡,这些戏谑中饱含无奈的民生吁求,让人涌生无限感怀。

(2010年11月12日《中国日报》)

相关词语见"菜奴"。

【过期新鲜人】 guòqī xīnxiānrén 招聘或应聘时没有或只有很少工作经验的往届高校毕业生。例为什么你成了过期新鲜人？我们采访了三位没有立即获得或者投入工作的年轻人。(2010年8月16日《第一财经周刊》)｜像赵君萍这样，毕业后一直未能就业，或者曾经有过短期工作经历，目前又计划寻找新职业的群体，在人才市场上处于相对劣势地位。职场上将这个群体称为"过期新鲜人"。(2010年12月27日新浪网)

*状态人 *低碳达人

H

【哈夫病】 hāfūbìng 名词。一种在食用鱼虾类水产品24小时以内出现肌肉僵硬疼痛等身体不适现象的病症。该病1924年在波罗的海的哈夫港湾最早发现，故称。例哈夫病最早发现于波罗的海、地中海等地区，多为食用水产品后在24小时之内出现不明原因的横纹肌溶解综合征。(2010年9月8日《人民日报》)

【孩农】 háinóng 名词。像培育农作物一样精心培养孩子

的家长。例当"孩奴"不如当"孩农",尹邓安说,孩子好比农作物,家长要知道何时浇灌,何时放养。(2010年4月6日腾讯网)| 父母不该为"孩奴",是否可以像一些专家所说的那样做"孩农"呢?(2010年6月21日中国经济网)

【海囤族】 hǎitúnzú 名词。在物价上涨前大量购买商品囤积以节省开支的人。也写作"海豚族"。例红旗农贸批发市场实行了"批零同营",批发市场的大白菜售价每公斤最低为1.2元,远低于市场价格,不少"海囤族"自驾车或骑三轮车到这里囤货。(2010年11月24日《中国青年报》)| 为避免物价上涨,大量购买囤积生活必需品的"海囤族"也顺势而生。对于很多普通人而言,省钱已成为一种流行的生活乐趣。(2010年12月19日网易网)

相关词语见"阿鲁族"。

【海豚族】 hǎitúnzú 名词。即"海囤族"。"海豚"谐音"海囤"。例物价的上涨,催生了一些囤米囤油的所谓"海豚族"。(2010年11月4日《新京报》)

相关词语见"阿鲁族"。

【海藻灯】 hǎizǎodēng 名词。一种低碳节能灯。将海藻装入特制的玻璃瓶,并提供阳光、二氧化碳和水,海藻在光合作用下能产生电流,所产生的电流储存在电池里,用于照明。例近期,美国斯坦福大学和韩国延世大学的科学家研制出一种最为奇特的节能

灯——海藻灯。这种方法使用海藻的光合作用产生较小的电流。(2010年8月10日腾讯网)｜这个海藻灯就像是化学实验用的锥形瓶的放大版,水里种满了海藻,水中还有一个肉眼看不见的电池,可以从海藻里吸取能量,在夜晚为LED灯供电。(2010年8月13日《新民晚报》)

【*喊渴】 hǎnkě 动词。比喻公开申明缺乏某种资源,如缺水、缺油、缺钱、缺乏人才等,急需补充、引进。例大企业"不差钱",中小企业总"喊渴",这已经是个老问题了。(2010年5月20日《人民日报》)｜在内陆大多数城市干燥缺水的同时,一些濒江临海的城市也进入资源性、水质性缺水城市的行列——这种举国"喊渴"的状况,不得不引起我们的反思。(2010年7月12日《光明日报》)

【汉堡族】 hànbǎozú 名词。指徒有其表,华而不实,缺乏核心竞争力的人。因其如同汉堡包一样,外表光鲜却营养价值不高,故称。例通常最易沦为"汉堡族"的职位有:技术、助理、销售、客服等岗位。(2010年2月2日《北京青年报》)

相关词语见"阿鲁族"。

【喝水死】 hēshuǐsǐ 动词。2010年2月18日,河南省鲁山县的王亚辉因涉嫌盗窃被押,三天后在看守所内死亡,身上有多处伤痕。当地公安机关解释,犯罪嫌疑人是在提审时喝开水突然发病死亡的。这一事件被网友称为"喝水死"。也称"开水门"。例"河南青年'喝水死'事件"追踪:4民警涉嫌刑讯逼供移交检方,鲁山县公安局分管副局长免职,平顶山公安局分管副局长将受纪律处分。(2010年

3月1日《新京报》）| 在讲课过程中,傅局还举了很多例子,其中包括"躲猫猫"事件,以及各地频发的"喝水死""洗脸死"等事件。(2010年7月25日《北京青年报》)

*冲凉死 *发狂死 *粉刺死 *盖被死 *骷髅死 *如厕死 睡觉死 *洗脸死 针刺死

【核银行】 héyínháng 名词。专门用于储存浓缩铀的装置。也称"核燃料银行"。例 国际原子能机构在11月一次为期两天的会议中批准"核银行"落成,今后将全程监督它的运作。(2010年12月2日《北京青年报》)| 核银行,最早是美国于2005年9月在维也纳国际原子能机构会议上提出的。(2010年12月15日新华网)

【贺岁帝】 hèsuìdì 名词。对演员葛优的戏称。葛优在贺岁片中频频担任主演,在贺岁片13年的历史中他主演了12部,2010年的5部贺岁片中,他主演了3部,故称。例 12月上映的三部大片均由葛优主演,媒体不禁戏称葛优为"贺岁帝",玩味之余,也暴露了中国电影产业链上演员后继乏人的窘状。(2010年12月14日《光明日报》)

*表情帝 *淡定帝 *口误帝 *练摊帝 *龙套帝 *预测帝

【黑灯率】 hēidēnglǜ 名词。指晚上不亮灯的房屋(多数为空置房)在整栋楼中所占的比例。例 用"黑灯率"证明"空置率"的方法并不科学,因为由于出差、出游甚至逛街等原因不在家的居民也算在了黑灯率里,间接算在空置率里。

(2010年8月10日上海广播电视台《东广早新闻》)｜你要统计"黑灯率",我就人为地提高"亮灯率",真可谓你有计策,我有对策。(2010年8月10日《北京青年报》)

【黑灯照】 hēidēngzhào 名词。为了证明房屋大量空置,群众自发拍摄的小区楼房黑灯率高的照片。也称"黑灯照片"。例"黑灯照"并不是统计空置率的最佳方式,只是体现当前空置房状况的直观表现形式之一。(2010年8月12日上海广播电视台《东广早新闻》)｜公众对"黑灯照"热捧的背后,是对高房价的一种不满。(2010年8月18日《中国青年报》)

【黑飞】 hēifēi 动词。在未取得私人飞机驾照或私人飞机未取得民航总局飞行许可情况下进行的飞行活动。例所谓"黑飞"就是偷偷地开飞机飞行,由于我国的低空领域至今没有向私人飞机开放,一些没有取得私人飞行驾照或者飞机没有取得合法身份的飞行发烧友,在未经军民空管部门的审批下,偷偷将私人飞机飞上天,过一把飞行瘾!(2010年11月18日中央电视台《经济半小时》)｜"黑飞"事件频发的背后是不尽合理的各类限制。(2010年12月13日《中国青年报》)

【黑飞族】 hēifēizú 名词。在未取得私人飞行驾照或私人飞机未取得民航总局飞行许可的情况下进行飞行活动的人。也称"黑飞客"。例《新民周刊》记者日前独家专访了被处罚的"黑飞者"朱松斌、许伟杰,并通过他们走近了这样一群"黑飞族"。(2010年7月1日新浪网)

相关词语见"阿鲁族"。

【黑机】 hēijī 名词。未取得民航总局飞行许可的私人飞机。例因为低空空域并未完全放开，使得民间的"黑机"和"黑飞客"们层出不穷。(2010年10月16日《北京青年报》)｜中国目前已有1600人取得了私人飞机的驾照，飞机991架。如果加上没有进入统计之类的"黑机"和"黑飞者"，这个数量就更大。(2010年11月16日中国日报网)

【哼唱搜索】 hēngchàng sōusuǒ 一种网络音乐搜索方法。用户通过音频输入设备哼唱歌曲，就可以寻找到最符合其旋律的歌曲信息。例百度哼唱搜索功能已悄然对外开放，但仍然没有在百度MP3搜索中正式应用，仅能通过网址访问。(2010年9月6日新浪网)｜哼唱搜索的基本原理是软件将哼唱者或者播放音乐的节奏、旋律等要素提取出来，再上传到软件服务器，与服务器中的音乐数据库数据进行比对。再将要素相符的歌曲信息返回，显示给搜索者。(2010年9月14日《新京报》)

【红娘哥】 hóngnigege 名词。称珍爱网的创办人李松。因其在中国互联网大会上以红娘的形象出现，故称。例这位昔日摩根士丹利投资银行家以男扮红娘的雷人形象出现在本月召开的中国互联网大会的演讲台上，因而被网民戏称为"史上最牛的红娘哥"。(2010年9月10日《新民晚报》)｜男女的相亲过程能够完全科学化和数量化吗？针对记者的这一疑问，这位从小爱好数学的"红娘哥"的解释是："相亲当然是一门艺术，但是如果你长期积累了大量的成功相亲的实际数据后，是能够发掘出许多具有统计性的规律来的。"(2009年9月15日新华网)

互花划　hù–huá

> 相关词语见"保证哥"。

【互粉】 hùfěn　动词。指微博的博主之间互相关注,互为对方的粉丝(拥戴者;推崇者)。例在活动中,一些"脖友"见到了新浪微博上已加关注但未曾谋面的朋友,还有很多网友通过此次活动结识了为数不少的朋友,并在新浪微博上实现了"互粉",为此后的交流增加了一个平台。(2010年9月1日《北京青年报》)｜领导人最活跃的可能要算拉丁美洲,这个地区共有九位总统、总理在微博上"互粉"。(2010年12月14日《北京青年报》)

奥粉　*果粉　*活粉　麦粉　散粉　微粉　职粉　*僵尸粉

【花草族】 huācǎozú　名词。指职场中因各种原因处理不好人际关系的新人。因将他们的表现按不同特点的花草来分类,如害怕上司的含羞草、带刺的仙人掌、摇摆的墙头草、自恋的水仙花和拍马的狗尾巴草,故名。例专家指出,职场新人有五种"花草"做不得:怕上司的含羞草、带刺的仙人掌、两头倒的墙头草、自恋的水仙花和拍马屁的狗尾巴草。你身边是否有这样的"花草族"?(2010年7月27日《新民晚报》)

> 相关词语见"阿鲁族"。

【划车妹】 huáchēmèi　名词。称一个为惩罚在小区乱停车而在乱停的汽车上划痕的女子。例为何以暴制暴的"划车妹"会博得广泛认同(2010年9月4日长江网)｜一名被网友称为"划车妹"的年轻业主,在网上公开了自己用划车向不道德停车宣战的举动,声称要为正义而划车,并称此举是为了惩罚小区内乱停车的行为。(2010年11月5日新浪网)

*环保妹

【*华约】 huáyuē 名词。由清华大学、中国科技大学、上海交通大学、南京大学、西安交通大学、浙江大学、中国人民大学等院校组成的高考自主招生联盟。因该联盟以清华大学为首,故称"华约",与"华沙条约组织"的简称词形相同,具有戏谑意味。与"北约"相对。例连日来,一些媒体以"北约"、"华约"的称谓来形容将在2011年高考自主招生中进行联考的两个阵营。(2010年11月23日《北京青年报》)| 由于两大"结盟"的知名学校分别包括两大状元掐尖高校清华与北大,取清华的"华"与北大的"北",网友戏称"中国高校自主招生进入'华约'与'北约'的对抗时代"。(2010年11月24日《人民日报》)

*北约 *工盟 *理约 北大系 理工系 清华系 *工科联盟 理工联盟

【化税为薪】 huà shuì wéi xīn 政府减免困难企业的部分税收,将所减免的金额用于提高困难企业职工工资。例近日有消息称,国家有关部门建议"化税为薪",即对困难企业减免企业所得税、增值税、营业税,来促进实现员工工资的正常增长。(2010年6月7日《人民日报》)| 全国人

大调研的一个重要结论,就是"建议减轻竞争性行业企业税负,腾出空间给员工增加工资",也就是"化税为薪"。(2010年6月9日上海广播电视台《东广早新闻》)

【环保妹】 huánbǎomèi 名词。称在生活中注重环保或大力宣传环保理念的年轻女性。如上海世博会期间在上班途中捡别人扔的垃圾的女店员,又如以献吻方式宣传环保的成都女孩。例 从成都春熙路、宽窄巷子,到上海世博园,以献吻形式宣传环保,成都"环保妹"迅速蹿红网络。(2010年6月18日新华网)|"环保妹"李小荷,曾在春熙路、锦里等地,以献吻方式宣传环保。(2010年7月20日《华西都市报》)

*划车妹

【荒时代】 huāngshídài 名词。指民工荒、就业荒、土地荒、血荒、电荒、油荒、气荒等社会问题高发的时代。例 "荒时代"是把双刃剑,它是社会实际状况的缩影,暴露了矛盾,但也让我们看到公民权利意识的觉醒,公众对个人权益保护的诉求。(2010年12月27日《中国青年报》)| 2010年是个"荒时代":民工荒、就业荒、血荒……每一"荒"都事关民生大计。(2010年12月29日《北京青年报》)

相关词语见"词时代"。

【黄山门】 huángshānmén 名词。2010年12月,以复旦大学学生为主的18名游客在黄山一处未开放区域探险时遇险,前去营救的民警张宁海牺牲。这一事件被称为"黄山

门"。例所谓"投之以木桃,报之以琼瑶",本意并不是利益的交换而是情感的回馈,但这样的精神现象在"黄山门"中并没有及时出现,这也是人们普遍感到失望的原因所在。(2010年12月18日《北京青年报》)| 复旦学生脱险后不谈哀悼殉职民警,先讨论如何搞好媒体公关,对民警牺牲冷漠无情……网络上层出不穷爆出的"内情",让复旦大学深陷"黄山门"。(2010年12月31日凤凰卫视《锵锵三人行》)

相关词语见"杯具门"。

【灰技】 huījì 名词。"灰色技能"的简称。即与本职工作不直接相关却有助于职场生存的技能。例如社交场合的吃饭、喝酒、唱歌、跳舞等能力。与"白技"相对。例高俅的"灰技"是踢球,凭着这项与政治、军事毫无关系的技能,高俅硬是被宋徽宗视为心腹,在既无文凭也无水平更无资历的情况下,居然当上了太尉。(2010年12月24日《新民晚报》)| 目前许多机关、学校、科研单位里,最吃香的居然常常是"灰技"人才,这就不正常了。(2010年12月24日凤凰网)

【灰色支出】 huīsè zhīchū 在正常生活开支外,为工作、投资、应酬等支出的额外费用。也称"灰色负收入"。与"灰色收入"相对。例在这些争论背后,却隐藏着另一个庞大的80后人群。他们并没有享受到"灰色收入"的泽润,反而为工作为投资支出了一笔额外的"灰色支出",网友戏称这便是"灰色负收入"。(2010年9月6日网易网)

【回音体】 huíyīntǐ 名词。将一句话逐字缩短模拟回音而形成的一种文体。源自恶搞视频《包青天公审采花贼》。
例 回音体 不出声就荡气回肠(2010年8月4日中国新闻网)|在视频的配音部分,还渗透了不少潮元素,如最近很红的回音体:"跪求包养,求包养,包养,养……"。(2010年10月26日搜狐网)

---

*凡客体 纺纱体 红楼体 *亮叔体 蜜糖体 排比体 *微博体 乡愁体 *校内体 *羊羔体 *子弹体

【毁遗】 huǐyí 动词。毁坏世界文化遗产或非物质文化遗产。例 频频发生的"毁遗"事件显示,开发企业之所以敢于强势推进,主要是一些地方政府背后"撑腰"。(2010年8月17日《中国青年报》)|各级政府要发挥主导作用,加强有关法规建设,使非物质文化遗产保护纳入法制化轨道,坚决防止和纠正少数地方"毁遗"等短视行为。(2010年8月20日《人民日报》)

【婚宴红条】 hūnyàn hóngtiáo 参加朋友婚礼时用来代替礼金的欠条。当自己举行婚礼时对方可凭此欠条还礼。也称"婚礼红条""拆弹红条"。例 有网友就发现,时下很流行"婚宴红条",尤其是用来应对跟自己不熟的人的喜帖,既能送祝福,还不用给礼金。(2010年5月4日搜狐网)|一些月光族为了应对婚宴的邀请,也想出"婚礼红条"这种方式。(2010年10月14日鲁中网)

【活粉】 huófěn 名词。微博上表现活跃的虚假粉丝(拥护者;推崇者)。他们一般有头像和详细个人资料,积极参与微

博关注、转发与评论。例随着微博名人、微博网站相继封杀"僵尸粉",微博"粉丝"卖家们推出了"僵尸粉"的升级版——"活粉"。(2010年10月25日《新京报》)|微博的迅速崛起,也让"买卖粉丝"的生意应运而生,出现了诸如"僵尸粉""活粉"这样的虚假粉丝。(2010年11月23日《成都商报》)

奥粉 *果粉 *互粉 麦粉 散粉 微粉 职粉 *僵尸粉

【火山灰危机】 huǒshānhuī wēijī 指火山爆发产生的火山灰在大气层中扩散,给航空、旅游等行业带来的重大损失。例国际航协的数据显示,此次火山灰危机对全球航空业的损失高达17亿美元。(2010年4月23日《北京青年报》)|危机过后,欧盟内部对各成员国在"火山灰危机"到来时"各自为战"的情况提出严厉批评。(2010年5月6日《人民日报》)

次按危机 次贷危机 迪拜危机 两房危机 男孩危机 *泡菜危机

I

【IN 词】 IN cí 名词。指最时尚、最流行的词语。"In"是"In fashion"的简称,与 out 相对。也写作"in 词"。例手机报也

与互动百科合作开辟了专门的"IN 词"板块,媒体的词报道趋势日趋明显,互动百科也由此成了各大媒体免费的词语输出平台。(2010 年 5 月 5 日《北京青年报》)| 2.0 时代每天都有海量 in 词随着新鲜事物的涌现充斥在各种媒体上。(2010 年 11 月 29 日新浪网)

词商 *锐词 *词时代

【i 理财】 i lǐcái 名词。指招商银行于 2010 年 4 月推出的网络互动银行,是一个大众网络理财平台。"i"的寓意是"自我(I)的、互联网(Internet)的、互动(Interaction)的",故名。例"i 理财"旗下包括两个核心项目"i 理财社区"和"i 理财账户"。(2010 年 4 月 7 日《北京青年报》)| 日前,招商银行推出了针对新需求的"i 理财"。(2010 年 4 月 13 日《中国青年报》)

J

【激素门】 jīsùmén 名词。指某些婴幼儿奶粉被质疑含有激素致使儿童性早熟的事件。例激素门事件发生后,不仅仅是上海,在全国很多地方,看儿童性早熟的病人大大增加。(2010 年 8 月 24 日上海广播电视台《深度 105》)| "激素门"逼急消费者 有机奶粉或成救命稻草(2010 年 8

月26日《新民晚报》)

相关词语见"杯具门"。

【极虎】 jíhǔ 名词。一款集多种网络病毒为一体的混合病毒。因其可利用IE浏览器的极光0day漏洞进行传播,同时其发作的2010年是农历虎年,故称。例如果不小心感染"极虎"病毒,可使用金山急救箱对病毒木马活体进行灭活,并恢复病毒对系统的破坏,清除感染后的可执行文件和被感染的网页。(2010年2月9日《武汉晚报》)|从春节前的"极虎"病毒爆发,到春节期间的"僵尸网络"病毒,广大网民的电脑依旧存在很大的安全隐患。(2010年2月25日《中国经济时报》)

【极客男】 jíkènán 名词。智商很高、善于钻研,而头脑简单、情商很低的男性。[极客:英语geek(性格古怪的人)的音译。]例这绝对是一个新词泛滥的时代,面对瞬息万变的时尚,关于男人,也派生出BIMBOY、伪娘、新潮极客男、狐男、乙男等新名词。(2010年8月26日中国新闻网)|男人和男人总有不同的,我老公就是一个地道的"极客男",他的工作宅在家里就能完成,只需要凭借高超的智商和电脑技术。(2010年9月18日新浪网)

*淘男 *贝塔男 *宠物男 *戳车男 *快餐男 *抢车男 *奶瓶男 *素养男 *余味男 *公家男人 *4D男人 *经济弱势男

【挤生活】 jǐ shēnghuó 指面对现实生活中许多方面人员众多,资源短缺,竞争激烈等现状,人们不得不像挤车那样努力创造生存和提升的机会。例读书挤上学挤 解读中国学生的挤生活(2010年12月26日江西卫视《杂志天下》)｜挤生活是快节奏的现代社会的特有产物,是社会转型期的阵痛。(2011年1月28日《中国日报》)

傍生活 静生活 *腻生活 *团生活 租生活 低碳生活

【计算云】 jìsuànyún 名词。一组成系统的计算机群。是谷歌公司云计算的服务平台,具有超强的存储和计算全球数据的能力。例"谷歌"已在全球范围拥有数十家类似的数据中心,其目标是要用这些计算机集群,组成一朵朵"计算云",形成超强的存储和计算全球数据的能力,实现其"整合全球信息"的战略梦想。(2010年7月12日《光明日报》)｜冉冉升起的"计算云",正在将信息资源集中化、服务化,每个人、每个家庭、每个企业无需自己储存并管理信息息。(2010年9月27日《新民晚报》)

虚拟云 *语音云 云打印 云服务 云快递 云时代 *云物流 云引擎 *中国云谷

【*记者村】 jìzhěcūn 名词。特指山西忻州出现许多冒牌记者的乡村。这些冒牌记者多是无业青年,他们利用煤矿经营中的某些问题,以新闻曝光要挟敲诈煤矿矿主。例曹张乡的"记者村"令狐庄,则以一批薛姓"记者"闻名。他们中的许多,原来本是牛贩子。(2010年3月22日《重庆晚报》)｜矿主将其视为"经营成本",默认其索要钱财的

"合理性",渐渐转化为一种拿不上台面但约定俗成的潜规则的时候,就会鼓励更多的矿区青年加入假记者的行列,以此获取更丰厚的利益回报,这也是"记者村"出现的社会背景和成因之一。(2010年3月25日《中国青年报》)

【技术宅】 jìshùzhái 名词。善于钻研专业知识和技术而不善社交或忽略社交的人。宅:指宅男宅女。例《生活大爆炸》这部以天才宅男们为主打的剧集已经席卷了大半个地球,甚至引发了一股"技术宅"潮流。(2010年12月3日中国新闻网)|虽然说成为"技术宅"要先天高智商和后天的不懈努力,但是当个"普通宅"还是不难的,况且"宅"已经再不是贬义词,它蕴含"洁身自好""悠然温柔""不带攻击性"等新好男人要具备的"潜"标准。(2010年12月8日《悦读记》)

宅童 *乐宅女 *宅病毒

【嫁房女】 jiàfángnǚ 名词。称只嫁给有房族的女性。例在房价越来越高的今天,嫁房女似乎是必然存在的,这表现了她们的价值观是对物质的一种高度追求的一种观念。(2010年6月8日瑞丽女性网)|别说是特般配的"经济适用男"希望找"简单方便女"了,就是富翁、新贵、金领、高知这些上档次的男群体,你以为他们喜欢拜金女、嫁房女、孔雀女还是练爱女呢?(2010年10月15日网易网)

*摩女 *森女 胜女 囧女 *单贵女 *乐宅女 *穷二女 *山楂女

*炫证女 *三瓶女人

【姜你军】 jiāng nǐ jūn 对生姜价格高涨的戏谑说法。谐音象棋术语"将你军"。也称"姜一军"。例从"豆你玩"、"蒜你狠"、"姜你军",到"糖高宗"、"油不得",当 CPI 的数字具体到生活中的柴米油盐时,人们最直观的感受就是口袋里的钱的购买力下降了。(2010 年 11 月 17 日《新民晚报》)| 今年以来,从"蒜你狠"到"豆你玩",再到"姜你军",菜价飙涨,"蔬菜贵过猪肉",老百姓的"菜篮子"越拎越沉。(2010 年 11 月 20 日《人民日报》)

*豆你玩 *腐不起 *鸽你肉 姜一军 *煤超疯 *棉花掌 *苹什么
*蒜你狠 *糖高宗 *糖玄宗 *虾死你 *药你苦 *油你涨 *玉米疯

【僵尸病毒】 jiāngshī bìngdú 一种计算机病毒。主要爆发于智能手机终端。感染僵尸病毒的手机会自动向通讯簿中其他手机用户发送短信进行恶意传播并扣取话费。例手机僵尸病毒最初的核心是扣费,无论它用什么样的伪装骗取了用户的点击,最终都会造成手机用户资费的损失。(2010 年 11 月 14 日《北京青年报》)| 包括僵尸病毒在内的各类手机病毒,近年来呈现高发的趋势。(2010 年 11 月 16 日中央电视台《焦点访谈》)

*宅病毒 *僵尸手机 *手机僵尸

【僵尸粉】 jiāngshīfěn 名词。指微博上长期处于停滞状态

的虚假粉丝(拥护者;推崇者),这些用户大都无图片、无评价、无关注。也称"死粉丝""僵尸粉丝"。例 8月27日凌晨,广州著名主持人陈扬在自己的新浪微博表示,由于不能忍受"僵尸粉"带来的虚假人气,将关闭自己用户名为chensir的新浪微博。(2010年8月29日《南方都市报》) | 微博流行捧火了买卖微博粉丝的生意,由于这些买来的粉丝活跃度极低,因此被众网友形象地称为"僵尸粉"。(2010年9月9日新华网)

奥粉 *果粉 互粉 *活粉 麦粉 散粉 微粉 职粉

【僵尸手机】 jiāngshī shǒujī 指感染了僵尸病毒的手机。参见"僵尸病毒"(81页)。例 假如一部"僵尸手机"给100个人发了带毒的短信,其中一旦有30个人点击安装了病毒,就会再增加30个新的"僵尸手机"。(2010年11月9日《新民晚报》) | 这种专门攻击手机的病毒被称为僵尸病毒,它还会通过短信等渠道,感染手机用户的朋友、同事等的手机,把这些相关联手机都变成"僵尸手机"。(2010年11月16日中央电视台《焦点访谈》)

*僵尸病毒 *手机僵尸 *吃费手机 *可乐手机 *吸金手机 *有线手机

【胶囊公寓】 jiāonáng gōngyù 指在满足基本住宿条件的前提下,将私人空间做到最小化的公寓。因其形状像胶囊,故称。例 随着"胶囊公寓"知名度的上涨,新浪网乐居也找上黄日新商谈合作。(2010年4月27日《新民晚报》)｜这里是北京安定门一个普通的四合院,就是在这里78岁的退休工程师黄日新将自家的住房改造成了胶囊公寓,从最初的无人问津到现在的一房难求,对于那些刚毕业的大学生以及来北京打拼的外乡人来说,胶囊公寓似乎给了他们一个暂时栖身的地方。(2010年7月9日凤凰卫视《社会能见度》)

【蛟龙号】jiāolónghào 名词。我国第一台自行设计、自主集成研制的深海载人潜水器的名称。例长8.2米,高3.4米,宽3米的"蛟龙号",身似海豚,但拥有一对灵活的"龙爪",它能潜入7000米深的海域,探索人类未知的深海区域。(2010年9月6日《北京青年报》)｜3000米是"蛟龙号"的一个重要里程碑,但还远远不够,前头有5000米、7000米级别的深海能力试验在等待。(2010年10月8日《人民日报》)

中国科技部于2002年将"蛟龙"号深海载人潜水器研制列为国家高技术研究发展计划(863计划)重大项目,目的在于推动中国深海运载技术发展,为中国大洋国际海底

资源调查和科学研究提供重要装备,同时为中国深海勘探、海底作业研发提供技术。2010年8月26日完成3000米级海试,最大下潜深度达到3759米,标志着中国成为世界上第五个掌握3500米以上大深度载人深潜技术的国家。"蛟龙号"设计最大下潜深度为7000米,工作范围可覆盖全球海洋区域的99.8%。

【教考】 jiàokǎo 名词。"教师资格专业课程考试"的简称。例 2010年下半年上海市教师资格专业课程考试前天举行,吸引了18000名考生应试,成为历次"教考"中报考人数最多的一次。(2010年12月6日《新民晚报》)|在前不久浙江省的今年"教考"结束后,该省已经传出消息,为提高教师入职资格要求,教育部已经在征求各省教育部门的意见,可能很快会出台对教师资格认证的改革措施。(2010年12月6日中国日报网)

【街拍控】 jiēpāikòng 名词。痴迷于街头拍照的人。控:源自日语,痴迷。例考试结束了,高校"街拍控"又再涌向街头,他们用相机捕捉街上的时尚元素,包括"情侣手拖手"、"路牌"、"西关"、"校服秀"等内容。(2010年1月26日腾讯网)|街拍控是指对街拍痴迷的一类人,"控"是从日本传来的流行语,意指对某种东西十分痴迷。(2010年2月20日新浪网)

大叔控 *签到控 *微博控 *中国控

【解独】 jiědú 动词。解除独生子女学生在学习和生活上

的困惑。是渤海大学培训学院王国生院长提出的教育主张。例"解独"就是解除独生子女学子的困惑,成就他们的人生观。(2010年6月20日《中国青年报》)|要帮助这些学生"解独""戒独",要他们走进集体,走进团队。(2010年8月3日《光明日报》)

【解套哥】 jiětàogē 名词。一名网友在其发布的"解套日记"中称,自己从2008年开始炒股后从未赚过钱,每次都是买进后就被套住,再想办法解套卖出。被网友称为"解套哥"。例"解套日记"网上走红后,在不少炒股论坛成为了热门话题,网友纷纷效仿"解套哥"晒出炒股经历。(2010年10月27日《北京青年报》)

相关词语见"保证哥"。

【金扫帚】 jīnsàozhou 名词。指中国电影"金扫帚奖"。由《青年电影手册》杂志设立,各界网友和独立影评人投票评选的中国年度最差影片的奖项。例除夕将至,"金扫帚"既为中国电影作大扫除,也寄希望来年少一点烂片,最好是空缺,多一些关注现实的好作品。(2010年1月30日《北京青年报》)|首届"中国电影金扫帚奖"日前颁奖,《三枪拍案惊奇》、《南京!南京!》、《刺陵》等分获不同奖项,但所有奖项无人到场领奖。(2010年2月2日《新京报》)|我们中国人常说"忠言逆耳",或许这也正是"金扫帚"的善意所在。(2010年2月5日《人民日报》)

【锦旗哥】 jǐnqígē 名词。称原通用医疗公司员工周力。其因向江苏无锡新区劳动保障监察大队送"不为人民服务"的大红锦旗,被网友戏称为"锦旗哥"。例"锦旗哥"红了,这说明申诉还带来了更大的社会意义。一面"不为人民服务"锦旗,是权益受伤和无奈的缩影和写照。(2010年11月25日《新民晚报》)

相关词语见"保证哥"。

【禁报令】 jìnbàolìng 名词。指2009年12月1日北京市公安局公交总队给北京市地铁运营公司下发的《轨道交通站内报刊发售问题会商会议纪要》。其中要求任何单位和个人必须停止一切在轨道交通站内的报刊销售行为。例媒体对"禁报令"连篇累牍的"炮轰",以及市民对地铁购报的迫切需求,有关部门竟然几乎"视而不见","心理素质"之好令人咂舌。(2010年1月21日《新京报》)|明日起,北京地铁将解除"禁报令"。今后,乘客可在地铁5号线、10号线12个车站的13个地点购买到各类报刊。(2010年5月11日《新京报》)

*撤办令 *禁香令 *禁怨令 *退出令 *限宴令

【禁网门】 jìnwǎngmén 名词。指某些政府或公职部门利用公权限制其下级或民众网络言论自由的事件。例教育局说,这是为了引导教师通过正确渠道反映正当诉求,可是这件事情被报道出来以后,大家说的就没这么好听了。很多人没看出引导来,觉得这就是强行禁言,不让老师说话了。因此这件事也被称为禁言门或者是禁网门。(2010年9月19日北京人民广播电台《夹叙夹议》)

禁 jìn 87

相关词语见"杯具门"。

邳州教育局2010年8月27日向该市各中小学、民办学校等下发了《关于查处个别教师网络违规违法行为的通报》。通报称,个别教师为一己私利利用网络发表不实言论,侵害他人合法权益,造成恶劣影响。不到一年时间,已有3名教师因此受到公安部门处罚。为营造文明的网络环境,文件要求,邳州广大教师要"讲政治,讲大局",要通过正确的渠道反映正当的诉求,不该做的事不要做、不该说的话不乱说。各校要进一步加强师德教育,把文明上网纳入师德教育内容,对违反规定的教职工给予批评教育,坚决杜绝新的网络违规违法现象发生。这一通报发布后,影响范围甚广,被网友称为"禁网门"。

【禁香令】 jìnxiānglìng 名词。指卫生部公布的《食品用香料、香精使用原则(征求意见稿)》。其中要求包括纯乳、原味发酵乳、婴幼儿配方食品等在内的25类食品不得添加食品用香精、香料。例专家支持"禁香令" 婴幼儿奶粉应回归天然(2010年8月13日《光明日报》)|禁香令将促使婴幼儿奶粉企业加强技术创新,从而提高产品的质量和口感。(2010年8月13日《北京青年报》)

*撤办令 *禁报令 *禁怨令 *退出令 *限宴令

【禁怨令】 jìnyuànlìng 名词。指美国国家篮球协会2010年9月份公布的一项规定。要求新赛季球员不得对裁判的判罚做出任何抱怨反应,包括口头抗议和肢体动作。

|例| NBA的"禁怨令"规定,如果新赛季球员在场上对裁判的判罚抱怨的话,将被处罚以技术犯规。(2010年10月16日《北京青年报》)| 不光是易建联,像是凯尔特人的加内特、热火的波什等大牌球员都在季前赛中饱受禁怨令的困扰。(2010年10月21日网易网)

*撤办令 *禁报令 *禁香令 *退出令 *限宴令

【经济弱势男】 jīngjì ruòshì nán 名词。与妻子相比收入较低,处于弱势地位的男性。|例|"经济弱势男"更易出轨(2010年8月17日《新京报》)| 经济弱势男,在这里便是指相对妻子收入较低的男性,同时暗含容易出轨的意味。(2010年9月19日《南都周刊》)

*海男 *贝塔男 宠物男 *戳车男 *极客男 *快餐男 *抡车男
*奶瓶男 *素养男 *余味男 *公家男人 *4D男人

【经转商】 jīngzhuǎnshāng 动词。指房屋的类别由经济适用房转为商品房。购买经济适用房并已住满五年的购房者可以通过办理相关手续,向国家交纳一定价款以获得经济适用房的完全产权,使房屋转变为可自由上市交易的商品房。|例|中介为赚代理费 忽悠业主"经转商"(2010年5月2日《北京青年报》)| 北京昌平、朝阳等地区的房产交易过户大厅,涌入大量经济适用房主,扎堆办理"经转商"。(2010年5月6日《人民日报》)

【经转限】 jīngzhuǎnxiàn 动词。指房屋的类别由经济适用房转为限价房。因经济适用房房源紧张,其住房资格获得者,若有购买限价房意向和购买能力,可以向街道住房保障部门申请转为限价房。例崇文区住房保障部门有关负责人介绍,由于这些家庭都是已通过经济适用住房资格备案并申请配售限价商品住房后,统一办理"经转限"的家庭,故登记编号比较集中。(2010年1月5日《北京青年报》)

【**精英硕鼠**】 jīngyīng shuòshǔ 喻指知识界精英队伍中的贪腐分子。例科研院所已成反腐新领域 精英硕鼠捞钱也疯狂(2010年1月6日法律界)｜高校频发腐败案 如何治理"精英硕鼠"成新课题(2010年11月26日《光明日报》)

【**九宫格日记**】 jiǔgōnggé rìjì 一种新的日记形式,每天将日记内容简短地分类填写在九个格子里,以养成做事有计划的习惯,及时调整自己的心情。例"九宫格日记"是日本人发明的,意在倡导短短几分钟就能高效整理一天的工作和心情,培养个人做事的计划性、执行力以及对梦想的追求。(2010年11月10日《现代快报》)｜九宫格日记一经面世,便迅速走红,受到年轻人的热捧,上线20天拥有10万用户。(2010年12月5日《哈尔滨日报》)

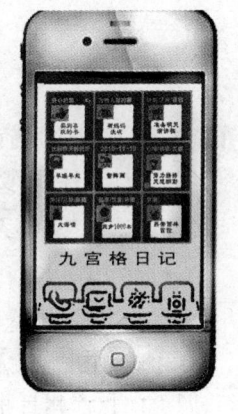

　　九宫格,是我国书法上临帖写仿的一种界格,也用于

民间炭精画制作。"九宫格日记"是"晨间日记"创始人日本人佐藤传发明的,"晨间日记"就是每天早上用3分钟写日记。很多企业家、管理者、名演员等都通过写晨间日记的方法,培养自己做事的计划性、执行力以及构建对于未来的梦想。

【酒店试睡员】 jiǔdiàn shìshuìyuán 专职试住酒店,对酒店服务及周围环境做出评估,并将信息发布供人参考的人。是一种新兴职业。例由公司掏钱,每天入住不同的酒店,这就是李佳的工作。有些朋友可能听说过了,这个工作叫酒店试睡员。(2010年6月30日北京人民广播电台《资讯早八点》)| 女子担任酒店试睡员 月薪上万遭父母反对(2010年12月13日《中国日报》)

*暖床员 试床员 *蜜月测试员

【就书】 jiùshū 名词。指一类生活实用类图书。知识分类明确,针对性强,文字轻松。因书名中都有一个"就"字,如《闻香就能瘦》《写了就安心》,故称。源自日本。例眼下"就书"之所以风行一时,关键在于它传递给读者一个明确的信息,读起来毫不费力,轻轻松松就能有所收获,因而迎合了"多忙时代"人们快速、高效的阅读需求。(2010年3月23日《广州日报》)| 各大书店里,《闻香就能瘦》《写了就安心》等"就书"成为读者的首选。(2010年4月3日《重庆晚报》)

【菊花文】 júhuāwén 名词。一种计算机输入文字的样式。

所输入的每个字后面都附有一个菊花状的小图案。例菊花文里复杂的菊花字符相信绝大多数人是打不出来的,所以想要快捷使用菊花文就需要一款能即时打出菊花文的输入法。(2010年5月27日《武汉晨报》)|如今不仅"菊花文"火爆网络,各种"菊花文"的转换器、输入法等也层出不穷。(2010年6月2日《西安晚报》)

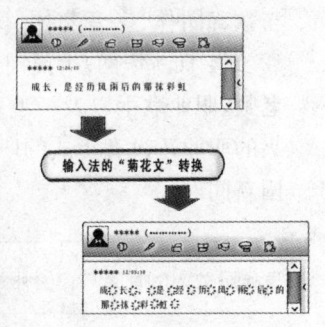

【剧二代】 jù'èrdài 名词。指某些热播电视剧的续集或某些经典剧目的重拍版。例黄小姐认为"剧二代"只要是好故事,就值得往下拍。(2010年12月8日《东方今报》)|有观众断言《金婚2》没能跳出儿子不如老子,一代不如一代的'剧二代'怪圈"。(2010年12月9日《北京青年报》)

相关词语见"导二代"。

K

【K歌培训师】 K gē péixùnshī 专职培训卡拉OK演唱技巧的人。一种新兴职业。例在郑州除了像王颖开办的这种工作室形式的专业K歌培训外,还有些K歌培训师是

与歌舞团体、影音集团、民间艺术团体等合作。(2010年12月4日新华网) | 厦门出现的K歌培训师,主要是音乐老师、职业歌手以及一些高校音乐专业的毕业生,这一新兴的职业还没有正式的职业认证。(2010年12月10日中国新闻网)

策派师 *议价师 入户育婴师 网络砍价师 *衣橱整理师 营养点菜师

【**咖啡汽车**】 kāfēi qìchē 英国电视节目主持人杰姆·斯坦斯菲尔德改装出的一辆以咖啡渣为燃料的汽车。例斯坦斯菲尔德说,"咖啡汽车"在高速公路上时速能达到88公里至113公里。(2010年3月13日《北京青年报》) | "咖啡汽车"完成"首航"(2010年3月13日新华网)

【**卡佩罗指数**】 Kǎpèiluó zhǐshù 由英格兰足球队主教练卡佩罗和博科尼大学足球队教练共同研发的一套用来评价球员表现的数据分析系统。例"卡佩罗指数"网站17日发布了英格兰主教练卡佩罗对英格兰球员及参加南非世界杯的其他球员在世界杯上表现的评分情况。(2010年7月19日《北京青年报》) | 南非世界杯是"卡佩罗指数"第一次正式运用,但遭到各方面抵制而未能进行。(2010年7月20日腾讯网)

【**开领**】 kāilǐng 名词。通过与工作单位连接的计算机网络,远距离接受任务、交流信息的人。因其在独立环境下工作,可以不拘小节随意敞开领子,故称。也称"开领工人"。例开领工人也叫远距离工人,指把家当办公室,在

家里上班的人,即"自由职业者"。(2010年10月30日新京报网)|拜传播科技与社会发展之所赐,"开领"们能够通过网络接下开放社会里的各单生意。(2010年11月1日《新京报》)

白领 粉岭 金领 蓝领 绿领 紫领 *格子领

【开水门】 kāishuǐmén 名词。即"喝水死"(67页)。例当地公安局没有对该起案件的症结点给出解释,反而重点解释王亚辉"喝开水后突然死亡"。如此"顾左右而言他",自然容易引起公众质疑:"开水门"会不会又是一起"躲猫猫"事件?(2010年2月27日《北京青年报》)|"开水门"4名民警涉嫌刑讯逼供被依法查处 河南鲁山县公安局长引咎辞职(2010年3月1日《中国青年报》)

相关词语见"杯具门"。

【考神】 kǎoshén 名词。"考试必过神"的简称。一个用来供考生膜拜,网上传言能帮助考生顺利通过考试的网络虚拟人物。考生在考前到其主页上发帖留言,写下自己即将考试的相关内容和愿望,以求考试顺利。例每逢学生们的考试季,"考神"的业务就会特别繁忙。(2010年6月2日《北京青年报》)|记者在一个高三班级随机调查,发现全班50多位同学中竟有一大半"拜"过"考神"。大多数同学认为这只是为了寻求一种心理慰藉。(2010年6月5日《光明日报》)

【考碗钉子户】 kǎowǎn dīngzihù 指连续多年执意报考公

务员资格的人。因报考公务员资格俗称"考碗",故称。|例|面对"考碗族"升级成"考碗钉子户",专家表示,这是一个不正常的现象,年轻人更应该树立正确的价值观,走出这一误区。(2010年10月27日搜狐网)|寄希望于通过公务员考试的"考碗族"人数众多,其中不乏"考碗钉子户",誓在公考路上坚持到底。(2010年11月1日新浪网)

*春晚钉子户

【瞌睡哥】 kēshuìgē 名词。网友对某个在地铁上借打瞌睡侵扰女乘客的男性的戏称。|例|瞌睡哥地铁装睡"揩油"女乘客 被叫醒大爆粗口(2010年5月18日《人民日报》)

相关词语见"保证哥"。

【可乐手机】 kělè shǒujī 一种利用可乐饮料发电,为手机生物电池提供能源的手机。|例|这款"可乐手机"唯一制造的废物是水和氧气,既经济又环保。(2010年1月17日《羊城晚报》)|可乐手机设计师是宁波姑娘(2010年2月11日网易网)

*吃费手机 *僵尸手机 *手机僵尸 *吸金手机 *有线手机

【克隆生】 kèlóngshēng 名词。通过非法手段复制他人的各种信息,从而获得合法手续或身份以顶替他人升学的人。因这类学生的产生类似克隆过程,故称。|例|简单地清理"克隆生"并不难。要真正击碎"克隆生"制造链条,还

必须对涉案部门、人员进行严厉惩处,建立起防范机制。(2010年7月4日《新民晚报》)|高校"克隆生"现象并不鲜见(2010年8月15日《北京青年报》)

陆生 两栖生 *西毕生 *空气考生

【啃嫩族】 kěnnènzú 名词。指要求子女公开其经济收入并按月上交赡养费的父母。泛指还能自食其力,却过分依赖子女的父母。与"啃老族"相对。例武汉的文女士发帖抱怨未来的公婆是"啃嫩族"。她称,公公婆婆明说了,今后就靠她和老公养了,还要求他们公开全部收入。(2010年5月6日北方网)|"啃嫩族",是指把后半生的希望完全放在子女身上,要求子女公开其收入并按月上交赡养费、支付旅游费、买房款等的一批中老年人。(2010年11月15日新浪网)

相关词语见"阿鲁族"。

【啃亲族】 kěnqīnzú 名词。指生活支出依赖家中经济条件好的亲戚的人。例今年的七天长假,在遭遇了凶猛的"啃亲族"、经历了尴尬的"被相亲"、发完了让自己直哆嗦的红包大礼之后,一些网友忍不住上网发帖泄愤,直喊这个年过得"有点累"。(2010年2月21日中国新闻网)

相关词语见"阿鲁族"。

【坑前班】 kēngqiánbān 名词。为准备进入"占坑班"学生开设的培训班。例有经验的家长表示,"坑前班"就是针

对某某中学小升初"占坑班"衍生出来的另一种培训班,因为进入"占坑班"也要考试,所以一些培训机构针对这一需求又推出"坑前班"。(2010年6月22日《北京青年报》)|真正取消"坑前班"、"占坑班"的关键是要加快教育均衡的步伐。(2010年6月22日《北京青年报》)

*收心班

【空博】 kōngbó 名词。没有刊载任何博文的博客。也称"空壳博客"。例有媒体指出民生博客初期存在"空博"现象,原先仓促上阵的"空博"在关闭一段时间后正待重开。(2010年6月7日《人民日报》)|官员热闹开博却无心打理 流于形式成空博(2010年10月21日中国共产党新闻网)

微博 微博客

【空房管家】 kōngfáng guǎnjiā 受雇为闲置房屋进行定期或不定期相关服务的人。雇用"空房管家"的目的是造成房屋有人经常居住的假象,以逃避政府的空置房调查。又称"空置房管家"。例北京市已经开始对空置房的调查。而随着这项调查的展开,一个新的职业在北京应运而生,这就是"空房管家"。(2010年9月7日《中国青年报》)|空房管家的出现,侧面反映了一个城市的住房空置率。空房管家的吃香程度,不但跟空置率成正比,与调查力度也成正比。(2010年9月8日《新民晚报》)

【空气考生】 kōngqì kǎoshēng　指某些培训学校为骗取国家对农民工培训的补贴而编造出的参加培训考试的人。因这些考生有名无形,故称。例炮制"空气考生"套取500元补贴(2010年12月5日《北京青年报》)｜重庆检察机关近日挖出一条农民工培训的"贪腐利益链":为了捞到国家对农民工培训的补贴,有的培训学校炮制"空气考生"骗补贴,和厂家负责人分赃。(2010年12月8日《光明日报》)

陆生　克隆生　*两栖生　*西毕生

【空天战机】 kōngtiān zhànjī　一种能够在太空重复起降执行作战任务的无人驾驶航天器。例美国首次发射X-37B空天飞机,外界形容其为新型空天战机而高度关注。(2010年4月22日中央电视台《今日关注》)｜有分析认为,"X-37"空天战机是实现美国国防部"两小时内攻击地球上任意目标"的战略构想的重要武器。(2010年4月29日《新民晚报》)

【孔雀哥】 kǒngquègē　名词。称东方卫视《中国达人秀》的选手姜仁瑞。他为了让瘫痪在床的妻子开心,历时四年研制出一种孔雀开屏的装置。以孔雀开屏的舞蹈表演,感动了广大观众,故称。例孔雀哥姜仁瑞、深圳农民工街舞团、"无臂钢琴王子"刘伟,这些"小人物"虽然生活状态并不理想,却都以积极人生态度面对观众。(2010年8月30日上海广播电视台《东广早新闻》)｜在自然界,雄孔雀开屏是为了求偶;在"达人"秀中,"孔雀哥"开屏则是表达了

一份浓浓的情和一份沉甸甸的责任。(2010年9月12日《新民晚报》)

相关词语见"保证哥"。

【恐检族】 kǒngjiǎnzú 名词。因担心查出毛病而对体检焦虑害怕的人。例为了自身的健康和个人的未来,更为了家庭的幸福着想,"恐检族"还是应该正视体检这件事。(2010年11月23日天津网)│生怕查出毛病 企业员工拒绝体检催生"恐检族"(2010年11月28日海南在线)

相关词语见"阿鲁族"。

【恐剩症】 kǒngshèngzhèng 名词。担心自己成为"剩女"(过了适婚年龄仍未婚嫁的女子)的焦虑心理。例寒假期间走亲访友,看着家里的亲戚渐渐从"初级剩客"升级到"齐天大剩",有些女大学生们不免产生"恐剩症"。(2010年3月4日《新民晚报》)│剩女里患有"恐剩症"的人还真不少,她们等待的就是像《欲望都市》里的女人们一样拥有一个相爱的男人。(2010年6月2日《新民周刊》)

恐归症 路怒症 脑残症 *脑退化症 *密码强迫症 *中产焦虑症 *星期二综合征 虚拟社区依赖症

【口舌费】 kǒushéfèi 名词。指通过与卖家沟通,帮助买家砍价成功而向买家收取的一定比例的费用。多存在于网购中。例帮您省小钱赚取口舌费 砍价师成网购新职业(2010年7月7日《北京晚报》)│张中杰已经与400多个商家签订了合作协议,能得到的折扣比商城的VIP会员得

到的折扣还高,而他们则从中收取 10%～20% 的"口舌费"(2010年8月23日《中国青年报》)

【口误帝】 kǒuwùdì 名词。对中央电视台体育解说员刘建宏的戏称。因其在足球世界杯比赛的解说中口误不断,故称。例布萨卡现误判成黑哨帝 刘建宏雷语不断成口误帝(2010年6月18日新民网)|身在南非前线的主持人刘建宏有了"口误帝"的称号,他的解说词被网友整理成"刘氏语录"。(2010年6月24日人民网)

*表情帝 *淡定帝 *贺岁帝 *练摊帝 *龙套帝 *预测帝

【骷髅死】 kūlóusǐ 动词。2010年4月9日,劳教人员董雄波在唐山市荷花坑劳教所死亡。董雄波37岁,身高1.8米,死时体重仅35公斤,形似骷髅,被网友称为"骷髅死"。例最近,发生在劳教所的一些非正常死亡事件,被媒体报道出来,如河南开封劳教所学员被质疑"冲凉死"、河北唐山某劳教所在押人员"骷髅死"等。(2010年3月12日《新京报》)|笔者希望"冲凉死"和"骷髅死"的惨剧,能推动劳教制度的废除。(2010年4月15日《中国青年报》)

*冲凉死 *发狂死 *粉刺死 *盖被死 *喝水死 *如厕死 睡觉死 *洗脸死 针刺死

【快餐男】 kuàicānnán 名词。指恋情持续时间较短,满足一时需要后就与对方分手的男子。例南仁淑在新书中说:"坏男人永远不会变好""世界上有太多变态男""赶快

扔掉快餐男"。(2010年4月23日搜狐网)

*淘男 *贝塔男 宠物男 *戳车男 *极客男 *抢车男 *奶瓶男 *素养男 *余味男 *公家男人 *4D男人 *经济弱势男

【快炒族】 kuàichǎozú 名词。对投资产品频繁炒买炒卖而从中牟利的人。他们不追求高利润,但总收益很可观。例我市出现了一批房产投资"快炒族",他们在每套房产上只要有10%的微利就"走",因为频繁操作,累积下来的利润也很可观。(2010年11月30日《新晚报》)|"快炒族":从大蒜到艺术品 一个都不放过(2010年12月11日《第一财经日报》)

相关词语见"阿鲁族"。

【筷子路】 kuàizilù 名词。指因迟迟不能完工而形成由两条水泥条和中间的填充带构成的公路。因其形似一双筷子,故称。例村村通工程惊现"筷子路"(2010年3月18日《中国青年报》)|在"筷子路"上,并不是所有路段的水泥条之间都有填充物,有些地方是十几厘米深的沟。(2010年3月19日《北京青年报》)

L

【垃圾减量日】 lājī jiǎnliàngrì 北京市有关部门为提高市民对垃圾减量和垃圾分类的意识而设立的宣传活动日。

2010年4月15日,北京市确定每周四为垃圾减量日。例设立"垃圾减量日"只是一种形式,以此提高市民对垃圾减量和垃圾分类的意识。(2010年4月16日《北京青年报》)│首都文明办和北京市市政市容委联合有关部门开展"做文明有礼的北京人,垃圾减量垃圾分类从我做起"主题宣传实践活动,以"周四垃圾减量日"活动为载体,每月一个主题。(2010年9月1日《光明日报》)

*爱绿日 *低碳日 减塑日 零利日 让座日 防灾减灾日 公共秩序日 *错案警示日 世界慢生活日

【赖班族】 làibānzú 名词。指下班后不愿意回家而继续待在办公室的人。例"赖班族"的存在,折射出的是城市生活的巨大压力和孤独感。(2010年11月23日《新民晚报》)│"赖班族"以单身、压力过大及婚姻不幸福的上班族为主,因为下班后无处可去,所以只能留在办公室里,以躲避孤独寂寞。(2010年11月30日《中国青年报》)

相关词语见"阿鲁族"。

【*蓝精灵】 lánjīnglíng 名词。见"小蓝莓"(200页)。例11月10日上午,浦兴社区文化中心世博城市内设志愿服务站10名"蓝精灵",在队长贺小慧带领下,放松心情走进浦东滨江森林公园开展志愿者活动。(2010年11月11日《重庆晨报》)│上海世博会留给卢湾诸多回忆,卢湾的小白菜,蓝精灵和橙色志愿者们也为各方来宾留下了美好印象。(2010年11月24日东方网)

*菜农 *菜头 *橙子 *白菜服 *白菜墙 *小白菜 *小蓝莓 *洋白菜

【乐价比】 lèjiàbǐ 名词。指商品给人带来的快乐与其价格之间的比例关系。源自中央电视台财经频道《分秒必争》栏目。仿"性价比"造词。例《分秒必争》是一档倡导"快乐人生,分秒必争"理念,充分发掘商品"乐价比"的全民参与节目。(2010年7月31日《北京青年报》)|房产作为商品,同样可以用"乐价比"来衡量。(2010年11月25日《新民晚报》)

*绿价比 性价比

【乐益族】 lèyìzú 名词。乐于做公益活动的人。例大一学生小轩是乐益族的倡议和发起者之一。(2010年1月17日《广州日报》)|"乐家族"这个词是我借来的,源自网络上正热的"乐益族"。(2010年6月23日《新文化报》)

相关词语见"阿鲁族"。

【乐宅女】 lèzháinǚ 名词。指乐于待在家里独处的女性。例盘点娱乐圈十大特立独行的"乐宅女"(2010年5月13日新浪网)|有人说,宅女似乎不爱交朋友,其实她只是厌倦了人与人之间太多的假面具,我们管这群人叫"乐宅女"。(2010年6月21日搜狐网)

*摩女 *森女 胜女 囧女 *单贵女 *嫁房女 *穷二女 *山楂女

*炫证女 *三瓶女人

【梨花头】 líhuātóu 名词。一种流行发式。兴起于日本,中短发,齐刘海。由日本名模梨花推广,故称。例现在北京城里最热门的发型非"梨花头"莫属。(2010年1月15日《新京报》)|一个齐刘海仿佛就能让人的年纪马上"消减"五到十岁,这也是今春"梨花头"流行的原因。(2010年7月23日《北京青年报》)

【黎明工程】 límíng gōngchéng 指一项关注乡村教师的解困工程。这项工程因湖南省宜章县乡村教师李黎明去世而引发,故称。例为了弱势群体——乡村教师,为了我国的教育事业,我们迫切需要启动"黎明工程"。(2010年10月11日《光明日报》)|从李黎明校长的事情来看,农村教师困难很大,需要全社会力量来积极帮助他们。由于是因李黎明的事情引起的,我希望设立一个帮助乡村教师的"黎明工程"。(2010年10月11日新华网)

官衙工程 面子工程 民心工程 农远工程 *祥云工程 家电下乡工程 *零百千万工程

【李刚门】 Lǐgāngmén 名词。2010年10月16日,河北保定市北市区公安局副局长李刚之子李启铭在河北大学校园醉酒驾驶,将两个女生撞成一死一伤。案发时李启铭称

说"我爸是李刚"。这一事件引发社会强烈反响,被称为"李刚门"。例 "李刚门"已经发生很多天了,但父子二人面对媒体的落泪道歉,已经不能削减"我爸是李刚"带来的"杀伤力"。(2010年10月25日《中国青年报》)|"李刚门"的被告人能否依法得到公正的判决,正在考验司法机关公正司法的决心,考验河北有关政府部门和政法部门的公信力。(2010年12月21日《北京青年报》)

相关词语见"杯具门"。

【理约】 lǐyuē 名词。指以北京理工大学为首的中国九所理工科重点高等院校自主招生联盟。包括北京理工大学、大连理工大学、重庆大学、东南大学、哈尔滨工业大学、华南理工大学、天津大学、同济大学、西北工业大学。又称"卓越联盟"。例 是叫"理约"还是叫"卓约"呢？叫"理约"呢,是因为人家基本都是工科见长。叫"卓约"呢,是因为他们签署《卓越人才培养合作框架协议》。姑且叫做"理约"吧。(2010年11月26日《法制晚报》)|被称为"北约""华约"和"理约"的三个高校自主招生联盟联考的招考方式已基本明确,但争议并未平息。(2010年12月7日搜狐网)

*北约 *工盟 *华约 北大系 理工系 清华系 *工科联盟 理工联盟

【立体快巴】 lìtǐ kuàibā 指中国正在研制的一种新型交通工具。在特制的轨道上运行,上层车厢用于载客,下层镂空,小型汽车可在其中穿行,时速可达60公里。也称"立

体大巴""立体巴士""3D 巴士"。例立体快巴的上层搭载乘客,下层则是镂空的,小汽车、面包车可以从快巴下层穿行,既满足了公共交通的运行,也不影响小汽车、面包车等城市小型车辆的通行。(2010 年 8 月 26 日中央电视台《中国新闻》)|一种新式的交通工具——"立体快巴"明年年底有望面世。人们希望这种新式的交通工具,能缓解北京的交通拥堵。(2010 年 8 月 30 日《北京青年报》)

【励志哥】 lìzhìgē 名词。称对别人能够产生励志作用的男子。含亲切意。例关于袁占彪的报道被转载至白云黄鹤 BBS 上后,他被同学们亲切地称为"励志哥"。(2010 年 9 月 7 日《楚天都市报》)|签约会上,被中国蓝同仁笑称为"励志哥"的天悦表示,自己终于等到这天了,要感谢所有帮助过他的人。(2010 年 11 月 17 日《青年时报》)

相关词语见"保证哥"。

【连跳门】 liántiàomén 名词。指 2010 年富士康公司的 14 名员工接连跳楼自杀的事件。也称"N 连跳""跳楼门"。例富士康的"连跳门"迟迟关不上,"第×跳"的字样几乎每天在刷新。(2010 年 5 月 28 日新浪网)|职场青年压力

很大,富士康的"连跳门"事件给他们敲了警钟。(2010年7月8日《新民晚报》)

相关词语见"杯具门"。

【练摊帝】 liàntāndì 名词。对兰州青年包正忠的戏称。因其在网络论坛发帖《300块摆地摊,我一年赚了15万》而得到广大网民关注,认为他是摊贩之中的佼佼者。例兰州"练摊帝"年赚15万写自传爆红网络(2010年11月13日《兰州晚报》)|80后"练摊帝"夜市练摊年入15万(2010年11月14日中国日报网)

*表情帝 *淡定帝 *贺岁帝 *口误帝 *龙套帝 *预测帝

【两手干部】 liǎngshǒu gànbù 指一方面有政绩,一方面有腐败行为的干部。例预防"两手干部"腐败既是干部队伍建设的一个重心,也是当前反腐倡廉的一个重点。(2010年8月20日《中国青年报》)|我们提出来要注意"两手干部"腐败,事实上几乎所有腐败分子都是"两手干部"。(2010年8月24日《北京青年报》)

*地板干部 *慢跑干部

【亮叔体】 liàngshūtǐ 名词。2010年9月初,有一位诸葛亮打扮、自称"亮叔"的人接连数天出现在北京地铁里,他说:"叔本来是一个种地的,在这个人砍人的时代,叔不想砍人,只希望不被人砍。"网民根据这个句式仿造的句子被称为"亮叔体"。例网络文体新流行"亮叔体"渐走红 受网友热捧(2010年9月10日《新闻晨报》)｜"亮叔体"走红网络(2010年9月12日网易网)

*凡客体 纺纱体 红楼体 *回音体 蜜糖体 排比体 *微博体 *乡愁体 *校内体 *羊羔体 *子弹体

【灵猫六国】 língmāo liùguó 在经济上被视为新兴潜力市场的中国(China)、印度(India)、越南(Vietnam)、印尼(Indonesia)、土耳其(Turkey)和南非(South Africa)六个国家的合称。因其英文国名首字母组合成的 CIVITS 发音和拼法类似英文单词 civets(灵猫),故称。例"灵猫六国"分布在三大洲,优势各自不同,但与"金钻11国"一样也有可观的人口红利,经济发展路径也各异。(2010年11月3日《江苏商报》)｜在"金钻11国"与"灵猫六国"中最引人注目的国家是印尼。它以2.4亿人口,1.13亿劳动人口而高居"灵猫六国"之首。(2010年11月3日网易网)

金砖四国 *欧猪五国

【零百千万工程】 líng bǎi qiān wàn gōngchéng 指向广大群众提供公益性殡葬服务的一系列举措。零百千万,即零消费骨灰海撒、百元骨灰盒、千元殡仪服务消费、万元骨灰安置。例清明节前夕,市民政局将在全市殡葬服务机构全面开展"零百千万"工程。(2010年3月16日《北京青年报》)｜说到骨灰海撒,今年还要推行一个零百千万工程。

(2010年3月30日北京人民广播电台《新闻2010》)

官衙工程 *黎明工程 面子工程 民心工程 农远工程 *祥云工程 家电下乡工程

【零帕】 língpà 区别词。没有压力。"零"即无的意思,"帕"是压力的法定计量单位。例"零帕"是一种生活态度,在面对来自生活及工作中的各种压力时,懂得如何化压力为无形,并且始终保持积极乐观的心态。(2010年9月9日《新民晚报》)| 徐东商圈优活城首创国内零帕生活特区(2010年9月14日搜狐网)

【零帕族】 língpàzú 名词。指以积极乐观的心态,轻松应对生活和工作中的压力的人。参见"零帕"(108页)。例在各种压力面前,"零帕族"悄然而生,对待压力,他们勇于说"NO"。(2010年9月9日《新民晚报》)

相关词语见"阿鲁族"。

【流二代】 liú'èrdài 名词。改革开放以来城市流动人口的子女仍在城市中生活的,称流二代。例朝阳区、海淀区、丰台区地处北京市的城乡交界处,流动人口数量占全市近60%。这3个区的法院所判处的外地户籍未成年犯均占到全部未成年犯的80%,其中的"流二代"犯罪逐年增长,以盗窃、故意伤害罪最多,还有一定数量的性犯罪。(2010年12月7日搜狐网)

相关词语见"导二代"。

【六普】 liùpǔ 名词。"第六次全国人口普查"的简称。例

为顺利完成"六普",中央政府和地方政府将安排 80 亿元左右的预算资金,还会借调和招聘超过 600 万名普查人员。(2010 年 10 月 21 日《人民日报》)| "六普"登记工作顺利 各界知名人士积极配合(2010 年 11 月 14 日《北京晚报》)

📖 人口普查就是在国家统一规定的时间内,按照统一的方法、统一的项目、统一的调查表和统一的标准时间,对全国人口普遍地、逐户逐人地进行的一次性调查登记,是当今世界各国广泛采用的搜集人口资料的一种最基本的科学方法,也是提供全国基本人口数据的主要来源。我国人口普查每 10 年进行一次,尾数逢 0 的年份为普查年度。新中国成立以来,我国已经成功进行过五次全国人口普查,分别在 1953 年、1964 年、1982 年、1990 年和 2000 年,2010 年进行的是第六次全国人口普查,简称"六普"。

【龙套帝】 lóngtàodì 名词。称在某个戏剧中饰演多个配角的人。也称长期饰演配角而演技出色的人。例成为"龙套帝"之后,终于有人主动来找他拍戏了。(2010 年 6 月 16 日《中国青年报》)

*表情帝 *淡定帝 *贺岁帝 *口误帝 *练摊帝 *预测帝

【龙虾门】 lóngxiāmén 名词。指 2010 年 8 月南京发生的多起市民因食用小龙虾而患上肌肉溶解病症的事件。例"龙虾门"很可能由一种未知的毒素引起,而且这种物质毒性、靶向性都很强,直指横纹肌溶解症。(2010 年 9 月 6 日新华网)｜中国疾病预防控制中心的专家今天将抵达南京,并将会同江苏省有关专家,发布最新的"龙虾门"调查进展。(2010年9月7日长江网)

相关词语见"杯具门"。

2010年9月7日,中国疾病预防控制中心和南京市食品安全委员会联合召开新闻发布会,确认食用小龙虾导致的横纹肌溶解综合征属于哈夫病,其致病原因可能是小龙虾自身携带的某种未知的生物毒素。这一事件被称为"龙虾门"。

【垄二代】 lǒng'èrdài 名词。指凭借在垄断行业从业的父辈也跻身垄断行业的人。例 "穷二代"、"富二代"、"垄二代"、"官二代"……这些说法刺激着人们的神经,也是不少人身边的现实。(2010年9月16日《人民日报》)｜近年来,"农民工二代"、"贫二代"、"富二代"、"官二代"、"垄二代"的概念日渐清晰,人们感到改变命运的渠道越来越窄。(2010年11月4日《中国青年报》)

相关词语见"导二代"。

【楼超超】 lóuchāochāo 名词。对违反有关法规,擅自扩大建筑面积的楼房的戏称。例 违法"楼超超"耸立市中心(2010年4月12日中央电视台《焦点访谈》)｜溧阳"新地标"被曝又是"楼超超"(2010年5月18日《扬子晚报》)

*楼脆脆 楼倒倒 楼断断 楼高高 楼晃晃 *楼挤挤 楼垮垮 楼裂裂 楼歪歪 *楼陷陷

【楼挤挤】 lóujǐjǐ 名词。对楼间距过小的楼房的戏称。例 西安瑞华苑小区三号楼与临街的一座门面楼之间的距离仅1米左右，严重违反规定标准，被称为"楼挤挤"。(2010年11月11日《人民日报》)｜违法建设催生"楼挤挤"(2010年11月29日《北京青年报》)

*楼超超 楼脆脆 楼倒倒 楼断断 楼高高 楼晃晃 楼垮垮 楼裂裂 楼歪歪 *楼陷陷

【楼陷陷】 lóuxiànxiàn 名词。对出现地基下沉现象的楼房的戏称。例 深圳"楼陷陷"事件只是填海造地的一个初步后果。从长远看，大规模填海正在改变深圳原有的海洋城市特性。(2010年4月9日《人民日报》)｜继多个具有讽刺意味的楼盘怪现象之后，深圳再次曝出"楼陷陷"。(2010年4月10日搜狐网)

*楼超超 楼脆脆 楼倒倒 楼断断 楼高高 楼晃晃 *楼挤挤 楼垮垮 楼裂裂 楼歪歪

【漏摇】 lòuyáo 动词。统一摇号时遗漏部分摇号者。例 负责人表示，对这类确属"漏摇"的家庭，海淀区房管局会尽快研究解决方法。(2010年12月3日《北京青年报》)｜

因人工汇总庞大的"意向选房登记数据和资料",最终造成部分家庭"漏摇"事件发生。(2010年12月18日《北京青年报》)

【陆生三法】 lùshēng sān fǎ 指台湾立法机构针对开放大陆学生赴台就读、承认大陆学历问题的《两岸人民关系条例》《大学法》和《专科学校法》。2010年8月19日通过,内容包括有限制地开放大陆学生赴台湾大专院校就读,以及正式承认大陆41所高校学历等。例 台教育部门规划,每年开放约2000名大陆学生赴台就读。这三部法律分别为"大学法""专科学校法"及"两岸人民关系条例",即台湾媒体所称的"陆生三法"。(2010年8月20日《北京青年报》)|"陆生三法"的通过,意味着大陆学生赴台就读终于进入操作性阶段。(2010年8月20日《人民日报》)

【绿段子】 lǜduànzi 名词。指内容积极、健康的短信息。例 "绿色"电脑将进西部 山东百万青少年传播"绿段子"(2010年6月18日《人民日报》)|手机文化建设与传播的每一位参与者,都应该自觉地从我做起,用高尚的道德情操和健康的生活情趣引领"红段子"、"绿段子"等先进手机文化的建设与传播。(2010年8月24日《光明日报》)

【绿价比】 lǜjiàbǐ 名词。指产品中绿价值(即绿色经济价值)含量与价格之比。绿价值包含节能价值、减排价值、生态价值三个部分。仿"性价比"造词。例 30位来自社会各界的市民代表围绕类似"性价比"的"绿价比"发表了自己的看法。(2010年8月31日《北京青年报》)|"绿价比"要比出节能减排的真心英雄(2010年9月6日腾讯网)

*乐价比　性价比

【绿色零碳信用卡】 lǜsè língtàn xìnyòngkǎ 　一种由可降解材料制成的信用卡。持卡人可以通过专属网站测算自己的碳排放、查询个人碳交易记录及所支持的碳减排项目信息。例光大银行已经在国内率先发行了绿色零碳信用卡，今后还将通过建立绿色信贷机制、推动模式化融资、创新碳金融产品等多种方式推进碳金融业务。(2010年4月9日《人民日报》)

*碳信用卡　*低碳交通卡　*低碳信用卡

【绿羊羊】 lǜyángyáng 　名词。2010年广州亚运会志愿者的昵称。因志愿者身穿绿白相间的统一服装，而且广州的别称是羊城，羊又是亚运会的吉祥物，故称。例"绿羊羊"、"小绿叶"、"花仙子"……人们用一个个饱含喜爱、创意十足的昵称，向心中的爱心使者们致敬。(2010年11月28日《光明日报》)｜59万名志愿者活跃在城市的各个角落和亚运会场馆，诠释着羊城中最养眼的颜色，也为他们赢得了"绿羊羊"这个朗朗上口的名字。(2010年11月28日中央电视台《中国新闻》)

【抡车男】 lūnchēnán 　名词。称在温州街头见义勇为、抡起自行车砸倒劫匪的河南青年郭小亮。例2009年12月19日，郭小亮面对迎面过来的飞车抢匪，抡起自行车将抢匪砸翻在地。网友给了他"最牛爷们""抢车男""单车侠"等称号。1月7日,他被温州市公安局授予了治安荣誉奖章。(2010年1月9日《新京报》)

*4D男人 *海男 *贝塔男 宠物男 *戳车男 *极客男 *快餐男 *奶瓶男 *素养男 *余味男 *公家男人 *经济弱势男

【萝卜招聘】 luóbo zhāopìn 指招聘条件专为内定的人选量身定制的招聘。因未招聘前已然"一个萝卜一个坑",故称。例"萝卜"招聘,其实与萝卜毫无干系,是民间对"量身定制"招聘公务员这一现象的概括。(2010年12月15日《长江日报》) |"萝卜招聘"触动社会隐痛(2010年12月16日《新华日报》)

*微博招聘

【裸辞】 luǒcí 动词。在没有找好下一份工作的情况下就辞职。例"裸辞"是当前十分流行的社会现象,随着中国社会的发展,"裸辞"现象将越来越多。(2010年10月31日《新民晚报》) |"裸辞"已成职场流行词 勇敢群体多为精英女性(2010年11月16日《中国妇女报》)

裸奔 裸博 裸分 *裸购 裸官 裸归 裸婚 裸酒 裸捐 裸考 裸替 裸退 裸烟 *裸晒 *裸账 半裸婚 全裸婚 *全裸政府

【裸购】 luǒgòu 动词。指通过积分换购等方式不付出费

用而获得商品。例相比秒杀、团购而言,裸购更便捷、更人性化。(2010年12月31日新华报业网)

相关词语见"裸辞"。

【*裸晒】 luǒshài 动词。将单位财政支出或个人财产明细全部公开。例白庙乡声名鹊起于对账本的"裸晒",由此赢得不少好评。(2010年6月8日《中国青年报》)|他们借助"裸晒",把那些白吃白喝者"晒"出了原形。(2010年7月1日《新民晚报》)

相关词语见"裸辞"。

【裸账】 luǒzhàng 名词。指全部公开在互联网上的单位或个人的收支账目。例自3月15日起,政府业务经费开支全部"裸账"的消息经媒体披露后,四川巴中市巴州区白庙乡政府成为全国关注的焦点。(2010年6月8日《北京青年报》)

相关词语见"裸辞"。

M

【码奴】 mǎnú 名词。因密码太多而身受其苦的人。例"卡奴"之外,还有"码奴",这是现代人才有的甜蜜烦恼。(2010年3月25日《羊城晚报》)|漫画:"码奴"生活(2010

年3月25日人民网)

相关词语见"菜奴"。

【卖折族】 màizhézú 名词。指大量买进打折的门票、电影通票或充值券等,再高价卖出,从中牟利的人。例目前在一些C2C的网购平台上,这样的"卖折族"数量很多,有些人靠着低买高卖月入两三千。(2010年11月30日《北京晚报》)

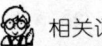

相关词语见"阿鲁族"。

【脉客族】 màikèzú 名词。指注重人际关系,善于建立和利用人脉的人。[脉客,英语Man keep的音译。]例校准新生热衷"脉客族" 网上找校友积攒人脉(2010年8月21日搜狐网)|还没开学网上先报到 90后大学新生争做"脉客族"(2010年8月31日网易网)

相关词语见"阿鲁族"。

【慢城】 mànchéng 名词。指轻松自然、节奏舒缓的城市生活形态。一般要求是人口在5万以下的城镇、村庄或社区,致力于保护与维持纯净的自然环境,推行健康的饮食与生活方式。例据说,从1999年至今,全球24个国家已诞生135个"慢城"。(2010年10月29日《中国青年报》)|世界慢城联盟主席奥利维地表示,"慢城"的概念也是在发展中不断完善的,到现在大概形成了一些前提和特殊要求。(2010年12月3日《人民日报》)

*负碳城

【慢拍客】 mànpāikè 名词。指在忙碌的生活中放慢节奏,用相机抓拍,发现并与人分享生活之美的人。例"慢拍客"更多展现的是一种生活方式,它看似是在说一类人、一个群体,但实际上是在说这类人群的生活方式、兴趣展现方式。(2010年8月18日《北京青年报》)|第一批慢拍客也已经诞生,他们正在用相机记录那些令自己真正愉悦的事情。(2010年9月28日腾讯网)

*拜客 纠客 脉客 *切客 剩客 *团客 闲客 *毕剩客 必剩客 代秒客 *低碳客 *微骚客 沙发客 *高端剩客

【慢跑干部】 mànpǎo gànbù 指平庸、懒惰、散漫,在例行考核中排名落后的领导干部。因其表现像慢跑,故称。例对这些"慢跑干部"要像浙江遂昌那样坚决果断地"吹哨子"叫停。(2010年2月23日《人民日报》)|就像驾驶员违反交通规则要被扣分一样,当地领导干部违反有关规定或在考核中成了落后的"慢跑干部",也要被扣分。(2010年8月17日宁波电视台《宁波新闻》)

*地板干部 *两手干部

【毛基】 máojī 名词。指单位净值低于一元的基金。因其只值几角钱(俗称几毛钱),故称。例单位净值低于1元的"毛基"已经成为常规现象。(2010年8月10日《新京报》)|市场震荡,"毛基"遍地,净值仍维持在1元以上的基金无疑是"万绿丛中一点红"。(2010年8月27日中国证券网)

【锚族】 máozú 名词。赴国外生子,从而使子女获得该国国籍的人。他们的子女有如家庭轮船的铁锚,子女取得外国国籍,以便将来举家移民,故称。例绝大多数的"锚族"家庭的规划是在孩子满月后即带回中国国内,并在国内接受初等和中等教育,将来送孩子去美国接受高等教育,满21岁后为父母申请美国绿卡。(2010年8月28日《北京青年报》)

相关词语见"阿鲁族"。

【冒死爷】 màosǐyé 名词。对举报广州地铁三号线北延段存在工程质量问题的工程师钟吉章的美称。由于举报的是非常敏感的问题,需要有极大勇气,故称。例"冒死爷"是网友对年近七旬的工程师钟吉章的称呼。他因在网上揭露广州地铁三号线北延段未达验收标准却通过验收而走红。(2010年10月15日《中国青年报》)

*担忧爷 *苏珊大爷

【媒曝】 méibào 动词。媒体曝光。例如果对曝光者缺乏更进一步的影响与制约机制,表面的"媒曝"喧嚣并不能代表什么,且与真正的监督也相去甚远。(2010年10月26日《中国青年报》)|媒曝足协处罚冯仁亮停赛三场 火车头申花各遭罚款(2010年12月24日《北京晚报》)

*媒治 网曝 女友曝 网友曝

【媒治】 méizhì 动词。"媒体治理"的简称。通过媒体新闻曝光、追踪报道等发挥舆论监督的作用,参与社会管理,以促进某些社会问题的解决。例一些很大的公共事件,通过传统的途径来表达往往迟迟得不到重视,而一些很小的事情,由于通过网络来表达,却能被地方政府"青眼有加",甚至能得到超乎公众想象的理想解决,舆论称为"媒治"。(2010年5月5日《北京青年报》)| 面对这个生造的新词,媒体中人却纷纷质疑,以为所谓"媒治",不过是传统"人治"的变种,却与真正的法治全无干系。(2010年5月6日《北京青年报》)

*媒曝

【煤超疯】 méichāofēng 名词。对煤炭价格和股市上的煤炭股票急剧上涨的戏谑说法。谐音金庸武侠小说《射雕英雄传》中人物"梅超风"。也写作"煤超风"。例事实上,今年冬季并不缺煤,而是调控政策、气候传说、货币政策等多种因素共同编织了一个"煤超疯"故事。(2010年11月19日《南方周末》)| 尽管"煤超疯"的形容有些夸张,但持续攀升的高煤价确已超出火电企业的承受能力。(2010年11月29日《国际金融报》)

*豆你玩 *腐不起 *鸽你肉 *姜你军 姜一军 *棉花掌 *苹什么
*蒜你狠 糖高宗 糖玄宗 *虾死你 *药你苦 *油你涨 *玉米疯

【咪咪墅】 mīmīshù 名词。合肥青年程曦设计的仅有两平

方米的概念小屋的名称。其间具有一室一厅一厨一卫的功能,旨在提倡低碳、环保、节能的生活理念和方式。例 2010年5月1日,史上最小的咪咪墅亮相合肥。(2010年5月4日安徽电视台《超级新闻场》)| 近日,合肥小伙程曦设计出一件"mimi 墅"作品引人注目,这个只有两平方米的咪咪墅,可组合成卡式写字台、会客室,还装有炊具和厕所,可解决就餐、如厕问题。(2010年5月11日《合肥晚报》)

【米包机】 mǐbāojī 名词。一种能以大米为主要原料烤制出面包的机器。例 日本一家公司推出一款用大米做面包的"米包机",广受民众追捧。(2010年11月27日《新民晚报》)| 不必担心食品安全问题同样是"米包机"受欢迎的原因之一。许多人担心食物里可能含有添加剂等成分,而"米包机"能让他们"确切看到放进了什么"。(2010年11月27日网易网)

【密码强迫症】 mìmǎ qiǎngpòzhèng 名词。因担心记忆密码出错而出现的情绪压抑、焦躁不安、神经衰弱等症状。例 郑州市民袁先生最近得了神经衰弱,原来是被一堆"密码"缠上了,银行卡、医保卡、炒股基金、QQ……密码一个都不能少,他算了算,自己竟有98个密码,自己患上了"密码强迫症"。(2010年3月23日《海口晚报》)

恐归症 路怒症 脑残症 *恐剩症 *脑退化症 *中产焦虑症 *星期二综合征 虚拟社区依赖症

【密码族】 mìmǎzú 名词。指热衷于编制密码、破解密码等活动的人。例网络潮人中悄然兴起一个族群:密码族。他们为名侦探柯南的推理所折服,为丹·布朗的达·芬奇密码而疯狂,他们自发研究各种原创密码,组织密码破解大赛。(2010年8月13日《工人日报》)

相关词语见"阿鲁族"。

【蜜月测试员】 mìyuè cèshìyuán 一种新兴职业。主要职责是与自己的伴侣一起去世界各地的蜜月度假胜地体验,然后反馈测试意见,为选出最佳蜜月度假胜地提供参考。例最甜蜜的工作:蜜月测试员(2010年3月19日新浪网)|有一份工作堪称"梦幻职业"。你可以携带爱人,半年内在全球各种顶级度假地享受免费蜜月之旅,并且每人还能获得1.8万英镑的酬劳,这就是"蜜月测试员"。(2010年9月2日新浪网)

*暖床员 试床员 *酒店试睡员

【棉花掌】 miánhuāzhǎng 对棉花价格持续大幅上涨的戏谑说法。谐音"棉花涨"。例2010年,高涨的物价,细细算来,由"豆你玩"开始。"蒜你狠"、"姜你军"、"玉米疯"、"糖高宗"、"苹什么"、"棉花掌"、"油你去"、"煤超风"相继袭来。(2010年12月9日新浪网)|2010年是疯涨的。"豆你玩"、"蒜你狠"、"姜一军"、"玉米疯"、"腐不起"、"苹什么"、"糖高宗"、"药你苦"、"棉花掌"表明物价在疯涨。(2010年12月24日人民网)

miǎo 秒

*豆你玩　*腐不起　*鸽你肉　*姜你军　*姜一军　*煤超疯　*苹什么
*蒜你狠　*糖高宗　*糖玄宗　*虾死你　*药你苦　*油你涨　*玉米疯

【秒课】 miǎokè　动词。指互联网上秒杀培训课程。也指高校学生像秒杀商品一样在网上选课,以获得热门课的听课资格。例"秒课",即在最短时间内以超低价格秒杀培训课程。(2010年6月24日人民网天津视窗)｜来"秒课"吧! 2010年盛夏,天津新东方学校建校8周年倾情回馈,特意优选价值5万元超经典课程参加1元秒杀。(2010年7月21日人民网)

秒　秒房　秒杀　秒杀价　秒杀客　秒杀族　*秒团族　代秒客

【秒停秀】 miǎotíngxiù　名词。指股票价格在很短的时间内拉升至涨停位后又瞬间大幅下跌的现象。例"山煤国际"股价操纵案告破　"秒停秀"幕后黑手林忠被处以60万元罚款(2010年8月5日《新民晚报》)｜涪陵榨菜收盘上演秒停秀　应警惕主力借机出逃(2010年12月22日《成都商报》)

【秒团族】 miǎotuánzú　名词。指热衷参与具有秒杀性质的网上团购活动的人。例在网络购物盛行的今天,"秒团族"脱颖而出,他们收藏了各类团购网站,团购的物品涉及美食、美容、健身、娱乐、保健等。(2010年7月20日新浪网)

秒 秒房 *秒课 秒杀 秒杀价 秒杀客 秒杀族 代秒客
"××族"相关词语见"阿鲁族"。

【民生名片】 mínshēng míngpiàn 比喻能够反映一个城市或地区民生状态的机构、景观或政策。因其能直接展示这个城市或地区广大群众的生活质量,故称。例把公交低票价打造成北京的"民生名片"(2010年6月12日《中国青年报》)|把"民生名片"擦得更亮,是"权为民所用,情为民所系,利为民所谋"的生动写照。(2010年6月13日《北京青年报》)

*幼儿名片 *鸳鸯名片

【摩女】 mónǚ 名词。"摩登女郎"的简称。指现代都市中的时尚女性。例网络打造"摩女"真人秀(2010年10月27日《北京晚报》)|社会节奏加快的今天,"摩女"的出现无疑是人们宣泄内心紧张情绪的一种方式。(2010年11月12日中国新闻网)

*森女 胜女 囤女 *单贵女 *乐宅女 *嫁房女 *穷二女 *山楂女 *炫证女 *三瓶女人

【拇指图书馆】 mǔzhǐ túshūguǎn 喻指具有电子阅读器功能的手机。因用拇指操作即可阅读,故称。例"拇指图书馆"悄然流行(2010年11月9日《人民日报》)|"拇指图书馆"流行 手机阅读改写出版版图(2010年11月9

日凤凰网）

N

【N连跳】 N liántiào 见"连跳门"(105页)。例在富士康N连跳的年轻人中,也许会有不少人会像这位幸运者一样,在飞身扑出时产生了强烈的想跳回去的悔意。(2010年6月7日《人民日报》)|迫于N连跳事件的压力,富士康先是宣布给一线员工增加30%的工资,过几天又决定从今年10月起,再给一线员工增加66%的工资。(2010年8月18日《中国青年报》)

【奶瓶男】 nǎipíngnán 名词。指心理发育不成熟,成年后仍然依赖家人的男性。因他们好像尚未"断奶"一样,故称。也称"奶男"。例以前总觉得"奶瓶男"是意大利男人的专属特性,现在我发现,英国越来越多的男人变成了奶瓶男。(2010年2月9日《青年参考》)|奶瓶男的孝顺在更大程度上是心理未断奶,对家人依赖性极强,缺乏责任和担当,有事第一时间问妈妈,言必称"我妈说"。(2010年12月30日网易网)

*淘男 *贝塔男 宠物男 *戳车男 *极客男 *快餐男 *抡车男 *素养男 *余味男 *公家男人 *4D男人 *经济弱势男

【耐药宝宝】 nàiyào bǎobao 称对某些抗生素等药物具有耐药性的婴儿。例据报道,越来越多的"耐药宝宝"已出现。(2010年12月3日《新民晚报》)|耐药宝宝是否与食物抗生素有关 尚无法定论(2010年12月6日搜狐网)

嫦娥宝宝 结石宝宝 金猪宝宝 罗汉宝宝 申博宝宝 *时间宝宝 危机宝宝 乙肝宝宝

【南杨案】 NánYáng'àn 名词。指前中国足球管理中心主任南勇和副主任杨一民涉嫌收受贿赂、参与足球赌博的案件。例由赌球牵扯出的"贿赂与腐败"是南杨案引发社会关注的焦点。(2010年7月26日《中国青年报》)|混沌了数月的"南杨案"性质基本明了,今后被提起公诉时,两人涉嫌罪名将是"国家公职人员受贿罪"。(2010年8月19日《新民晚报》)

帖案 钓鱼案 断供案 力拓案 替学案 *赵作海案 轮胎特保案

【南中国三小时经济圈】 nán-Zhōngguó sānxiǎoshí jīngjìquān 指武(汉)广(州)高铁沿线城市形成的经济贸易区域。因武广高铁在中国的南方,从起点到终点三小时到达,故称。例广东和湖南、湖北的区域经济发展合力将更加强劲,催生"南中国三小时经济圈"。(2010年2月26日《中国青年报》)

【恼火族】 nǎohuǒzú 名词。指因节假日开支很大而烦恼、生气的人。例网友们还按照节日期间的开支范围归纳出各类族人:预算为1000元以下为"酷抠族";预算为1000—5000元属于"人情族";预算为5000—10000元为节日开支巨大而恼怒的"恼火族"。(2010年2月21日《北京晨报》)

相关词语见"阿鲁族"。

【脑退化症】 nǎo tuìhuà zhèng 香港特区为消除大众对痴呆症的误解和对患者的歧视,为该病选定的新名称。例"脑退化症"29日成为香港"痴呆症正名比赛"的冠军,自即日起将被香港特区政府卫生署、医院管理局等18个政府、医疗及教育机构采用。(2010年10月30日《北京青年报》)|这项正名比赛自今年4月启动,由香港第一所该病症综合服务中心——赛马会耆智园主办。最终,香港小学生陆子庭所提交的"脑退化症"一词成为冠军之选。(2010年10月30日《新民晚报》)

恐归症　路怒症　脑残症　*恐剩症　*密码强迫症　*中产焦虑症　*星期二综合征　虚拟社区依赖症

【闹太套】 nàotàitào 形容词。网络流行语。网友对电影演员黄晓明蹩脚英语的调侃。因其"not at all"发音酷似中文"闹太套",故称。后用于表示对滑稽、可气、可悲事物的调侃。例一段黄晓明唱英文歌的视频曾在许多网友中传为笑谈,英语发音不准的他在唱到"not at all"时,听来完全就是"闹太套",再加上他一脸认真的表情,形成了强烈的

对比。(2010年8月6日《新京报》)

【能博会】 néngbóhuì 名词。"中国(太原)国际能源产业博览会"的简称。例从"煤博会"到"能博会":绿色、低碳、转型(2010年9月16日《人民日报》)|本届能博会的前身是"中国(太原)国际煤炭与能源新产业博览会"(简称"煤博会")。(2010年9月17日《光明日报》)

【腻生活】 nìshēnghuó 名词。对工作和生活缺乏热情并产生倦怠心理的状态。例城市腻生活成为白领不得不承认的形态,究其原因,这与现代人的心态大有关联。(2010年9月6日四川新闻网)|最近,中国城市的白领们,通过传播新词"腻生活"再次对此发出声音,以表达某种厌倦的情绪。(2010年9月13日《南都周刊》)

傍生活 *挤生活 静生活 *团生活 租生活 低碳生活

【年奴】 niánnú 名词。指为过年操心费力,承受较大经济压力和心理压力的人。例今年过年,80后又收获了两个新名称:"年清族"和"年奴"。(2010年2月22日《鲁中晨报》)|虽然我不是80后"蚁族",但回家过年的庞大开支,足以让我这个70后彻底沦为"年奴"。(2010年2月24日《新民晚报》)

白奴 班奴 病奴 *菜奴 车奴 *坟奴 股奴 *果奴 婚奴 基奴 考奴 *码奴 妻奴 权奴 水奴 *团奴 *险奴 证奴 *发票奴 *上班奴 专利奴 租房奴 *奴时代

【年清族】 niánqīngzú 名词。指过年花光所有积蓄的人。也指将存款一年一清的人。也称"年清人"。例 "年清族"的过年花销主要包括以下几个方面：父母及岳父岳母的红包与礼品；外甥或侄女的压岁钱；置办年货的开支；同学朋友的聚餐费用……（2010年2月22日《鲁中晨报》）｜"年清族"的出现,归根结底反映了社会经济结构变革对于人们生活价值取向、消费观念和方式的影响。（2010年12月20日《解放日报》）

相关词语见"阿鲁族"。

【尿点】 niàodiǎn 名词。指电影中情节松散、表演乏味的一段时间。因这时正可以上厕所,故称。例 现场观众真正体验了这部"只有笑点、没有尿点"的快节奏贺岁大片,此起彼伏的爆笑则证明了"有看头、有说头、有想头"的姜氏幽默很受欢迎。（2010年12月7日扬子晚报网）｜若是说某影片没有尿点,那就说明片子剧情紧凑,观赏性强。（2010年12月23日搜狐网）

【柠檬水起义】 níngméngshuǐ qǐyì 2010年,美国七岁女孩朱莉在卖柠檬水时遭到政府"卫生检查员"的驱赶。此事在全美引起轩然大波,朱莉的支持者们发起了抗议政府监管泛滥的活动,称"柠檬水起义"。例 在著名的社交网站Facebook上,已经有上千人宣称,自己会去参加8月底举行的柠檬水起义。（2010年9月1日《中国青年报》）｜不久前,美国一名七岁小女孩在卖柠檬水的时候遭到政府"卫生检查员"驱赶,竟在全美引发轩然大波,小女孩的支持者还掀起了一场"柠檬水起义"。(2010年11月12日东北新闻网)

【拧盖族】 nǐnggàizú 名词。指为了达到在促销活动中中奖的目的,在超市不买饮料而偷拧瓶盖的人。也称"揭盖族"。例今夏以来,"拧盖族"在各地纷纷现身,从南到北、从东到西,但凡有"再来一瓶"促销活动的地方,都能看到这个"族群"的身影。(2010年8月20日《中国日报》)

相关词语见"阿鲁族"。

【奴时代】 núshídài 名词。指人们在现实生活中因被各种事物奴役而承受巨大压力的时代。例从"房奴"、"孩奴"、"车奴",到现在的"菜奴",我们俨然已步入了一个"奴时代"。(2010年5月21日新浪网)| 80后踏入了"奴时代"探索生活的酸甜苦辣(2010年11月8日腾讯网)

相关词语见"词时代"。

【暖床员】 nuǎnchuángyuán 名词。酒店中专在客人入睡前为其暖热被窝的员工。这一服务由国际连锁经营的假日酒店公司提供。例假日酒店发言人贝德纳尔说,当有客人选定这项服务时,一名身着羊毛睡衣、随身携带温度计的"暖床员"将来到客房中,钻入被窝。当被窝内温度达到20℃时,"暖床员"将离榻而去。(2010年1月22日《新民晚报》)

试床员 *酒店试睡员 *蜜月测试员

O

【欧猪五国】 Ōu zhū wǔguó 经济不景气、出现债务危机的葡萄牙(Portugal)、意大利(Italy)、爱尔兰(Ireland)、希腊(Greece)和西班牙(Spain)五个欧洲国家的合称。因其英文国名首字母组合"PIIGS"类似英文单词"pigs"(猪),故称。例如果"欧猪五国"政府债券出现违约,那么欧洲银行业无疑将遭遇更严重的损失。(2010年6月28日《人民日报》)

金砖四国 *灵猫六国

P

【PE腐败】 PE fǔbài 私募股权投资中出现的腐败现象。

有突击入股、突击转让股权和代人持股等表现形式。[PE,私募股权投资,英语 Private Equity 的缩写。] 例开板不足10个月的创业板,不仅成为打造牛股的温床,同时使得本土 PE 迅速升温,而"PE 腐败",似乎也一并成为这个市场的衍生品。(2010年7月27日《北京青年报》)| 最近的 PE 腐败层出不穷,股市会否变成如房地产一样的腐败高发区? (2010年7月31日《北京青年报》)

PE 腐败是近年来的新生现象。私募具有较大的灵活性,它不需要经过监管部门严格审批,也不需要向全社会公开公司情况,募股对象可以是特定的人和机构,可以满足不同类型的企业,尤其是小企业的融资需求。它避免了公募活动必须详尽披露信息,不利于保护商业秘密,但也因此造成很多腐败现象。例如一些私募投资者,知道哪家公司要上市,就直接来要求入股,而且还是低价入股。由于这种私募投资者往往具有权势,公司出于自身发展考虑,不得不答应。当公司上市后,这些私募投资者快速套现退出,往往获利数倍以至数十倍。此外,还有一些证券公司的保荐代表人在所保荐公司中私自假借名义持股,一些证券公司高管也"突击入股"。你为我保荐,我让你入股,利益共享,各取所需。

【Phone 时代】 Phone shídài 以互联网终端为卖点,以"Phone"命名的手机产品不断推出新产品的时代。例 "Phone"时代已经来临 三大运营商开始火拼(2010年3月22日中国新闻网)| 不得不承认,我们身处的这个世界,已经全面迎来了"Phone"时代。(2010年9月15日铭万网)

> 相关词语见"词时代"。

【咆哮哥】 páoxiàogē 名词。对情绪激动、态度粗暴、大声咆哮的男性的戏称。例广州市法制办在调查后对"咆哮"公务员作出停职反省的决定,并带上"咆哮哥"本人上门道歉。(2010年6月29日新浪网)|网友把"咆哮哥"的"咆哮"录音发帖上网,被互联网迅速"放大",形成火力甚猛的监督攻势,引起社会广泛关注。(2010年7月15日《中国青年报》)

> 相关词语见"保证哥"。

【跑京】 pǎojīng 动词。指地方政府或企事业单位为达到某种目的到北京联络上级部门人员,多有请客送礼或贿赂等行为。例县级驻京办被撤销了,"跑京"还会继续存在。这背后反映出地方政府的一部分需求。(2010年7月16日《人民日报》)|只有从根本上解决体制问题,"跑京"现象才会消除,驻京办才能真正转变职能。否则驻京办依然会"跑部钱进",转变职能也只能是空话。(2010年7月19日网易网)

【泡菜危机】 pàocài wēijī 指韩国在2010年由于白菜价格持续上涨而导致泡菜涨价的危机。例由于韩国泡菜危机,一些韩国客户赴中国寻找货源,这让很多中国商人和菜农看到了机会,希望能从泡菜危机中挣上一笔。(2010年10月15日《北京青年报》)|泡菜危机给韩国推广泡菜文化带来机遇。以"全世界共享的千年美味"为主题的第17届世界泡菜文化节23日在韩国光州开幕。(2010年10

月24日中央电视台《中国新闻》)

次按危机 次贷危机 迪拜危机 两房危机 男孩危机 *火山灰危机

【批零同营】 pīlíng tóngyíng 大型农贸批发市场批发与零售兼营。通常是早晚批发,白天零售。例去批发市场淘便宜菜也成为部分市民的选择,曹安批发市场也由此成为申城首个"批零同营"的大型菜场。(2010年11月22日《解放日报》)|记者日前在天津市最大的"菜篮子"——红旗农贸批发市场见到,这里实行了"批零同营",批发市场的大白菜售价每公斤最低为1.2元,远低于市场价格,不少"海囤族"自驾车或骑三轮车到这里囤货。(2010年11月24日《中国青年报》)

【脾气门】 píqìmén 名词。指英国首相布朗脾气暴躁,经常欺凌下属的事件。《观察家报》记者安德鲁·罗恩斯利在所著《工党的终结》一书对此有所披露。例布朗的"脾气门"事件,缘起英国《观察家报》时政记者安德鲁·罗恩斯利即将出版的新著《政党的终结》。书中披露了布朗自接任首相以来一连串鲜为人知的失态丑闻。(2010年2月24日上海广播电视台《新闻报道》)|《泰晤士报》说,媒体过去几天曝光布朗粗鲁对待下属的习惯,"脾气门"令布朗受反对党指责。(2010年2月26日中国网)

相关词语见"杯具门"。

【漂二代】 piāo'èrdài 名词。通常指随父母一起长期在外漂泊的未成年人。多指外来务工人员的子女。例随着拆

迁和房价上涨,北京的打工者子弟学校大都设在五环以外,在这里"漂二代"们感受不到所谓的大都市。(2010年3月3日《中国青年报》)|针对"漂二代"的孤独感和自卑感,专家建议全社会共同努力,帮助"漂二代"们迈好融入城市的第一步。(2010年12月24日网易网)

相关词语见"导二代"。

【拼炒族】 pīnchǎozú 名词。合伙买房、炒房以从中牟利的人。例这类"拼炒族"有一个共同的特点,就是资金实力不强,但又想在楼市中分得一杯羹。(2010年1月7日《北京青年报》)

相关词语见"阿鲁族"。

【拼居族】 pīnjūzú 名词。与他人合租一套房屋,按一定比例分摊房租及其他公共生活费用的人。例他们这群拼居族,都是不用坐班、职业自由度高的人:专职写手、开网店的、跑销售的、做策划的。(2010年7月9日网易网)|不该政府管的,政府管了但没有能力管好;该政府管的,政府管了但也没管好,也因此出现了"夹心层"及"蜗居族"、"蚁族"、"胶囊族"、"拼居族"。(2010年9月4日新浪网)

相关词语见"阿鲁族"。

【拼养】 pīnyǎng 动词。指几个家庭组织在一起,每家父母周末轮流照看组内所有的孩子。例拼车、拼吃、拼游、拼住……如今在80后父母中又流行起了一个新名词"拼养"——有三岁以上孩子的家庭可以组成一个小组,每个家庭的父母在有足够责任感和耐心的前提下,可以轮流在周末照看本小组中的所有孩子。(2010年7月15日《新民晚报》)｜事实上,每一位妈妈对于"拼养"都有一堆的安全顾虑。李妈妈的建议是,最好是相熟的朋友间进行"拼养"比较合适,因为彼此熟悉并信任。(2010年11月9日《北京青年报》)

拼车 拼饭 拼雇 拼婚 拼卡 拼保姆 拼家教 拼蜜月

【平墅】 píngshù 名词。一种综合了大面积平层公寓和别墅优点的住宅。例独特的"平墅"空间,消除了别墅上下楼的不方便,又保留了别墅各空间相对独立的特点。(2010年8月5日《新民晚报》)｜深刻洞悉当代财富人群消费心理后,金地创造性地推出了"别墅是平的",其"平墅"的产品设计令人侧目。(2010年11月11日《新民晚报》)

【*苹果皮】 píngguǒpí 名词。专门为iPod Touch量身定做的功能外套。其通信功能依靠一个背扣式通信模块实现,该模块上还有SIM卡插槽、电池及相关的部件。其外形类似iPhone的保护套。可以把iPod Touch变成iPhone使用,进行SIM卡拨打电话,发送短信、GPRS上网等业务。因iPhone是苹果公司的产品,故它的外套称苹果皮。例为何"苹果皮"会得到众多"果粉"乃至黑客的青睐呢?说起来很简单,这是一款iPod Touch的外套,套上之后,iPod Touch就变成了山寨版iPhone,可以当成手机来打电话和收发短信。(2010年8月29日《北京青年报》)｜苹果

皮系采用软塑胶制造,外观工艺比较一般。(2010年10月15日《北京青年报》)

【苹什么】 píng shénme 对苹果价格大幅上涨的戏谑说法。谐音"凭什么"。例 近来一个新名词"苹什么",开始在苹果主产区——山东烟台市流行,红富士苹果身价变得金贵了。(2010年10月27日中央电视台《今日观察》) | 苹果价格创近十年新高 "苹什么"明年春季攀高峰(2010年11月8日《中国日报》)

*豆你玩 *腐不起 *鸽你肉 *姜你军 姜一军 *煤超疯 *棉花掌 *蒜你狠 *糖高宗 糖玄宗 虾死你 *药你苦 *油你涨 *玉米疯

Q

【七彩之心】 qīcǎi zhī xīn 2010年上海世博会城市志愿服务站的站名。因其整体造型以上海世博会吉祥物"海宝"蓝为主色调,七种鲜亮的色彩环绕站体外缘,外形设计融入了汉字"心"的理念,故称。例 由宝钢打造的

200多座"七彩之心",其材料全部采用可回收钢材。每座占地面积为7到10平方米,可容纳3到8名志愿者,其主体采用赤橙黄绿青蓝紫7种颜色。(2010年3月29日中央电视台《中国新闻》)|城市中"七彩之心"近10天的运行,一片绚丽的"彩色",已让无数上海市民与游客留下了深刻印象。(2010年4月29日《解放日报》)

【齐全哥】 qíquángē 名词。对入学时携带过多生活和学习用品的大学新生的戏称。例在各高校校内论坛上,"90后大学生带14箱行李报到"因而被网友称为"齐全哥"的新闻依然引发热议。(2010年9月16日《光明日报》)

相关词语见"保证哥"。

【千团大战】 qiān tuán dà zhàn 形容中国团购市场激烈竞争的现状。2010年,中国市场的团购网站数量迅速增长至千家,竞争加剧,故称。例对于"千团大战"的创业热潮,其原因大致有三个:政府监管尚不明确;团购网站短时间内的造富能力强;从运营角度看,团购模式可行性强。(2010年9月14日《人民日报》)|有专业人士预言,由于设立了注册资本门槛,市场上90%的团购网站都将面临关闭或者转型。而年初以来的"千团大战"终将走向终结。(2010年10月27日《北京青年报》)

【*签到】 qiāndào 动词。借助智能手机,随时用微博报告自己的行踪,分享位置信息。例 LBS(定位服务)目前在美国是与团购同样热门的新兴互联网模式,被形象地称为"手机签到"或"切客"行为。(2010年11月17日《北京青年报》)|"切客"出没,"签到"横行,专业的签到网站也随

之风靡一时。(2010年12月21日《中国青年报》)

【签到控】 qiāndàokòng 名词。热衷于利用提供地理位置服务的互联网系统记录即时所在位置、与人分享的人。控:热衷于××的人。又称"切客"。例 来自3G门户《2010年手机体验白皮书》的统计显示,"签到控""微博控"已成为手机用户中最庞大、最活跃的两大族群。(2010年12月8日《北京晚报》)| 当心理上的需求膨胀,"切客"就进化成了"签到控"——对"签到"上瘾。(2010年12月21日《中国青年报》)

大叔控 *街拍控 *微博控 *中国控

"签到"是一种新兴社交方式,"签到"可以帮助人们记录出行日记,分享休闲心得,从而吸引关注,结识志趣相投的同好。简单说来,就是当你身处某地时用手机等终端设备上网,在提供"签到"服务的网站,发布"我在××地"或"××餐馆的烤鱼分量最足"等信息。这些"签到"信息还可同步发到自己的微博和豆瓣网、开心网等社交网站,让亲朋好友看见你的动向。

【潜伏地块】 qiánfú dìkuài 指闲置多年,直到土地升值后才动工或销售的地块。例 业内人士就此提醒购房人尤其是投资型购房人:"潜伏地块"楼盘购房前一定要问清"产权年限",谨慎购房。(2010年1月18日《北京青年报》)| 新版的土地出让合同与国土部加强闲置用地管理的风声致使一大批"潜伏地块"趁机入市。(2010年1月22日《广

州日报》)

【敲章族】 qiāozhāngzú 名词。特指2010年上海世界博览会期间热衷于到各国展馆收集纪念章的游客。例上海世博园中,一批"敲章族"每日奔跑在各馆之间,乐此不疲,为的就是在自己的世博护照上集齐各馆印章。(2010年7月18日新浪网)

相关词语见"阿鲁族"。

【切客】 qiēkè 名词。见"签到控"(138页)。[源自英语check in(到达并登记)。] 例 LBS目前在美国是与团购同样热门的新兴互联网模式,被形象地称为"手机签到"或"切客"行为。(2010年11月17日《北京青年报》)|"切客"出没,"签到"横行,专业的签到网站也随之风靡一时。(2010年12月21日《中国青年报》)

*拜客 纠客 脉客 剩客 *团客 闲客 *毕剩客 必剩客 代秒客 *低碳客 慢拍客 沙发客 微骚客 *高端剩客

【青春样范儿】 qīngchūn yàngfànr 指积极向上、身心健康、有个性、有活力的青春风貌。例成人意味着责任 活出青春样范儿——各地青年积极参选五四成人礼晚会"时间信使"(2010年4月13日《中国青年报》)|"青春样范儿"表达的是一种积极向上的、阳光的生活态度,这种阳光形象并不要求我们多么美丽,但必须要有我们自己的特色,有一种能够感染周围人的魅力。(2010年4月13日腾讯网)

【青绿人士】 qīnglǜ rénshì 指对传统环保理念不满,颇有微词的环保主义者。青:指愤青;绿:绿色,指环保。例"青绿人士"认为,修一个核电站可以减少数百万吨的二氧化碳排放,而推广一辆新能源公交车可以减少数十辆汽油车的二氧化碳排放。(2010年5月17日和讯网)｜"青绿人士"与反科学、反现代化的老派"绿色人士"不同,他们是将传统的绿色和少许现代"愤青色"结合在一起的新型环保主义者。他们认为让可持续发展道路持续下去的可靠方式是技术的进步,而不是怀旧情绪或禁欲主义,以及技术恐惧症。(2010年5月17日《春城晚报》)

【清退门】 qīngtuìmén 名词。指华中科技大学要求307名未能按期完成学业的研究生退学的事件。例前世界冠军,应该如何在退役后再博取公众眼球?只是"晒幸福"、"被娱乐",甚至像杨威这样,陷入大学"清退门"一类的负面新闻?(2010年10月2日《新民晚报》)

相关词语见"杯具门"。

2010年8月30日,武汉华中科技大学研究生院在互联网上声明,要求307名未能按期完成学业的研究生退学。此次被清退的学生中,半数以上属于定向生、委培生,并且相当部分是企业高管和政府官员,还有少数社会名人。他们长期不来学院上课,有些甚至已超时学习两三年。

【穷二女】 qióng'èrnǚ 名词。指穷二代女性。例2010年伊始,一个对应"富二代"的新生词"穷二女"又在网上流传开来,异常火爆,实在博得不少眼球。(2010年4月21日搜狐网)｜当鱼和熊掌不能兼得时,许多女孩便不得不痛

下决心,即所谓的宁当二奶不做穷二女,将有无房子作为挑选男人的第一标准。(2010年5月27日人民网)

*摩女 *森女 胜女 囤女 *单贵女 *嫁房女 *乐宅女 *山楂女 *炫证女 *三瓶女人

【求上墙】 qiúshàngqiáng 指2010年中国互联网大会期间,一些网友发送与大会相关的微博内容,希望其能在主会场直播微博的屏幕上显示出来。例腾讯微博用户不但全程参与了大会直播,而且创造出了"上墙"、"求上墙"等网络热词。(2010年8月27日《新民晚报》)|"上墙"、"求上墙"短时间内俨然已经成为一种网民微博的行为状态,智慧往往不在那些评论家或者媒体意见领袖脑子里,而在广大人民群众中,正所谓智慧总是藏于民间。(2010年9月5日《光明日报》)

2010年中国互联网大会首次进行微博直播,并在大会主会场放置了两块转播屏。当时"上墙"、"求上墙"成为最热门的流行词。据腾讯微博方面统计,互联网大会第一天,通过腾讯微博"互联网大会"话题发布的信息有9600多条。

【去城市病】 qù chéngshìbìng 治理城市,解决城市人口膨胀、交通堵塞、能源紧张、环境污染等问题。例上海世博会的举办,无疑将为"去城市病"积累丰富经验,成为人类的"最佳实践案例"之一。(2010年7月24日《新民晚报》)|当今社会,有效阻止人际关系沙漠化蔓延,已经成为"去城市病"中不容回避的问题。(2010年11月5日《光

明日报》)

【全裸婚】 quánluǒhūn　名词。即"裸婚",指结婚时不买房、不买车、不办婚礼,而直接办理结婚登记的结婚方式。与"半裸婚"相对。例网友吉吉:我不赞成"全裸婚",但"半裸"还是可以接受的。(2010年1月6日北国网)│一场全裸婚引发的婚姻惨案(2010年1月19日淘宝网)

*摆婚　*蜗婚　*巡婚　*滞婚　*半裸婚　*世博婚　*橡皮婚姻　*十全十美婚

【全裸政府】 quánluǒ zhèngfǔ　指完全公开公务开支明细的政府。例"全裸政府"出现在最基层的行政系统,相比而言,乡镇一级政府的财政支出较为简单,钱不多、账好算,公开的阻力和压力自然较其他层级的政府小一些。这一个案能否产生广大网民所期待的"推广"效应,可能还不好断定。(2010年3月16日《北京青年报》)

【全漂族】 quánpiāozú　名词。指在异地求学并在另一地就业的高校毕业生。与"半漂族"相对。例近日发布的就业蓝皮书新增的一个内容是对"漂族"的关注。家乡不在就业地的叫"半漂族",高校和家乡都不在就业地的叫做"全漂族"。(2010年6月4日《新民晚报》)

相关词语见"阿鲁族"。

R

【人流季】 rénliújì 名词。指一年中未成年少女做人流手术比较集中的一段时间,多发生在新学期开始前后。例"暑期人流季"已是寻常事 不问健康安全只求省钱方便(2010年9月16日东北网)|开学"人流季"少女比例骤增 自填年龄医院不查(2010年9月20日搜狐网)

*入职季 择业季

【认房认贷】 rènfáng rèndài 指办理第二套房的房贷时,银行要确认借款人的贷款记录,并通过房管部门的房屋权属系统确认借款人家庭的住房数量。例对于"当地暂不具备查询条件而不能提供家庭住房登记查询结果的,借款人应向贷款人提交家庭住房实有套数书面诚信保证",这些细则也通过"信用备案"的补充方式严格了认房认贷的执行程序。(2010年6月5日《新京报》)

【日历哥】 rìlìgē 名词。称一位因拍摄真人日历而走红的男性网友。其体形稍胖,身着熊猫服,根据不同纪念日,做出不同姿势拍照。例"日历哥"是位80后的小伙子,与网上流行的搞怪照片形象不同,采访时他始终非常腼腆。

(2010年8月26日《北京晨报》)

相关词语见"保证哥"。

【融雪屋】róngxuěwū 名词。一种除雪设备。外形略像房屋,可通过内置燃烧器将倒入其中的积雪迅速融化成水,并及时从下水道排出。例昨天,京城首台"融雪屋"在大到暴雪中"上岗",成为环卫部门扫雪铲冰的好帮手。(2010年1月5日《北京青年报》) | 在充分利用积雪的同时,本市还将在天安门地区设置两个超大融雪屋,融雪能力每小时将达近百立方米,净雪融成雪水后,将用于浇灌、洗地。(2010年11月12日《北京青年报》)

【肉片装】ròupiànzhuāng 名词。以肉片为材质制成的服装。音乐人Lady Gaga身着此装出席第27届MTV音乐录像带大奖颁奖典礼,轰动一时。例9月13日,Lady Gaga亮相MTV音乐录影带大奖后台庆功,着雷人肉片装登场。(2010年9月14日新浪网) | 提起刚刚在洛杉矶结束的第27届MTV音乐录像带大奖颁奖典礼,令人印象最深的自然是Lady Gaga独揽八项大奖,以及她生猛无比的肉片装。(2010年9月17日新民网)

【如厕死】rúcèsǐ 动词。2010年2月16日,江西九江市修水县看守所在押的犯罪嫌疑人陈绪金突然死亡。警方称其系上厕所时摔倒猝死,后医院诊断其死于心肌梗死,尸检报告又鉴定其死于多种慢性病导致的"心、肺等多器官系统功能衰竭"。网友称其为"如厕死"。也称"上厕所死"。例如厕死:看守所故事的又一续集(2010年3月17日《中国青年报》)│江西看守所嫌犯死亡 警方称"如厕死"(2010年3月21日搜狐网)

*冲凉死 *发狂死 *粉刺死 *盖被死 *喝水死 *骷髅死 睡觉死 *洗脸死 针刺死

【乳房炸弹】 rǔfáng zhàdàn 指将炸药植入女性乳房内,必要时将其引爆的人肉炸弹。例英国军情六处日前获悉,"基地"恐怖组织正图谋以前所未闻的"乳房炸弹"发动恐怖袭击——即通过隆胸手术将炸药植入女人弹的乳房内,使之成为两枚威力强劲的"乳房炸弹",而一旦"乳房炸弹"在飞机上被引爆,就将酿成机毁人亡的"杯具"!(2010年5月24日新浪网)

【入职季】 rùzhíjì 名词。指大量毕业生集中走上工作岗位的时间。一般在每年的八九月份。例"毕业季"刚落下帷幕,"入职季"紧随而来。经过激烈的拼杀,新一批职场新人在满怀喜悦迈入职场的时候,可千万别忘了自己还是"职场菜鸟"。(2010年8月23日《广州日报》)│入职季"体检枪手"忙揽生意(2010年9月6日东方网)

*人流季 择业季

【锐词】 ruìcí 名词。指新锐的热词。多是对新闻事件或社会热点问题敏锐而及时的概括。通常在互联网上流行。例网络上大量充斥着网友们交流谈论的各种锐词,让锐词俨然已经成为了一种新的网络流行文化,并大有覆盖影响整个社会生活的趋势。(2010年5月5日《北京青年报》)│一些电视媒体正与互动百科展开合作,联合发布新锐词语,报道和解读社会热点事件。(2010年5月16日《光明日报》)

潮词 雷词 热词 *IN词

S

【3A族】 3A zú 名词。指在爱情、家庭和事业三方面都达到一流水平,成为社会中坚的人。A:指最高一级。例与月光族、蚁族有所差别的是,"3A族"大多数已小有成就,置了房、买了车、孕育着小宝宝,一个三口之家正在成长中,分享体验着生活中的苦与乐。(2010年5月17日《国际金融报》)

相关词语见"阿鲁族"。

【3D巴士】 3D bāshì 见"立体快巴"。[3D,英语3 Dimensions(三维)的缩写。]例外媒惊叹中国"3D巴士"交通得

改善可坐千人(2010年8月6日TOM网)|3D巴士,中国新型立体巴士,这种新型巴士行驶的速度在60—80公里,这比一般的公交巴士的时速要快了近三倍,同时它承载的人数大约在1400人左右,而成本只有地铁的十分之一。(2010年8月9日中国校媒网)

【3D报纸】 3D bàozhǐ 指运用3D技术制作的报纸。通过3D眼镜观看,报纸的图片和广告呈立体效果。[3D,英语3 Dimensions(三维)的缩写。] 例福建《海峡都市报》推出海峡西岸首份3D报纸,读者通过报纸附送的眼镜,可以获得全新的视觉阅读体验。(2010年7月1日《光明日报》)|与看3D电影一样,3D报纸的阅读同样也要特制眼镜。(2010年7月15日《人民日报》)

【3Q大战】 3Q dàzhàn 指腾讯公司与北京奇虎科技及相关公司为维护各自商业利益而引发的争端。双方均通过技术手段制约对方软件的正常使用,并发布声明控诉对方,波及数亿网民。争端最终在政府干预下得以平息,两家软件恢复兼容。"3""Q"分别指代北京奇虎的360安全卫士软件和腾讯的QQ即时聊天软件,故称。也称"3Q案""3Q战争""3Q之争""3Q之战"。 例让腾讯始料不及的是,3Q大战带来的负面影响,不仅让其市值蒸发,而且还可能面临垄断的指控。(2010年11月9日新疆电视台《新疆新闻联播》)|归结起来,"3Q大战"是创新之争,是互联网行业相互模仿、同质化竞争的必然结果。(2010年12月22日《人民日报》)

【4D男人】 4D nánrén 指不能被简单归入某一类别,具有

多维度特征的男性。他们多是青年人,自信,热情,有个性,兴趣广泛。[4D,英语4 Dimensions(四维)的缩写。]例4D男人的出现带来了对男人与众不同的一种诠释——多维度的男性特征。(2010年12月16日新浪网)|4D男人指年龄在15到40岁之间,自信、有个性、兴趣广泛又热情的男子。他们对文化的兴趣更加浓厚,也更加注重健康。(2010年12月18日中国网)

【三低同事】 sān dī tóngshì 指效率低、智商低和工作热情低的同事。例面对"三低"同事,有受访者表示会尝试了解及关心(29.1%),亦有受访者选择无视其存在(28.9%)或哑忍(18.3%),27.4%受访者更因而离职。(2010年6月28日中国新闻网)|面对"三低同事",受访者会作出积极或消极的两个极端回应。(2010年7月4日《广州日报》)

【三瓶女人】 sān píng nǚrén 指年轻时是花瓶,中年时是醋瓶,老年时是药瓶的女性。例我们不要当三瓶女人:年轻时当花瓶,中年时当醋瓶,老年时当药瓶。(2010年1月27日新浪网)

---

*摩女 *森女 胜女 囧女 *单贵女 *嫁房女 *乐宅女 *穷二女 *山楂女 *炫证女

【三嫂院士】 sān sǎo yuànshì 指在香港大学从事清洁服务工作40余年,被学生尊称为"三嫂"的袁苏妹。因其2009年被香港大学授予"荣誉院士"称号,故称。例通过"三嫂院士"这项荣誉,港大与港大人也清晰地表达了自己的价值观,

与其说他们表彰了一个普通人,不如说他们表达了对"劳动"、"奉献"和"爱心"的推崇。(2010年1月28日《人民日报》)|"三嫂院士"正体现了德育为先的素质教育原则,值得我们学习和借鉴。(2010年1月28日《人民日报》)

2009年9月22日,香港大学人称"三嫂"的82岁老太太袁苏妹,被香港大学授予"荣誉院士"。袁苏妹连小学也没读过,从29岁到73岁,她在学校先后担任助理厨师和宿舍服务员等职。44年漫长的工作期间,她始终给学生以无微不至的照顾,除起居饮食,还关注身心健康。颁奖主席致词时说,三嫂对香港大学的贡献在于,她用自己的生命与爱,关怀与引导了一代代学子,她的成就因此也是杰出的,所以授予香港大学荣誉院士称号。

【扫街族】 sǎojiēzú 名词。指观念时尚、喜爱逛街、眼光敏锐、品位独特的街拍爱好者。他们在街上看到好看、好玩、时尚的东西,就会快速反应,及时拍下。例"扫街族"装备犀利 九成美女不愿被"秒杀"(2010年5月4日中国新闻网)|从搭讪照相,到偷偷跟拍,扫街族的拍摄方式正悄悄发生变化。(2010年5月7日《嘉兴日报》)

相关词语见"阿鲁族"。

【色酬】 sèchóu 名词。靠出众的相貌获取的报酬。例色酬的多少取决于许多主客观条件和环境,换句话说,"色价"的多少很难确定。(2010年11月22日中国广播网)|在竞争语境中,相貌出众者比相貌普通者拥有的机会和资源更多,此即所谓"色酬定律"或"色差"。(2010年12月12日网易网)

【森女】 sēnnǚ 名词。"森林系女孩"的简称。指注重个性发展,崇尚简单、自然生活的女性。例不盲目追从流行,重视自己的个性,被认为是"森女"的必备特征,简约、素雅、悠闲、自由自在更是必不可少的。(2010年4月20日《中国青年报》)|所谓"森女",简单来说就是崇尚自然环保生活的一群积极分子,她们热爱一切公益和环保的事情,同时喜欢以最简单最纯粹的方式面对人生,她们尤其爱逛植物园,和植物进行心灵的沟通。(2010年8月16日《新民晚报》)

*摩女 胜女 囧女 *单贵女 *嫁房女 *乐宅女 *穷二女 *山楂女 *炫证女 *三瓶女人

"森女"一词源于日本服饰团购最大的交流网站。一位20多岁的网友,因被朋友说成很像是在森林里长大的女孩,于是她就以"森林系女孩"这个名字开设了一个网站,获得许多网友的认同和支持。"森女"的特点是喜欢民族风格的服饰,不盲目追求名牌,生活态度悠闲。

【山楂女】 shānzhānǚ 名词。指电影《山楂树之恋》中的女主角、清纯可爱的少女静秋。也泛指清纯可爱的女性。例电影版的"山楂女"静秋由周冬雨饰演,而电视剧版由王珞丹饰演。(2010年9月22日人民网)|"车之恋"相亲节 男博士寻找"山楂女"(2010年11月28日《长江商报》)

*摩女 *森女 胜女 囧女 *单贵女 *嫁房女 *乐宅女 *穷二女 *炫证女 *三瓶女人

【上班奴】 shàngbānnú 名词。指承受着巨大的工作压力，无法摆脱，从而失去自由和幸福感的人。例毒舌作家陆琪首创"上班奴"概念惹争议(2010年5月21日新浪网)｜这就是典型的"上班奴"——除了亲人之外，最害怕失去的一定是工作；考虑问题时，放在第一位的永远是工作；每天花费最多时间的、不断重复做的事情也是工作。(2010年6月22日《中国青年报》)

相关词语见"菜奴"。

【*上墙】 shàngqiáng 动词。见"求上墙"(141页)。例腾讯微博用户不但全程参与了大会直播，而且创出了"上墙"、"求上墙"等网络热词。(2010年8月25日《北京青年报》)｜据了解，所谓"上墙"、"求上墙"是指网友发送的互联网大会相关微博内容，其中的有价值或者有趣味的内容，被传送至互联网大会主会场的腾讯微博屏幕上，予以展示。(2010年9月5日《光明日报》)

【上墙哥】 shàngqiánggē 名词。称中国互联网大会举办期间因其所写的微博有价值或有趣味而被传送至微博大屏幕上公开显示的男网友。也指帮助别人把微博传送至微博大屏幕上公开显示的男性。例中国互联网大会组委会副秘书长曾明发在腾讯微博上倡议，"强烈要求腾讯评选本届大会十大最有价值'上墙哥'和'上墙语'"。(2010年8月25日《北京青年报》)｜李国训连续两天在互联网大会主会场上因"一直忙于把大家上万条微博推上大屏幕"而成为"上墙哥"，在腾讯微博上自言"苦并快乐着"。(2010年11月5日和讯网)

相关词语见"保证哥"。

【社会墙】 shèhuìqiáng 名词。比喻社会民众与政府有关部门之间以及社会不同群体之间因不信任而产生的感情隔阂。例从南京的"彭宇案",到杭州的"飙车案";从"被就业""被增长"等"被"字句式,到对一些"听证会"的批评质疑,社会不同群体之间、社会对政府有关部门,表现出种种猜疑、隔膜和不信任感,有人形象地称之为"社会墙"。(2010年1月14日《人民日报》)|"社会墙"是无形的,但却很有韧性,一旦形成,拆除时就需要更多重锤和努力。(2010年1月21日《人民日报》)

【神马】 shénmǎ 代词。网络流行语。谐音"什么"。例她太Out了!和她说神马,她总是一脸茫然!(2010年12月17日《新民晚报》)|不管白昼黑夜有"神马"出现,微博里立时开始众声喧哗,围观就是力量,众人信心满满。(2010年12月31日《北京青年报》)

【声音爸爸】 shēngyīn bàba 指为了使单亲孩子得到父爱,自愿承担父亲义务与孩子保持电话联系但不见面的男性。例女子发帖为4岁儿子征"声音爸爸"只能靠电话联系(2010年11月19日中国新闻网)|她托记者一定要谢谢这几天打来电话和给她留言的所有要给天天当"声音爸爸"的好心人,"有了消息一定会告诉大家"。(2010年11月27日新民网)

【十全十美婚】 shíquánshíměihūn 指在2010年10月10日结婚。例继2008年的"奥运婚"、2009年的"久久婚"后,

今年的10月10日,"十全十美婚"又受到了新人的狂热追捧,连受过高等教育的白领们也难以免俗。(2010年10月12日《新民晚报》)| 追捧"十全十美婚""久久婚"没错,如果可以,也不失为一种好的开始,只是婚姻更需要包容、忍耐、信任、付出,如果只想索取,不想付出,又没有感情基础,结果一定是脆弱、短暂的。(2010年10月16日《北京青年报》)

*摆婚 *蜗婚 *巡婚 *滞婚 *半裸婚 *全裸婚 *世博婚 *橡皮婚姻

【时间宝宝】 shíjiān bǎobao 指"时间芯片"活动选出的在2010年1月1日至7月30日期间出生的10名孩子。2038年他们将亲手打开封存在上海图书馆中的"时间芯片"装置。参见"时间芯片"(153页)。例主办方同期征集10名时间宝宝,参加时间芯片首次开启仪式。(2010年6月4日《中国青年报》)| 这100件作品今天封存于"时间芯片"后,将于2038年9月23日即爱因斯坦写作《致5000年后人们的信》100周年的日子再次被开启,届时,由主办者征集选出的10名出生于2010年1月1日至7月30日的"时间宝宝"亲手打开"时间芯片"装置,验证当年的创想。(2010年9月29日《光明日报》)

时间舱 *时间芯片 *时间信使 嫦娥宝宝 结石宝宝 金猪宝宝 罗汉宝宝 *耐药宝宝 申博宝宝 危机宝宝 乙肝宝宝

【时间芯片】 shíjiān xīnpiàn 一种具有特殊意义的芯片。

其中存有描述未来28年内可能消失和可能出现的事物的资料。保存在上海图书馆,将于2038年开启。"时间芯片"活动是2010年上海"世博青年活动周"开展的主题活动之一。例"时间芯片"活动的创意来自于1938年爱因斯坦的创新之举。(2010年5月7日《光明日报》)|青年周期间,一枚记载着未来畅想的"时间芯片"面向全球征集创意。(2010年7月11日《新民晚报》)

时间舱 *时间宝宝 *时间信使

【时间信使】 shíjiān xìnshǐ 指现在接收信件,未来寄出信件的信使。由2010成人礼晚会上(中国青年报社和湖南卫视联合举办)选出的5名18岁女大学生担任。她们将来自全国各地18岁青年的15万封写给未来的信存储在"时间芯片"里,并将其运往上海世博会展览,12年后按提供的邮箱地址寄出。例入选者被称为"时间信使",是因为她们承担了为大众捎信的任务。(2010年4月6日《中国青年报》)|"独立、梦想、奋斗、成长、责任"是18岁青年的代名词,而5名"时间信使"则成为青春梦想的传递者,她们将把全国各地18岁青年的15万封写给未来的信存储在"时间芯片"内,并将其运往上海世博会展览,12年后按照信封上提供的邮箱地址寄出。(2010年5月5日《中国青年报》)

时间舱 *时间宝宝 *时间芯片

【世博护照】 shìbó hùzhào　指用于收集上海世博会各展馆纪念印章的指定载体。其大小样式类似普通出国护照。例上海世博会"世博护照"已经推出了一款卡通版和三款标准版,之后还将推出典藏版。(2010年5月1日《光明日报》)｜据了解,改版后的世博护照加强了防伪,6大防伪识别体系打造世博护照历史的标杆性产品。(2010年6月22日《人民日报》)

"世博护照"起源于1967年蒙特利尔世博会,早期兼具门票功能。由于在世博护照上盖满不同场馆精心设计的印章能够代表游客参观世博的经历,留下特殊的纪念,如今的世博护照已经不再具备门票功能,而是成为一种热门的世博纪念品。

【世博婚】 shìbóhūn　名词。在上海世博会期间举行或将世博元素融入婚事的婚礼。例婚庆服务价格普涨 结"世博婚"平均花14.5万(2010年3月6日新浪网)｜"世博婚"创意引领上海婚庆潮流(2010年3月6日中国新闻网)

*摆婚　*蜗婚　*巡婚　*滞婚　*半裸婚　*全裸婚　*十全十美婚

【试考族】 shìkǎozú　名词。抱着试一试的态度去参加各种考试的人。例在庞大的"国考"队伍里,还包括着一批在读的非应届毕业生,他们为来年的"国考"未雨绸缪进行"练兵",这类人被称为"试考族"。(2010年3月23日《北京青年报》)

相关词语见"阿鲁族"。

【视频就业】 shìpín jiùyè 运用多媒体技术、远程视频传输技术进行的远程自荐、洽谈,以实现就业的服务。例 "视频就业"是我国大学生就业信息化发展进程中就业方式的一次深刻变革。(2010年11月28日《北京青年报》) | 毕业生和用人单位通过"视频就业"和"移动就业"服务可以足不出户完成双向选择的全过程,使就业方式在降低就业成本、有效对接等方面达到一个前所未有的新阶段。(2010年11月28日《中国青年报》)

*移动就业

视频就业以视频简历库、单位展播厅、宣讲直播室、远程面试间和视听充电站五大功能为载体,汇聚毕业生视频简历和用人单位宣传片,直播用人单位招聘宣讲会,开展"一对一""一对多""无领导小组讨论"等远程视频洽谈,同时为毕业生提供职业生涯规划、求职技巧和创业等方面的教育视频,最终实现视频技术对毕业生从信息获取到自我推介、招聘宣讲、面试洽谈和就业指导等就业全过程的有效支撑。

【手机僵尸】 shǒujī jiāngshī 一种手机病毒。被这种病毒感染的手机,成为"僵尸手机",会自动向其他手机用户发送短信,用户一旦阅读就会感染,并随之对外传播这种病毒。例 专家指出,近来"手机僵尸"及其变种"传销式"投毒泛滥,爱用手机上网的用户需防患于未然,谨防中毒。(2010年11月9日《新民晚报》) | 最近,能在用户不知情情况下自动发短信的手机僵尸病毒,会让百万用户莫名蒙受话费损失。

（2010年11月9日上海广播电视台《东广早新闻》）

【守望犬】 shǒuwàngquǎn 名词。指2010年11月15日上海火灾后，一直守候在公寓外等待自己主人的金毛犬晶晶。例本月9日，猫扑论坛发起了一项《评选2010年度十大感人动物》活动，13日评选结果出炉，上海大火"守望犬"夺冠。（2010年12月15日《重庆晚报》）

【兽兽门】 Shòushoumén 名词。指车模兽兽的不雅视频在互联网上流传而引发的事件。例先不论"兽兽门"道德指数的高与低，"兽兽门"的打开，至少让那些想要一脱成名的女孩有了尝试的勇气，"兽兽门"之后，越来越多的名字贴上了"艳照"标签，俨然一个"后艳照时代"正在到来。（2010年5月25日《中国青年报》）

相关词语见"杯具门"。

【鼠族】 shǔzú 名词。靠租住地下室生活的城市低收入者。因像老鼠一样聚居在地下，故称。例随着房租节节攀升，在北京地上当个"蚁族"已属奢望，那只能委屈自己，跑到地下，当个"鼠族"。（2010年11月11日腾讯网）｜日前，靠租赁地下室生活的"鼠族"取代"蚁族"成为关注焦点。（2010年11月17日搜狐网）

相关词语见"阿鲁族"。

【树官】 shùguān 名词。利用职权为亲属安排职务,谋取利益的官员。因其像大树一样荫庇着亲属,故称。例"裸官"只管自己一家,"树官"却管着五亲六眷七姑八姨,"树官"的危害比"裸官"有过之而无不及,特提请高层予以关注、出手监管。(2010年7月29日山东人民广播电台《山东新闻》)| 应该说,"树官"的称呼还是很准确生动的,反映了"一人得道,鸡犬升天"的实际,反映了官员亲属靠着官员的特权"大树底下好乘凉"的境况。(2010年8月13日《中国青年报》)

【数码毒品】 shùmǎ dúpǐn 指听后使人陷入疯狂,类似服用迷幻药的音乐。在美国网络上走红。这种音乐具有危险性,可能诱发人们尝试真实的毒品。例据外媒体报道,一种被称为"数码毒品"的音乐近日在美国网络走红。(2010年7月21日人民网)| 美国"数码毒品"走红网络 听迷幻音乐仿如吸毒(2010年7月23日《重庆晚报》)

【双核家庭】 shuānghé jiātíng 指夫妻双方均为独生子女的家庭。因双方在婚前都曾是各自家庭中的"核心",故称。例随着越来越多的80后走入婚姻殿堂,双核家庭的数量在近几年不断攀升。(2010年11月27日《新京报》)| 妇联和心理专家发现,随着越来越多这样家庭的出现,双核家庭的问题也日益引起人们的关注。(2010年12月13日搜狐网)

【睡蔬菜】 shuìshūcài 动词。一种通过酣睡来调剂紧张生活的生活方式。因在床上酣睡时把自己想象成在土壤中茁壮成长的蔬菜,故称。例都市白领平时把生活安排得太满了,因此需要"睡蔬菜"式的生活来调剂。有人称其也是美容的一个好办法。(2010年1月8日《辽沈晚报》)｜"睡蔬菜"就是把自己想象成蔬菜,把床想象成土壤,然后不停地睡,这样蔬菜才能茁壮成长,变得水灵灵的。(2010年1月10日《北京晨报》)

【苏珊大爷】 Sūshān dàye 指参加选秀节目的年龄较大,外貌普通却有某方面特长的男选手,仿"苏珊大妈"造词。例日本偶像歌手化妆成"苏珊大爷"视频走红(2010年3月3日网易网)｜快男评委陈子嘟向"苏珊大爷"致敬 鼓励唱红歌(2010年5月13日新浪网)

【俗贿】 súhuì 名词。指直接送财物的贿赂方式。与"雅贿"相对。例无论俗贿还是雅贿,都是贿赂,是腐败的表现。(2010年4月21日凤凰网)｜在遏制腐败上,我们实在没有必要把"雅贿"和"俗贿"两者区别开来,更不要神化"雅贿",认为"俗贿"好治,"雅贿"难为,个人觉得,像治理"俗贿"一样治理"雅贿",必能治住"雅贿"。(2010年7月6日《北京青年报》)

雅贿

【素养男】 sùyǎngnán 名词。指有能力、有潜质、有素质、有修养的男性。例都以为当代女大学生恋爱时重外表重形式重享乐,没想到调查结果显示,广受"90后"女大学生追捧的竟然是"素养男"!(2010年3月2日《中国青年报》)

*淘男 *贝塔男 宠物男 *戳车男 *极客男 *快餐男 *拎车男

*奶瓶男 *余味男 *公家男人 *4D男人 *经济弱势男

【蒜你狠】 suàn nǐ hěn 对大蒜价格大幅上涨的戏谑说法。谐音"算你狠"。例从"蒜你狠""豆你玩"到"姜你军",再从"糖高宗""油你涨"到"苹什么",随着食品、日用品的接力涨价,不少市民加入了网购大军,众多网友也纷纷在网上晒出各自的省钱高招(2010年11月28日《光明日报》)│在今年,"蒜你狠"、"姜你军"、"豆你玩"、"煤超疯",关于价格的热词从来没有像今年这样多,而政府对于价格的调控政策也从来没有像今年这样密集。(2010年12月10日中央电视台《新闻1+1》)

*豆你玩 *腐不起 *鸽你肉 *姜你军 姜一军 *煤超疯 *棉花掌
*苹什么 *糖高宗 *糖玄宗 *虾死你 *药你苦 *油你涨 *玉米疯

T

【TA时代】 TA shídài 指男女特征越来越模糊的时代。TA是"他"和"她"的汉语拼音,避免了用汉字表达凸显的性别特征。例这一写法在媒体上开始成为"他"和"她"的泛化表达。这些现象是否表明,我们正慢慢步入一个性别概念亟待破旧立新的"TA时代"?(2010年5月25日《中

国青年报》)｜我们走进"TA 时代"：双性化、中性化还是性别错乱(2010年5月25日中国新闻网)

相关词语见"词时代"。

【踏板门】 tàbǎnmén 名词。指丰田公司因汽车油门踏板存在设计缺陷而召回大量车辆的事件。例正当"踏板门"事件导致日本汽车业巨头丰田公司被迫进行大规模召回之时，丰田另一款拳头产品——新型混合动力汽车"普锐斯"又爆出了"刹车门"丑闻，而且这一次日本国内市场成为主要舞台。(2010年2月5日《光明日报》)

相关词语见"杯具门"。

【台历门】 táilìmén 名词。指湖南省双牌县在自行印制的2010年台历上印有县委书记郑柏顺的头像和签名而引发的事件。例4月22日，在网友的人肉搜索下，湖南省双牌县县委书记郑柏顺"发言门"还没有定论，又陷入"台历门"。(2010年4月24日《北京青年报》)｜印有郑柏顺头像的台历在乡镇和各单位销售，引爆"台历门"。(2010年4月28日《人民日报》)

相关词语见"杯具门"。

【弹簧门】 tánhuángmén 名词。比喻进入某个领域的障碍。这些障碍导致涉足者刚刚进入，又不得不退出，像被弹簧反弹回来一样，故称。例在一些领域，民企面前还横亘着一道道严格禁止进入的"铁门"，或看得见却进不去的"玻璃门"，或进去了又不得不在非市场因素干扰下被迫退出的"弹簧门"。(2010年2月1日《中国青年报》)｜从今天看来,民营企业在进入相关垄断行业时,"玻璃门"、"弹簧门"的现象并未得到根本缓解。(2010年5月21日《人民日报》)

【碳捕捉】 tàn bǔzhuō 一种高新技术。主要用于收集化石燃料燃烧产生的二氧化碳,将其压缩后,封存到海底或地下。例绿色经济国际合作会议上,不少中外代表都对中国华能集团的一套碳捕捉项目很感兴趣。(2010年5月10日中央电视台《今日观察》)|中方愿与美方积极探讨清洁能源领域的各种合作,如新能源、碳捕捉与封存、建筑节能、生物燃料等。(2010年5月24日《北京青年报》)

【碳粉知己】 tànfěn zhījǐ 指女性的男性密友。仿"红粉知己"而造。在常温下,单质碳的化学性质比较稳定,因此一般认为碳粉知己比蓝颜知己更可靠、更稳定。也称"男闺蜜"。例碳粉知己的特性是不乏才情,善于体贴,能为女性排忧解难。(2010年2月5日《光明日报》)|碳粉知己首先必须是无公害,也就是要保证不影响女性的家庭。(2010年3月4日《齐鲁晚报》)

【碳机会】 tàn jīhuì 指全球发展之路由"硅"核心转向"碳"核心而带来的发展机遇。例以"硅"为核心的投资已经开始转向以"碳"为核心的投资,美国抢到了"硅机会",成了IT强国。(2010年4月26日《人民日报》)|全球发展的机遇正由"硅"核心转向"碳"核心,中国发展正面临着不容错过的"碳机会",山西已经走上了低碳发展之路。(2010年8月6日山西广播电视台《山西新闻》)

【碳信用卡】 tàn xìnyòngkǎ 存有一定金额,用以支付电

费、购买车辆油料或食物的信用卡。在一定时期内未消费完的部分可兑换现金,提前消费完的居民需额外购买。使用碳信用卡旨在鼓励人们保持健康、环保的生活方式。澳大利亚首创。例澳大利亚诺福克群岛发行了全球首张"碳信用卡",领取该卡的居民在付电费、油气费和购买非本岛生产的食物时,都得使用这张卡。(2010年10月31日《新京报》)|澳大利亚一个小岛发行了全球首张"碳信用卡",鼓励居民减少油、电等高碳排放量物品的消费,省下卡中额度以兑换成现金。(2010年11月1日《中国日报》)

*低碳交通卡 *低碳信用卡 *绿色零碳信用卡

【糖高宗】 tánggāozōng 名词。对食糖价格大幅上涨的戏谑说法。谐音"唐高宗"。例除了老百姓已经耳熟能详的"豆你玩""蒜你狠""姜你军"之外,现在又流行起"糖高宗"。(2010年10月22日《中国青年报》)|许多人用"糖高宗"来形容最近的糖价,也有人用"糖玄宗"描绘近期来糖价的波动。(2010年10月28日《新民晚报》)

*豆你玩 *腐不起 *鸽你肉 *姜你军 姜一军 *煤超疯 *棉花掌
*苹什么 *蒜你狠 *糖玄宗 *虾死你 *药你苦 *油你涨 *玉米疯

【糖玄宗】 tángxuánzōng 名词。对食糖价格波动很大的戏谑说法。谐音"唐玄宗"。例昨天,"糖高宗"突然低开低走,更像"糖玄宗"。(2010年10月28日《新民晚报》)|

"蒜你狠"不狠了,"姜你军"没将着,"糖高宗"变了"糖玄宗"。(2010年12月3日《人民日报》)

*豆你玩 *腐不起 *鸽你肉 *姜你军 姜一军 *煤超疯 *棉花掌 *苹什么 *蒜你狠 *糖高宗 *虾死你 *药你苦 *油你涨 *玉米疯

【淘港族】 táogǎngzú 名词。专程从内地到香港淘货(购物)的人。例最近一段时间,随着日常生活产品价格的普遍上涨,海囤族、特搜族、淘港族等新鲜名词闪亮出现,晒节约、教省钱成为许多论坛上的热门话题。(2010年11月4日新民网)|有的人跑去香港淘日用品,被叫作淘港族。(2010年11月24日网易网)

相关词语见"阿鲁族"。

【淘婚族】 táohūnzú 名词。通过网络购物平台淘(选购)婚庆用品的人。例长三角地区"淘婚族"最集中,浙江、上海、江苏这几个长三角地区省市的年轻人更乐于在网上购买婚庆用品,占到网购总成交金额的四成以上。(2010年10月22日腾讯网)

相关词语见"阿鲁族"。

【淘课族】 táokèzú 名词。指热衷于在互联网上收看国内外名校公开课程的人。也称"网课族"。例"淘课族"表示,观看名校视频不是为了文凭和证书,而是单纯地享受学习乐趣。(2010年10月14日《中国青年报》)

相关词语见"阿鲁族"。

【淘男】 táonán 动词。指单身女性在一些交友网站上像选购商品一样浏览并挑选自己心仪的男性。源于交友网站"淘男网"。例眼下,上网"淘男",已经悄然取代"偷菜""抢车位",成为很多女人最兴致盎然的一个时尚网络游戏。(2010年7月19日腾讯网)

*淘手 *贝塔男 宠物男 *戳车男 *极客男 *快餐男 *抢车男 *奶瓶男 *素养男 *余味男 *公家男人 *4D男人 *经济弱势男

【淘手】 táoshǒu 名词。指在交友网站"淘男网"上浏览的单身女性。她们浏览的目的是从中挑选自己心仪的男性。参见"淘男"。例在该网站上,女人叫"淘手",男人被称为"宝贝",像超市中摆放的商品一样,在"货架"上供女人选购。(2010年3月15日新浪网)| 如该网站宣传口号"我们淘的不是男人,是浪漫"所说,网上诸多"淘手"和"宝贝",多半冲着新鲜、刺激而来。(2010年3月24日新民网)

【淘凶】 táoxiōng 动词。指通过在互联网上发布悬赏"通缉令"的方式追捕犯罪嫌疑人。例"网络淘凶"的好处显而易见:一是网络受众面广,目前全国网民6个亿,仅常州网民就超过200万,有这么多网民做警方的"信息员",嫌犯就插翅难飞了,符合当前科技强警的趋势;二是大大节约了破案成本。(2010年12月5日《新民晚报》)

【特搜族】 tèsōuzú 名词。想尽办法搜罗信息、购买特价商品的人。例特搜族:互通情报结伴搜罗特价(2010年10

月25日《广州日报》）｜"特搜族"的存在反映出社会生活的真实一面。（2010年10月29日《中国联合商报》）

相关词语见"阿鲁族"。

【特招门】 tèzhāomén 名词。指韩国外交通商部长柳明桓的女儿被特招为外交通商部公务员而引发的事件。例针对特招门事件，韩国较有影响力的《中央日报》发表评论认为，应该警惕在任高官因子女问题"出事"。（2010年9月7日《北京青年报》）｜"特招门"事件反映了韩国社会历来存在的程度不一的"任人唯亲"现象，一些权力阶层和既得利益者习惯利用职权，谋取私利。（2010年9月14日《人民日报》）

相关词语见"杯具门"。

【天冰】 tiānbīng 名词。指2010年6月14日坠落在河北省任丘市北辛庄乡东李各庄村的不明物体。因其圆形，白色，形似冰雹，故称。例这块"天冰"呈圆球状，直径应该在90厘米左右，颜色是白色，不怎么透明还有点污浊。（2010年6月19日《北京青年报》）｜北京天文馆陨石专家张宝林在对"天冰"碎块看、闻后表示，该冰块呈白色，没有发蓝，没有任何气味。他认为不太像飞机上落下的物体。（2010年6月19日河青网）

【天地图】 tiāndìtú 名词。指中国公众版国家地理信息公共服务网站。由国家测绘局主导建设。例通过"天地图"门户网站，用户接入互联网可以方便地实现各级、各类地理信息数据的二维、三维浏览，可以进行地名搜索定位、距

离和面积量算、兴趣点标注、屏幕截图打印等常用操作。(2010年10月22日《人民日报》)|目前天地图上的卫星数据主要还是来自于国外商业卫星资源,这引起了网络上不少争议。(2010年12月27日中央人民广播电台《新闻纵横》)

【天花板官员】 tiānhuābǎn guānyuán 比喻职位不能再晋升的官员。如同天花板一样,已经处在房间的顶端,故称。也称"天花板干部"。例 负面心态侵蚀了升迁无望的"天花板官员"们,他们于是自暴自弃,行动散漫,学习不进步,甚至千方百计寻求经济利益的补偿,这些心态与行动对官场造成极大危害。(2010年12月9日《中国青年报》)|调查显示,"天花板官员"在45~55岁年龄段上扎堆,县处级天花板干部最多。(2009年12月10日腾讯网)

【天价QQ】 tiānjià QQ 指因在境外使用QQ而需支付高额手机漫游费的事件。例 金女士的"史上最贵微博"见诸媒体后,网上近日又曝出天价QQ。(2010年12月7日《新民晚报》)|工信部对"天价微博""天价QQ"定规矩(2010年12月10日《新民晚报》)

【天线门】 tiānxiànmén 名词。指苹果公司的iPhone4天线存在设计缺陷引发的事件。用手握紧手机时,手机信号会减弱,影响使用效果。例 乔布斯否认第四代iPhone手机设计存在缺陷,认为先前关于手机天线的报道"有失偏颇","根本不存在'天线门'"。(2010年7月18日《新民晚报》)|苹果爆出"天线门"之后,表示将花1.75亿美元给消费者提供免费的手机套。(2010年7月22日《北京青年

报》)

相关词语见"杯具门"。

【跳楼门】 tiàolóumén 名词。见"连跳门"(105页)。例"跳楼门"接二连三 富士康首度检讨(2010年4月11日《北京青年报》)|员工"跳楼门"迫使富士康集团董事长郭台铭上调了工人工资。(2010年9月6日《中国青年报》)

相关词语见"杯具门"。

【跳早族】 tiàozǎozú 名词。参加工作时间很短就跳槽离开的大学毕业生。"跳早"即"趁早跳槽"。例对于毕业生而言,"跳早"不利于职业能力的提升与职业生涯的发展;对于用人单位而言,"跳早"会让用人单位浪费培训新员工的成本;对高校而言,毕业生中"跳早族"太多,会损坏该高校的口碑,影响以后毕业生的就业。(2010年12月14日《中国青年报》)

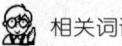

相关词语见"阿鲁族"。

【通缉门】 tōngjīmén 名词。指《经济观察报》记者仇子明因报道凯恩公司交易内幕而遭到该公司所在地公安局网上通缉的事件。例因曝光上市公司,一财经媒体记者卷入浙江"通缉门"事件。(2010年7月30日《新民晚报》)

相关词语见"杯具门"。

【偷票房】 tōu piàofáng 指电影院通过不正当手段将甲影片的票房变成乙影片的票房。例由于分成比例不同等各种原因,偷票房是电影业中屡见不鲜的现象,常用的一种手段是"偷梁换柱"。就像网上视频中显示的那样：去看A电影，电影院给了一张印着B电影的票。虽然观众看的还是A电影，影院也没有什么损失，但票款算到了B电影头上。(2010年12月10日《新民晚报》)｜《赵氏孤儿》因一段视频被扣上了"偷票房"的帽子。(2010年12月10日《北京青年报》)

【头衔通胀】 tóuxián tōngzhàng 指用人单位为留住员工滥送头衔，只涨头衔不涨工资的现象。例最初的头衔通胀，在美国是由于公司无法支付员工更多的薪水，但却可以给他们提供晋升的机会，于是出现了头衔不断上涨的现象。(2010年12月29日《新闻晚报》)｜我们生活在一个头衔通胀而无法抑制的时代，你遇到的每一个人都有可能是某某总监、首席官或总裁。(2010年12月29日中国证券网)

【团购学历】 tuángòu xuélì 集体购买假学历。源自新华都实业集团股份有限公司唐骏学历造假事件。例在互动百科网上，与学历造假相关的词条"团购学历"，也因网友大量搜索而进入一周热词排行榜的前十名。(2010年7月20日《中国青年报》)｜和流行的团购网站一样，团购学历，有人发起、有人跟随，在很多大企业和事业单位存在团购学历问题。(2010年7月21日新浪网)

【团客】 tuánkè 名词。热衷于团购的人。例"花最少的钱买到自己满意的产品何乐而不为呢？"自称"团客"的张女士拿着自己刚刚团购来的包包爱不释手。(2010年9月29日《法制日报》)｜经过一阵疯狂团购后，最初的一批"团客"却发现,欣喜渐去,惆怅袭来,尤其是当他们拿出账本算账时,心里更是平添了一种莫名的压力。(2010年11月29日人民网)

*拜客 纠客 脉客 *切客 剩客 闲客 *毕剩客 必剩客 代秒客 *低碳客 慢拍客 沙发客 *团奴 *团生活 *团团族 微骚客 *高端剩客

【团奴】 tuánnú 名词。指痴迷在互联网上团购并受团购之累的人。例网上团购一族应避免成为团奴(2010年6月29日北京人民广播电台《交通新闻热线》)|自从团购网出现后,涌现了一批每日一团的"团奴"。(2010年10月22日《北京青年报》)

相关词语见"菜奴"。

【团生活】 tuánshēnghuó 名词。指经常参与团购活动的生活方式。例消费者迎来"团生活"(2010年9月14日《人民日报》)|对这种新的"团生活",并非所有消费者都适应。(2010年11月10日中国日报网)

*团奴 *团客 *团团族 傍生活 *挤生活 *腻生活

【团团族】 tuántuánzú 名词。热衷于团购的人。例如今,在我们身边出现了不少热衷团购的朋友,也被称为是"团团族"。(2010年11月28日北方网)|今年以来,物价不断上涨成为深圳市民最忧心的烦恼,如何省钱成为深圳市

民最关注的话题,伴随物价飞涨而来的"海囤族""团团族"也应运而生。(2010年11月30日荆楚网)

"××族"相关词语见"阿鲁族"。*团奴 *团客 *团生活

【退出令】 tuìchūlìng 名词。指2010年3月18日国务院国有资产监督管理委员会要求78家不以房地产为主业的中央企业退出房地产业务的规定。例尽管对退出令的实施细节还存在疑虑,但舆论对国资委政策的推出速度和善意,还是满意和理解的。(2010年3月22日《北京青年报》)|按照国资委"退出令"的要求,所涉及央企,可以在完成企业自有土地开发和已实施项目等阶段性工作后,再退出房地产业务。(2010年11月12日中央电视台《中国新闻》)

*禁报令 *禁香令 *禁怨令 *限宴令

【囤囤族】 túntúnzú 名词。赶在物价上涨之前大量购买、囤积商品的人。例必需品涨价催生都市囤囤族(2010年10月20日《北京青年报》)|糖、食用油等生活必需品涨价,不少人急忙加入"囤囤族"——刚察觉涨价的风吹草动,立刻行动,囤积大量货物,希望减少损

失。(2010年10月28日《新民晚报》)

> 相关词语见"阿鲁族"。

【鸵鸟爱情】 tuóniǎo àiqíng 为维持稳定的婚姻生活,夫妻双方采取理解、包容、忽略对方缺点的态度和平共处。这种态度,与鸵鸟遇到危险时把头埋在沙堆里,以为看不见就安全了的情形相似,故称。例人终究不同,对于鸵鸟爱情的看法也是各有所执。有人在鸵鸟爱情中看到屈辱与愚蠢,有人则看到忍耐与宽容。有人过得轻盈,眼睛里容不得沙子,任凭劳燕分飞;有人过得踏实,索性闭上眼睛钻进沙堆。(2010年9月13日《新京报》)

U

【U盘采购门】 U pán cǎigòumén 指2010年底辽宁省抚顺市财政局办公室把新型电子高端产品iPod Touch 4当作U盘采购的事件。例如果业务不精就是"U盘采购门"事件的总结词,那么,这样的总结,不仅缺乏必要的反思,更像是一种习惯性的推卸责任。(2010年12月26日新浪网)|回到"U盘采购门"事件中来,其最大的教训或者说最需要反思的,恰恰是政府采购环节缺乏制度规范、程序制约的老毛病。(2010年12月26日《京华时报》)

> 相关词语见"杯具门"。

W

【瓦瓦祖拉】 wǎwǎzǔlā　名词。见"呜呜祖拉"(192页)。
例由于瓦瓦祖拉发出的"噪音",本届世界杯开赛以来,国际足联已经接到了多支球队的抗议。(2010年6月16日《中国青年报》)｜国际篮联也成了第一个限制使用瓦瓦祖拉的国际体育组织。(2010年8月24日上海广播电视台《东广早新闻》)

【玩偶旅行社】 wán'ǒu lǚxíngshè　捷克青年贺拉夫卡等创办的让玩偶代替主人外出旅游的旅行社。旅行社人员为玩偶在旅途的各个景点前拍照留念,并在互联网上不断更新玩偶的"旅行日记",向其主人汇报。例玩偶旅行社的创意听来新鲜,却有不少网友认为其不切实际,还不如专门为主人及其宠物共同组织的互动旅游来得吸引人。(2010年6月17日《外滩画报》)｜今年2月16日,世界上第一家玩偶旅行社正式诞生,其主要概念是让玩偶代替主人旅游。(2010年9月26日中国网)

【网店实名制】 wǎngdiàn shímíngzhì　网店经营者必须提交其姓名、地址等真实身份信息的制度。例对于网店实名制新规,网络买家和卖家的反应不尽相同,而专家则建议对网店实行分级管理,既适当加强监管又避免提高网店创业门槛。(2010年6月2日中央电视台《新闻20分》)｜网店实名制的实施旨在维护消费者和经营者合法权益,促进网络商品交易健康发展。(2010年7月1日中央人民广播电台《天下财经》)

【网课族】 wǎngkèzú 名词。即"淘课族"(164页)。例国外优秀大学的网络开放课程大批进入内地,课程数量很大、很精彩,中国高校学生中已经出现了一批"网课族"。(2010年10月13日《新民晚报》)

相关词语见"阿鲁族"。

【网配】 wǎngpèi ❶动词。通过网络平台提供配音服务。例目前中国缺少专业的配音队伍,影视院校中也很少开设配音专业,培训机构更是寥寥,倒是有一些业余的配音爱好者喜欢在网上通过"网配"的方式来寻找工作机会,或者去录音棚里打工当"棚虫"。(2010年9月12日《北京青年报》)❷名词。通过网络平台提供配音服务的人。例"网配"们都有自己配音音样的网页,经常在论坛、群里发帖宣传自己。(2010年8月21日《中国青年报》)

【网上敬老院】 wǎngshàng jìnglǎoyuàn 专门为老人提供上门服务的网站。老人可以通过上网点击或打电话预约。因服务性质类似敬老院,故称。例欧阳街道办事处主任潘明云在接受记者采访时说,设立"网上敬老院"的初衷是让更多的老年人、特别是尚"年轻"的老年人也能享受敬老院式的服务,同时也能缓解敬老院相对缺乏的现象。(2010年12月8日《新民晚报》)｜对于百岁老人,网上敬

老院无偿提供家政、理发等服务,生活困难的老人则可享受低价优惠服务。(2010年12月10日上海广播电视台《新闻坊》)

【网一代】 wǎngyīdài 名词。指从小就接触互联网,并伴随互联网发展而成长起来的一代人。主要为20世纪90年代以后出生的人。例"前所未有的环境,造就了前所未有的一代人。"中国青少年研究中心副主任、青少年教育专家孙云晓在评价"网一代"时这样说道。(2010年2月9日《人民日报》)| 今天,伴随鼠标和键盘长大的"90后"和"00后",无疑是幸福的一代,他们是名副其实的"网一代"。(2010年2月10日《北京青年报》)

简一代 *港生一代 海宝一代 鸟巢一代 鸟笼一代 世博一代

【微爱情】 wēiàiqíng 名词。指通过微博这一交流平台萌生、培养、传递或表达的爱情。例第一对成功求婚的"微爱情"(2010年5月20日腾讯网)| 小白领微爱情 微博求爱进行时(2010年12月12日腾讯网)

相关词语见"微博110"。

微博是微博客(MicroBlog)的简称。基于web2.0技术的即时信息发布系统,以140字左右的文字更新信息,并实现即时分享。起源于美国的twitter网,发展速度很快。2010年,受微博的影响,中国形成一股"微"形文化,衍生了一批以"微"开头的词,例如微爱情、微博控、微博门、微博体、微博游、微革命、微骚客、微域名、微文化、微表情、微成交、微博保姆、微博问政、微博招聘等,2010年也被称为"微博元年"。

【微博110】 wēibó 110 指公安机关在互联网上开通的警民互动的微博。例自从新浪微博推出以来,不少政府机构相继推出了自己的微博账号,"微博云南"和"桃源县人民政府"是其中较早尝试的两个,而广东省各级公安部门则集体开了微博,被网友们称为"微博110"。(2010年7月8日新浪网)|"微博110"听取民意 微博问政获粉丝追捧(2010年7月14日人民网)

---

*微访 *微管 *微民 *微爱情 微表情 *微博控 *微博门 *微博体 *微博游 *微动力 *微革命 *微简历 *微骚客 *微时代 *微世界 *微文化 *微谣言 *微域名 *微作文 *微博保姆 微博问政 微博议政 *微博元年 *微博招聘

【微博保姆】 wēibó bǎomǔ 见"微管"(181页)。例企业"微博保姆"最高月入过万 转发和拉粉丝拿奖金(2010年11月11日东南网)|微博的传播威力已经吸引了众多企业纷纷入驻,在激烈的"粉丝争夺战"中,逐渐催生出一种专门伺候微博的新职业:"微博保姆"。(2010年12月21日凤凰网)

相关词语见"微博110"。

【微博控】 wēibókòng 名词。痴迷于使用微博的人。控:

微 wēi

特别喜欢某事物的人。例听说许多"微博控"事无巨细都会发出来。(2010年10月17日《新民晚报》)｜微博也是大学生数码应用的新领域,很多人成了"微博控"。(2010年11月4日《中国青年报》)

"微博××"相关词语见"微博110"。大叔控 *街拍控 *签到控 *中国控

【微博门】 wēibómén 名词。指因在微博上言语不慎而引发的事件。例戴琳的"微博门",以通过第三方澄清的方式平淡下来。(2010年9月28日《新民晚报》)｜语言不慎,口无遮拦,也惹来一身麻烦,引发"微博门"事件。(2010年11月22日《新民晚报》)｜周立波身陷"微博门"(2010年11月30日《中国青年报》)

相关词语见"微博110""杯具门"。

【微博体】 wēibótǐ 名词。具有微博语言特色的文体。开门见山,短小精悍。例每篇一般几十字,短小精炼,属于典型的"微博体"。(2010年3月2日新浪网)｜微博体小说眼下如此火热,且不谈它在内容尺度等方面存在的隐患,单从模式上说,这至少说明它契合了时下的阅读习惯并有望引领未来主流。(2010年4月1日新浪网)

"微博××"相关词语见"微博110"。 *凡客体 纺纱体 红楼体 *回音体 *亮叔体 蜜糖体 排比体 *乡愁体 *校内体 *羊羔体 *子弹体

【微博问政】 wēibó wènzhèng　指政府的领导者或人大代表、政协委员等通过微博与网民互动,了解民情民意。例无论是媒体专家还是代表委员,都对两会的微博热和代表委员的微博问政充满期待。用一句很俗的比喻,微博问政是今年两会最亮丽的风景线之一。(2010年4月9日《中国青年报》)

相关词语见"微博110"。

【微博议政】 wēibó yìzhèng　指政府的领导者、人大代表、政协委员等通过微博与网民互动,讨论社会公共话题。例博客问政也罢,微博议政也罢,本只是扩展交流渠道的一种辅助方式,可如今却助长了一些代表委员的惰性,过分依赖这些沟通方式,而不去深入基层和实际了。(2010年3月3日《中国青年报》)|"微博议政"是今年国内媒体报道两会的新举措,通过网络收集民意也已成为一部分代表和委员了解民生的有效途径。(2010年3月12日新浪网)

相关词语见"微博110"。

【微博游】 wēibóyóu　名词。通过阅览微博好友的旅游见闻来代替实地游览的旅游方式。例除了出门旅游,在这个十一假期,还有一些民众选择了微博游。(2010年10月2日中央电视台《中国新闻》)|除了网上旅游之外,如今更加新潮的人们也开始尝试借助网络进行"微博游",即借助微博这个双向交流的平台,与微博上的好友及时地进行交流、沟通来进行旅游。(2010年10月8日新疆电视台《今

日访谈》)

相关词语见"微博110"。

【微博元年】 wēibó yuánnián　指中国互联网微博作为一种媒体迅速普及,形成微文化的第一年,即2010年。例今年是微博元年,有人说"围观正在改变中国"。(2010年12月1日《中国青年报》)｜微博像是给每个人手里都塞了一麦克风,顿时炸开了锅,据统计,在一家门户网站织围脖的就有5000万人,微博元年果然来势凶猛。(2010年12月31日《北京青年报》)

相关词语见"微博110"。

【微博招聘】 wēibó zhāopìn　指企业通过本方的微博发布招聘信息,并与应聘者互动的招聘形式。例微博招聘在国外已经开展得如火如荼了,而在国内仍然属于新鲜的事物,但目前已经逐渐地被人力资源部门所接受。(2010年10月25日中央人民广播电台《新闻纵横》)｜在2010年的校园招聘中,不仅仅再局限于以往传统的招聘形式,一些新兴的招聘方式出现在人们的视线中,也迅速被学生所认同和接受,像微博招聘、SNS(网络社区)、豆瓣的讨论小组等都成为企业招聘人才的新途径。(2010年12月21日《北京青年报》)

"微博××"相关词语见"微博110"。　*萝卜招聘

【微单】 wēidān　名词。指体型轻薄、具有单镜头反光功能的数码相机。是介于数码单反相机和卡片机之间的产品。

微:指形体轻薄,单:指单镜头。例"微单"是一个全新概念的相机,开启了数码相机一个新的时代,它具有便携性、专业性与时尚性。(2010年7月7日《北京青年报》)|索尼对这款相机寄予厚望,希望其成为革命性微单产品。(2010年7月8日《新京报》)

【微动力】 wēidònglì 名词。指微博的舆论监督力量。也指微小的推动力量。例就像微博的推广口号那样,"微动力、广天下",互联网奉献给中国法治的无穷能量,正是藏纳在每个网民的"微动力"之中。(2010年6月10日《北京青年报》)|"微博"的迅速崛起,开辟出一方全新的公共舆论阵地,激发出强大的公民力量,再一次为中国法治注入无穷的"微动力"。(2010年12月31日《北京青年报》)

相关词语见"微博110"。

【微耳】 wēi'ěr 名词。一种可以监听到细菌或细胞运动的微小声音的激光技术。例如今,一种被称为"微耳"的新型设备,更让听到细菌的声音成为可能。(2010年3月22日龙虎网)|"微耳"和光镊一样都采用了激光技术,不同的是,光镊通过一束激光形成的三维势阱俘获、控制微小粒子;"微耳"则通过多束激光在目标物上形成环状来捕获目标物的振动,从而获得声音。(2010年4月4日《新京报》)

【微访】 wēifǎng 名词。指快速简捷的交谈、会见或拜访。因时间通常不超过140秒,类似微博的字数不能超过140个字,故称。例微访(microvisit)就是现实版本的微博,指路过时停下来跟某人闲聊时间不超过 140 秒的情况。(2010 年 7 月 2 日新浪网)｜"微访",它可不是什么"微服私访"的简称,而是从"微博"中延伸出来的一个新词。(2010 年 7 月 28 日腾讯网)

相关词语见"微博 110"。

【微富二代】 wēi fù'èrdài 指父母拥有一定资产,生活比较富裕,介于贫富之间的一类人。例介于贫富之间的有一类"微富二代"(指那些父母小有银子,自我感觉十分良好,总认为自己有"小巨人"的魅力),往往是最令女人们头疼的一类。(2010 年 1 月 22 日新华网)｜一个"微富二代"的征婚启事(2010 年 4 月 8 日《广州日报》)

相关词语见"导二代"。

【微革命】 wēigémìng 名词。指由微博的产生和发展而引起的传播方式、生活方式、社会生态等方面的变革。例作为新生代互联网工具,微博以其"娇小身躯"创造了传播速度的新纪录,掀起了一场"微革命"。(2010 年 11 月 30 日《人民日报》)｜国家语言资源监测与研究中心平面媒体语言分中心主任杨尔弘称,从微博衍生出来的"微××"也正在中国掀起一场"微革命","微新闻""微情书""微谣言""微阅读""微能耗""微贷款""微投诉"等,使得我们在不知不觉中进入了"微时代"。(2010 年 12 月 31 日《北京青年报》)

相关词语见"微博 110"。

【微管】 wēiguǎn 名词。指专门从事互联网微博运营管理工作的人。例今年的微管横空出世,和传统的监控职位有很大不同。除了常规的信息过滤等工作外,运营专员的业绩考核主要体现在与网友互动方面。(2010年10月12日中国日报网)｜微博保姆又叫"微管",正式名称大部分是叫微博运营专员或者微博策划,工作性质有点类似于传统的公关专员,但用武之地是网络,他们主要负责所在公司官方微博的维护、互动以及新闻监控等。(2010年12月21日网易网)

相关词语见"微博110"。

【微简历】 wēijiǎnlì 名词。写在微博上的个人简历。例微博上流行着不以求职为目的的各种版本的简历。由知名作家郑渊洁发起的用网络流行语编写简历还方兴未艾,另一种字数控制在140字内的微简历又开始流行起来。(2010年12月16日《信息时报》)｜最近热传一种不受网络流行语限制的"微简历",里面或用白话,或用文言,简洁而有趣,仅在新浪微博中,就约有800条。(2010年12月16日《信息时报》)

相关词语见"微博110"。

"微简历"欣赏:1.偶郑渊洁童鞋,中国银,1955年生于石家庄,飘过,5岁到北京潜水。小学四年级遇文革,悲摧辍学。塞翁失马,自学更给力。为毛下乡务农。从军报效郭嘉。做工神马的都是浮云。2.大嗓门,急脾气。性豪爽,重情义。读广院,新闻系。喜网络,事招聘。爱美食,迷游戏。常晚睡,不早起。异地恋,嫁老七。养贱猫,土豆妮。金牛座,已婚女。3.北京少年郎,曾混迹北航,随性远科研,前途尽迷茫;实习在英才,终择招聘行;曾事五百强,又进大街网;初入互联网,心远梦飞翔;我爱三国杀,也迷郭德纲。

【微民】 wēimín 名词。使用微博的网民。例我在今年7月成功地成为"微民"中的一分子,我因加入这个新新世界,这个大家庭而心中攒动着暖暖的气息。(2010年11月12日《新民晚报》)|"责任中国"2010公益盛典前晚10点40分左右落下帷幕,因微博而名、视微博如家的网民群体——"微民"成"责任中国"2010公益盛典的4位公益人物之一。(2010年12月22日新浪网)

相关词语见"微博110"。

【微情书】 wēiqíngshū 名词。字数很少、短小精悍的情书。例李亚鹏现场朗读了送给王菲的"微情书":"想到你的样子,我就笑了,还想要些什么呢?幸福还是糖?"(2010年11月29日《新民晚报》)|未料活动发起后受到同学热捧,一些作品上传网络后,回帖甚众,并由此产生新词"微情书"。(2010年12月7日《中国青年报》)

【微骚客】 wēisāokè 名词。热衷于在微博上展示自我生活细节的人。[骚,英语show的音译。]例在物质越发达的社会中,人的心灵越孤独,大多数人不缺经济基础,但是缺乏他人的认同,从而产生自我认同的焦虑,这也就是为什么有那么多有一定物质基础的人热衷于开"微博"的原因,我们称他们为"微骚客"。(2010年11月24日人民网)

"微博××"相关词语见"微博110"。*拜客 纠客 脉客 *切客 剩客 *团客 闲客 *毕剩客 必剩客 代秒客 *低碳客 *慢拍客 沙发客 *高端剩客

【微时代】 wēishídài 名词。以微博为传播媒介,以短小精悍为文化传播特征的时代。例 140字微博的流行,促进阅读进入"微时代",人们在身体力行地写微博、读微博之后,恍然发现,原来传播交流信息乃至进行情感沟通,仅仅通过百余字就完全可以实现。(2010年6月21日《人民日报》)|"微时代"为思想政治工作提供了新的手段和途径,利用微传播,思想政治工作的覆盖面可以更广,形式可以更多样,互动性可以更强。(2010年12月29日《光明日报》)

相关词语见"微博110""词时代"。

【微世界】 wēishìjiè 名词。互联网上以微博为平台建立的网络空间。例 这个世界叫"微博"。而这群人组成了属于他们的"微世界",并且开始了幸福的"微生活"。(2010年11月12日《新民晚报》)|正是在许许多多像陈少雄这样的有心人的关注下,"红段子"才能大放异彩,为广大群众搭建以互联网为依托的交流平台,让更多的网友享受"微世界"带来的快乐。(2010年12月23日《中国青年报》)

相关词语见"微博110"。

【微投诉】 wēitóusù 名词。字数限制在极小范围内的投诉。例 从某种程度上说,140字限制奠定了微博风行于世

的基础。但是,限定 100 个字符的"微投诉"这样的劳什子,注定要被民众所诅咒,因为 100 个字符很难说清楚一桩投诉的来龙去脉。(2010 年 1 月 6 日《中国青年报》)| 江苏镇江市丹徒区政府网站开设的"市民投诉"一栏,把投诉内容限制在 100 个字符以内,被网民戏称为"微投诉"。(2010 年 1 月 7 日山东人民广播电台《山东新闻》)

【微文化】 wēiwénhuà 名词。指由微博的产生和发展而衍生出的注重向个体和微观发展的文化现象。例"微文化"不仅渗透在个体当中,看似不起眼的几分钱网络支付费用,实际上也隐藏着大生意。(2010 年 3 月 2 日《中国青年报》)| 词媒体也好,词时代也罢,网络"锐词"或"热词"具有浓郁的网络"微文化"的特征,也成为正在勃兴的网络文化中最有代表性和生命力的表现形式之一。(2010 年 6 月 1 日《人民日报》)

相关词语见"微博 110"。

【微喜剧】 wēixǐjù 名词。形式短小的微型喜剧。例这部剧每集 4 分钟,我们把它定义为"微喜剧",它是微时代的产物。(2010 年 7 月 23 日新浪网)| 微喜剧这一形式,实际上在日韩已经很普及了。(2010 年 9 月 27 日新浪网)

【微笑姐】 wēixiàojiě 名词。指 2010 年广州亚运会开幕式的礼仪小姐吴怡。她站在演讲台旁长时间保持微笑,引起广泛的关注。例开幕式上的"微笑姐",在镜头中保持 20 多分钟一动不动地微笑站立,瑜伽教练都说这其实很难。(2010 年 11 月 17 日《北京青年报》)

暴力姐 *淡定姐 *钢管姐 失控姐 *犀利姐

"姐"在汉语中本是对平辈年长女性的亲属称谓,也可用作社会称谓,一般带有亲热、尊敬的色彩。2010年,"姐"被用作类词缀,形成"××姐"的格式,指称那些人们所关注的女性,如微笑姐、暴力姐、犀利姐、淡定姐。

【微新闻】 wēixīnwén 名词。字数很少、短小精悍的新闻。例 汤静对本报的微新闻印象很深。(2010年10月20日《华西都市报》)| 在这样的氛围下,北京晚报悄然推出微新闻,可谓顺应潮流之举。(2010年12月30日凤凰网)

【微谣言】 wēiyáoyán 名词。通过微博传播的谣言。例 归纳起来,"微谣言"的生存之道有两种。要么是被有意制造、有目的传播,要么是有意制造、无意识传递。(2010年11月30日《人民日报》)| 微博兴起,消息传播快,但是"微谣言"数量也在激增。长此以往肯定会削弱微博及互联网的公信力。(2010年12月9日新浪网)

相关词语见"微博110"。

【微域名】 wēiyùmíng 名词。微博网站的域名。形式简短。例 名人、明星资源争夺大战尚未结束,"微域名"资源争夺战又开始上演。(2010年7月6日《北京青年报》)| 形式简短的CN域名不仅成为微博业务的标准配置,也成为本次微域名资源争夺战的焦点。(2010年7月10日腾讯网)

相关词语见"微博110"。

【微针】 wēizhēn 名词。一种新的药物注射方式。将附着多个微小针头的贴纸贴在皮肤上,药物渗透皮肤而进入人体。使用方便,没有疼痛感。例"微针"按在像创可贴那样的黏纸上,摸上去的手感,就跟摸"砂皮纸"的感觉差不多,完全不会有针尖的刺痛感。(2010年7月19日《新民晚报》)|他研制的纳米微针,解决了因皮肤障碍使大部分药物无法透皮给药的世界性难题。(2010年7月22日中央电视台《新闻联播》)

【微作文】 wēizuòwén 名词。写在微博上的作文。例网友发明了一个新词语——"微作文",并作为推荐关注的关键词之一。许多精彩的微博,巧妙地结合了当下热点新闻话题,显示了微博小空间里的网络智慧。(2010年6月8日一财网)|这个字数仅限140字的小家伙,被网友用来写"字数不得超过140字"的微作文,一时间,微作文成了网友的新宠。(2010年6月10日搜狐网)

"微××"相关词语见"微博110"。 *高考微作文

【维基揭秘】 wéijī jiēmì 指维基解密网站曝光美军机密资料的事件。也写作"维基揭密",又称"维基泄密"。例当被问及逮捕令事件是否会影响到维基揭秘继续揭秘美军文件的计划时,阿桑奇说,所有针对他的指控都不会停止维基揭秘的工作。(2010年8月24日《北京青年报》)|维基揭秘到底是在揭哪门子的秘密?(2010年12月23日人民网)

【维他糖】 wéitātáng 名词。一种甜食原料。由华南理工大学钟振声教授研制发明。是能够完全溶于水的膳食纤维,有甜味,进入人体后能够清理肠道和刺激肠道蠕动,伴有通便排毒的作用。例一种吃后不发胖的甜食——维他糖(VitaSugar)产品已投入生产,胖人将有可能摆脱因吃甜食而肥胖的烦恼。(2010年1月5日新浪网)| 据悉,维他糖是目前世界上同类产品中第一个、也是唯一一个通过FDA审批的。(2010年1月5日网易)

【伪城镇化】 wěi chéngzhènhuà 指在城镇工作、生活的农民产业工人不列入城镇人口,无法享受到城市居民待遇的现象。例近期有三家机构的研究报告均认为,现行的户籍管理制度造成了中国的"伪城镇化"或"不完全城镇化",大量进入城市的农村人口仍无法享有同等的公共服务。(2010年10月6日《北京青年报》)| 横亘在"伪城镇化"面前的,是各种现实的壁垒:户籍制度、高昂"借读费"、社保转续难、无缘保障房,等等。(2010年10月14日《人民日报》)

【伪婚族】 wěihūnzú 名词。虽是单身却伪装成已婚的人。例"伪婚族"是指接受不了婚姻,明明是单身却假装已婚身份出现的适婚男女,用"已婚"身份击退想用婚姻羁绊住他或她的人。(2010年7月31日南方报网)

相关词语见"阿鲁族"。

【伪农民】 wěinóngmín 名词。指不是农民却拥有农村户口,享受由农民身份带来的利益的人。例过去农民曾长

期承担上缴农业税与统筹提留款义务,与城里人相比同命不同价;现在推进城乡一体化,农民到了该享受集体资产收益的时候了,绝不能允许"伪农民"侵蚀百姓利益。(2010年7月14日《北京青年报》)|"伪农民"不仅侵蚀了村民利益,更在损害着公职人员的廉洁性。(2010年7月14日《新京报》)

【未来哥】 wèiláigē 名词。称一位名为"X来自未来"的网友。因其准确预测出2010年南非世界杯的决赛方是荷兰和西班牙,故称。例还有少数网友很冷静,表示要等西班牙和德国的比赛结束后,才能知道"未来哥"到底是不是真的预测帝。(2010年7月8日腾讯网)

相关词语见"保证哥"。

【未来信】 wèiláixìn 名词。一种现在寄出,未来某一时间才邮递的信。所寄的信由中国邮政"未来邮局"统一封存10年,待2020年再启封并邮递到参与者指定的收信地址。例普通公众可通过当地邮局或主办方指定的合作伙伴获取"未来信"邮资封。(2010年10月11日《人民日报》)|2020年,所有"未来信"将从封存处启封,并邮递到参与者指定的收信地址。(2010年11月11日《北京青年报》)

【未来邮局】 wèilái yóujú 指中国邮政开通的专门用来存放未来信的邮局。参见"未来信"(189页)。例10月3日,参演上海世博会中国国家馆日文艺晚会的小演员和来自香港、英国等地的小朋友,一起将写有"绿色梦想"的信件投进"未来邮局"邮筒,为缺水地区的小朋友送去祝福、畅想。(2010年10月5日《人民日报》)|人们可以将信件

投进"我的 2020 年梦想"信箱,由"未来邮局"进行收集并封存,并于 2020 年开封寄出。(2010 年 11 月 11 日《北京青年报》)

*未来信

未来邮局由中国红十字会总会、中国邮政、中国红十字会世博爱基金主办,是以"用梦想筑成我们新的长城"为主题的"百年世博 十年创想"大型主题文化活动暨"未来邮局"。主办方专门限量订制了 2020 万套"未来信"邮资封,并特别开设了中国邮政"未来邮局"及专属的 101010 邮政编码和邮政信箱。

【吻瘫】 wěntān 动词。中国留美博士生江海松因与女友吻别擅闯纽瓦克机场禁区而遭逮捕,因这一"吻别"事件,机场运营一度瘫痪。例美国法院官员 12 日透露,"吻瘫"美国纽瓦克机场的中国留美博士江海松将于 28 日在纽瓦克市法院出庭。(2010 年 1 月 14 日《天府早报》)|上周三,新泽西纽瓦克地方法院对年初"吻瘫"纽瓦克机场的中国留学生江海松作出判决,判处江海松 100 小时社区服务和 500 美元罚款,并承担 158 美元的法庭费用。(2010 年 3 月 15 日《新快报》)

【蜗婚】 wōhūn 动词。离婚后,双方因没有另外的住房而仍住在一处。例这种现实生活催生的"蜗婚"现象,日益引起人们的关注。(2010 年 10 月 15 日腾讯网)|"蜗婚"引发纵火案 松江法院化解矛盾支持前妻索赔(2010 年 10

月 27 日《新民晚报》)

*摆婚 *巡婚 *滞婚 *半裸婚 *全裸婚 *世博婚 *橡皮婚姻 *十全十美婚

【蜗婚族】 wōhūnzú 名词。没有另外的住处,离婚后仍住在一处的人。例尽管离婚不分家的"80 后"蜗婚族不足一成,但这种高房价催生的特殊现象还是引起了人们的关注。(2010 年 4 月 12 日上海广播电视台《东广早新闻》)

相关词语见"阿鲁族""蜗婚"。

【蜗居蛋】 wōjūdàn 名词。即"蛋形蜗居"(33 页)。例在大家为"蜗居蛋"带来的新鲜感而愉悦时,北京不但应容得下这枚蛋,可能还需要鼓励更多有创意的年轻人也来"下蛋"。(2010 年 12 月 3 日《新民晚报》)|"蜗居蛋"之所以迅速成为当天的网络热门话题,不仅仅是它再次牵动了高房价背景下人们对居住环境的关注,更多的是它的创意设计打动了大家。(2010 年 12 月 6 日新浪网)

*蛋居 *蜗租 *箱居 *蛋形蜗居 *智能蜗居

【蜗租】 wōzū 动词。租住在窄小的住所内。例租赁市场房源萎缩,使得租赁价格高涨,北京二手房租赁业务的人均租赁面积越来越小,"蜗租"现象升温。(2010 年 4 月 13 日新浪网)|最近笔者一位毕业两年、在 CBD 核心区"四大"会计师事务所工作的老乡,因忍受不了跟三伙人一起

"蜗租",面对无力负担的高房价,准备离开这个没有归属感的城市。(2010年4月16日《新京报》)

*蛋居 *箱居 *蜗居蛋 *蛋形蜗居 *智能蜗居

【呜呜祖拉】 wūwūzǔlā 名词。2010年南非足球世界杯赛场上观众用于助威的塑料大喇叭。也译作"呜呜祖啦""呜呜组拉""瓦瓦祖拉""嗡嗡祖拉"。[呜呜祖拉,祖鲁语 vuvuzela 的音译。] 例 此时热情的球迷们已经将体育场全部装满,现场"呜呜祖拉"喇叭的声音此起彼伏,随着现场大屏幕的倒计时归零,2010年南非世界杯终于揭开了神秘面纱。(2010年6月11日《云南信息报》)| 球队都在批评"呜呜祖拉",但你不得不尊重他们的习惯,当地球迷十分喜欢吹这种乐器,用它在场上制造喧闹。(2010年6月15日《西安日报》)

"呜呜祖拉"是南非特有的喇叭,长约一米左右,声音尖利,可达127分贝。Vuvuzela 在祖鲁语中是"制造噪声"的意思。它的起源有两种说法:一是这种喇叭是南非凯萨茵长俱乐部的著名球迷弗雷迪·马克发明的,其原形来自于库杜号角,是土著部落用来召集村民开会的器具;另一种说法则认为这种喇叭最早用非洲大羚羊的角制成,人们用它来驱赶狒狒。南非的各种体育比赛和大型活动中,参

加者都喜欢使用"呜呜祖拉"助兴。

X

【夕阳隐婚族】 xīyáng yǐnhūnzú 在一起同居生活,但不进行婚姻登记的老人。例夕阳"隐婚族":一怕闲话二怕添负担三怕缺钱(2010年11月1日新华网)

相关词语见"阿鲁族"。

【西毕生】 xībìshēng 名词。"美国西太平洋大学毕业生"的简称。源自唐骏学历造假事件。后泛指购买国外假文凭的人。例随着唐骏"学历门"逐渐升级,词条库中还被网友添加创造了一些相关新词,如"西毕生"。(2010年7月11日《北京青年报》)|在事件背后的当事人——被网友称为"西毕生"的西太平洋大学毕业生们——却大多选择了缄默。(2010年7月19日《北京晚报》)

陆生 *克隆生 两栖生 *空气考生

美国西太平洋大学(Pacific Western University)曾有夏威夷和加州两个分校,由于涉嫌买卖学位等欺诈行为,这所高校在2004年被美国总审计局调查。夏威夷分校于2006年关闭,加州分校则于2004年被出售给新部门来运营,它现在是一所基于"远程教育和课堂指导"的学校,直到 2009 年才获得美国教育部认可的学位授予资格,目前其所能授予的最高学位为硕士。2010 年 7 月,被称为"打假皇帝"的方舟子根据唐骏的自传《我的成功可以复制》(中信出版社,2008)、《唐骏日记》(安徽教育出版社,2009)中的文字资料,指出唐骏涉嫌博士学位造假。

【吸费门】 xīfèimén 名词。指服务提供商和手机生产商为获利,协同在手机里加载某些软件或菜单,手机用户按到相应菜单便自动拨打声讯台或连接网络而被恶意扣除话费所引发的事件。例 屡被诟病的用户个人信息泄露、垃圾短信、手机网络涉黄,再到"吸费门"和乱收费……移动电信领域的管理已经是个严重的社会问题。(2010 年 7 月 7 日《中国青年报》)

相关词语见"杯具门"。

【吸金手机】 xījīn shǒujī 装有恶意扣费软件的手机。这些手机内置收费软件,用户在不知情的情况下点击这些软件,就会被收取服务费和信息费;有的装有定时发送装置,用户没有进行任何操作,也会被扣取费用。也称"吃费手机"。例 还没打就被扣话费 一女士遭遇"吸金手机"(2010 年 3 月 22 日新华网)| 正是有着如此丰厚的利益诱惑,才有了如此"机关算尽"的国产"吸金手机"。(2010 年 5 月 10 日人民网)

*吃费手机 *僵尸手机 *可乐手机 *有线手机

【犀利哥】 xīlìgē 名词。指一位名叫程国荣的乞丐。因其特别的举止、不伦不类的着装方式、犀利的目光而在互联网上爆红一时。例一夜走红并持续处于公众焦点的"犀利哥"事件终于有了结果。(2010年3月7日《文汇报》)|面对"犀利哥"为何走红的追问,众说纷纭,大多归之为审丑之心、赏怪之态、猎奇之好、窥私之瘾。(2010年4月19日《人民日报》)

相关词语见"保证哥"。

【犀利姐】 xīlìjiě 名词。指一位头戴翠绿色帽子,身穿七彩服饰,腰佩时尚腰带的女乞丐。因其混搭的穿着风格与犀利哥相似,故称。例身上披着麻袋片,头发上挂着烂菜叶,一副"犀利姐"造型的安以轩自我解嘲说,"你们见过这么漂亮的乞丐吗?"(2010年4月28日《北京青年报》)

暴力姐 *淡定姐 *钢管姐 失控姐 *微笑姐

【洗脸死】 xǐliǎnsǐ 动词。2010年3月27日,湖北省公安县麻豪口镇黄岭村村民薛宏福因盗窃自行车被公安县公安局治安拘留15日。4月7日,薛宏福被发现在拘留室洗手池边死亡。警方称该男子溺亡在洗脸台水池里,网友称这一事件为"洗脸死"。例在押人员"洗脸死"值班民警被停职(2010年4月13日《北京青年报》)|"洗脸死",这种意外死亡,不知最终会是个什么结局,反正目前新闻爆出,这个薛姓男子口鼻出血,浑身有伤。(2010年4月13日山东人民广播电台《山东新闻》)

*冲凉死 *发狂死 *粉刺死 *盖被死 *喝水死 *骷髅死 *如厕死 睡觉死 针刺死

【洗蟹粉】 xǐxièfěn 名词。一种清洗螃蟹的粉状物质,其主要成分是草酸,对人体健康有害。例据扬子晚报报道,南京近日上市的一批"山寨版大闸蟹",是"洗蟹粉"的产物。(2010年10月9日《新民晚报》) | 现在的阳澄湖大闸蟹用洗蟹粉一说,这肯定不是正宗商家所为。(2010年11月20日《新民晚报》)

【虾死你】 xiāsǐnǐ 对虾的价格大幅上涨的戏谑说法。是谐音"吓死你"。例最近又冒出来一个"虾死你",苏南不少地方一斤河虾的价格最高达到了100元。(2010年8月13日《扬子晚报》) | 继绿豆、大蒜、生姜的疯狂涨价被人们戏称为"豆你玩"、"蒜你狠"、"姜你军",这疯狂涨价的河虾也被起个外号,叫"虾死你"。(2010年8月13日中国徐州网)

*豆你玩 *腐不起 *鸽你肉 *姜你军 姜一军 *煤超疯 *棉花掌 *苹什么 *蒜你狠 *糖高宗 *糖玄宗 *药你苦 *油你涨 *玉米疯

【下井助理】 xiàjǐng zhùlǐ 指为顶替矿领导带班下井而提拔的矿长助理。例"下井助理"的黑色幽默击碎监管神话(2010年9月21日《中国青年报》) |《中国青年报》说,"下井助理"是一种黑色幽默,让我们看到了一项制度如何从美好的初衷慢慢地或者迅速地贬值,甚至一文不值。(2010年9月22日山东人民广播电台《山东新闻》)

📖 国务院常务会议在部署2009年度中央预算执行审计查出问题的整改工作和安全工作时,对企业安全管理做出严格规定,要求"煤矿和非煤矿山要有矿领导带班并与工人同时下井、升井"。

【险奴】 xiǎnnú 名词。指因购买大量保险而经济负担沉重的人。例有恰当的保险保障是必需的,但如果成了"险奴",工作生活老是"为保险公司打工",那就不可取了。(2010年7月2日新浪网)|有的新婚夫妇颇有保障意识,购买了不少保险,年交保费大大超过了家庭承受范围,沦为"险奴"苦不堪言,其结果不是盲目退保蒙受损失,就是节衣缩食影响生活质量。(2010年10月12日新浪网)

相关词语见"菜奴"。

【限宴令】 xiànyànlìng 名词。指某些地方政府关于限制官员大办宴席的规定。如办宴席,不得超过一定席数,旨在遏制借机敛财、权钱交易等不正之风。例"限宴令"一出,效果立竿见影。据统计,元旦期间,该市党员干部主动取消预订的婚庆宴席达2100多桌,减少花费160多万元。(2010年1月6日《人民日报》)|有人大代表认为,"限宴令"的初衷无疑是好的,但问题的关键是这一禁令能否落实以及一些官员利用婚丧喜庆事宜相互攀比、借机敛财的歪风能否刹住。(2010年2月12日上海广播电视台《东广早新闻》)

*撤办令 *禁报令 *禁香令 *禁怨令 *退出令

【献身门】 xiànshēnmén 名词。指娱乐圈女性遭遇潜规则而引发的事件。例继模特圈惊爆"兽兽门"后,又一起"广院女生遭潜规则曝光教授艳照"的桃色事件近日引爆网络,卷入这起"献身门"事件的男主角是原阳光媒体集团副总裁、中国传媒大学影视艺术学院导表演系副教授宋南男。(2010年3月9日人民网)

相关词语见"杯具门"。

【乡愁体】 xiāngchóutǐ 名词。一种网络写作文体。2010年中秋节期间在微博上流传。源于一项"'乡愁体'短诗大接龙"活动。根据余光中《乡愁》诗的体裁撰写题材为"乡愁"的诗歌。例网民微博接龙余光中乡愁体短诗 各抒奇想叙思念(2010年9月23日新华网)|余光中的《乡愁》,如今在网上火了。以这首《乡愁》命名的"乡愁体",成为今年中秋节网络上流行的一种写作文体。(2010年9月25日网易网)

*凡客体 纺纱体 红楼体 *回音体 *亮叔体 蜜糖体 排比体 *微博体 *校内体 *羊羔体 *子弹体

【箱居】 xiāngjū ❶名词。当作房屋居住的集装箱。例深圳"箱居"和北京"新地王"(2010年3月20日《中国青年报》)❷动词。居住在集装箱里。例假如政府能够以有公民"箱居"而感到有失尊严和体面,甚至觉得是一种耻辱的话,那么这个问题是不难解决的。(2010年3月19日《鲁中晨报》)|高房价催生"箱居"一族,引出一条新产业链。

(2010年3月29日《宁波日报》)

*蛋居 *蜗租 *蜗居蛋 *蛋形蜗居 *智能蜗居

【祥云工程】 xiángyún gōngchéng 指云计算产业发展战略规划。在2015年把北京打造成世界级云计算产业基地。例根据"祥云工程"计划,北京将发挥云计算领域技术和产业优势,合理规划布局云应用、云产品、云服务和云基础设施,而当务之急是安排部署一批云计算的重大示范应用。(2010年7月10日《人民日报》)

官衙工程 *黎明工程 面子工程 民心工程 农远工程 家电下乡工程 *零百千万工程

【橡皮婚姻】 xiàngpí hūnyīn 指缺乏激情和关爱,枯燥无味,近乎麻木的婚姻状态。由"橡皮人"引申而来。例有调查数据显示,我国如今有22%的婚姻处于类似橡皮婚姻状态。(2010年9月11日《新京报》)| 出现"橡皮婚姻",也是因为有些人不懂得什么是爱情,什么是婚姻。(2010年12月29日金华新闻网)

*摆婚 *蜗婚 *巡婚 *滞婚 *半裸婚 *全裸婚 *世博婚 *十全十美婚

【*小白菜】 xiǎobáicài 名词。对上海世博会园区志愿者的昵称。因其身着绿白相间的统一服装,酷似白菜,故称。例上海世博园内昵称"小白菜"的志愿者,以兢兢业业的

精神、细致入微的服务,让世界感受到与世博交相辉映的志愿者风貌。(2010年10月17日《光明日报》)| 每一批"小白菜",都在世博园经历14天左右的服务期。(2010年10月27日《人民日报》)

*菜农 *菜头 *橙子 *白菜服 *白菜墙 *蓝精灵 *小蓝莓 *洋白菜

【小康二代】 xiǎokāng èrdài 指小康家庭的第二代,介于"贫二代"与"富二代"之间。例少了物质上的压力,大部分"小康二代"都缺乏了父辈那种"忍辱负重"的能力。(2010年9月2日腾讯网)| 他们拥有一定的物质基础,但却并不过剩;他们无需拼命为生活而奋斗,更多是渴求证明自己的价值;他们就是"小康二代"。(2010年9月2日新华网)

相关词语见"导二代"。

【*小蓝莓】 xiǎolánméi 名词。对上海世博会城市服务站点志愿者的昵称。因其身着蓝白搭配的统一服装,酷似蓝莓,故称。也称"蓝精灵"。例时而热浪滚滚,时而暴雨袭来,不论是"小白菜"、"小蓝莓",他们都能勇敢面对。(2010年9月8日《光明日报》)| 看完影片后,小白菜、小蓝莓最大的心愿,就是能有越来越多的人加入到志愿者队伍中来,把世博志愿者精神传承下去。(2010年12月6日上海广播电视台《新闻报道》)

*菜农 *菜头 *橙子 *白菜服 *白菜墙 *蓝精灵 *小白菜 *洋白菜

【小青春期】 xiǎo qīngchūnqī 指婴幼儿出现青春期生理

发育体征的现象。也称为"微小青春期"。例湖北发现3名女婴有"性早熟"特征,3名婴儿都食用过同一种奶粉,家长怀疑是奶粉中的雌激素导致婴儿异常。杨艳玲表示,经专家鉴定,该3名婴儿均为单纯的小青春期内的乳房发育,属于正常的生理现象,并且符合生长发育的规律,而并非罕见的性早熟。(2010年8月13日新浪网)| 对于是否每个婴儿都会经历微小青春期,专家的说法不一。(2010年8月18日南方网)

【校内体】 xiàonèitǐ 名词。指"校内网"(现更名为"人人网")上文章经常使用的具有特定风格的标题形式。如"遇到……的人就嫁了吧""……送给……的八句话"。例总的说来,校内体总是有一种……说不出的想撞墙感,不是疼痛就是伤感,还有流泪……。(2010年6月22日新浪网)| 记者在百度中输入关键词"校内体",搜到4400多篇关于"校内体"的文章。(2010年7月14日新浪网)

*凡客体 纺纱体 红楼体 *回音体 亮叔体 蜜糖体 排比体 *微博体 *乡愁体 *羊羔体 *子弹体

【心脚标】 xīnjiǎobiāo 名词。2010年第十六届广州亚运会志愿者的标志。其图案为一个心形符号,内嵌"9"字,下缘有两只脚。例以热情洋溢的木棉红色为主基调,配以广州亚运会志愿者特有的

"心脚标",极具岭南特色,将主要用于亚运会志愿者的标识和志愿精神宣传活动,派发对象包括注册志愿者及亚运会比赛观众。(2010年4月26日《人民日报》)

【心情地图】 xīnqíng dìtú 美国计算机研究人员通过长期观察微博,根据其内容所用词语的感情色彩在地图上标识相应颜色,从而形成的反映各地区人们情绪变化的地图。|例| 这张美国东海岸凌晨四点心情地图是根据 Twitter 状态绘制的。绿色的区域表示开心。红色的区域表示不开心。(2010年7月27日中文业界资讯站)| 近日,来自美国东北大学的一组计算机研究人员公布了一幅能反映人们情绪变化的动态心情地图,该地图是他们通过分析研究3亿多条推特博客绘制而成的,该心情地图反映出的一些规律颇具普遍性。(2010年7月31日《北京青年报》)

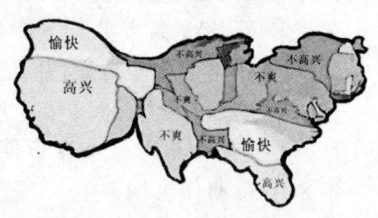

📖 研究人员从2006年开始对美国所有的 Twitter 内容进行持续监控,捕捉其中所有表达情绪和喜好的关键词。例如,凡是出现钻石、爱、天堂等词,都被归为高兴一类,在地图中用绿色标注;而涉及自杀、强奸、葬礼等词则归为不高兴一类,用红色标注。在红绿色之间,研究人员通过颜色渐变设置了9个等级,以此对感情程度进行细分。

【新国十条】 xīn guóshítiáo 指2010年4月17日国务院发布的《关于坚决遏制部分城市房价过快上涨的通知》。该文件包括十条内容,通称为"新国十条",以区别于2006年

国务院发布的《国务院关于保险业改革发展的若干意见》（通称"国十条"）和2008年发布的扩大内需十项措施（通称"国十条"）。|例|被称为"新国十条"的上述通知,被市场人士认为是房改以来涉及面最广、力度最大、影响最深远的一次调控,将对地产投资和投机需求造成精准打击。(2010年4月20日《北京青年报》)｜时下,房地产市场预期逆转,成交量萎缩,但价格仍在高位运行,下一阶段应坚定不移地继续贯彻落实好"新国十条"不动摇。(2010年7月29日《人民日报》)

国四条 *国十一条 *新国四条

【新国四条】 xīn guósìtiáo 指2010年4月14日国务院常务会议为遏制部分城市房价过快增长而确定的四条政策措施。内容是:一,抑制不合理住房需求。二,增加住房有效供给。三,加快保障性安居工程建设。四,加强市场监管。为区别于2009年12月14日出台的"国四条",故称。|例|"新国四条"之震慑力明显大于"老国四条"。(2010年4月19日《北京青年报》)｜随着新国四条的出台,这里房价上涨的势头得到明显遏制。(2010年4月22日中央电视台《中国新闻》)

国四条 *国十一条 *新国十条

【新老年】 xīnlǎonián 名词。已达到法定退休年龄而自愿坚持工作,积极参与社会活动的老年人。|例|看重年龄和

资历的社会传统,为意大利"新老年"的再就业提供了广阔的天地。(2010年8月14日《光明日报》)｜意大利的"新老年"一族大多充满活力、不甘寂寞,乐于接受社会新鲜事物,不愿意承认自己已经老去。(2010年8月14日新民网)

【星期二综合征】 xīngqī'èr zōnghézhēng 指由于工作压力和时间节点等原因,人们在星期二那天最容易情绪低落的现象。例研究称多数人患"星期二综合征"情绪最低落(2010年10月12日腾讯网)｜英国新调查发现大多数人患有"星期二综合征"(2010年10月12日泉州网)

恐归症 路怒症 脑残症 *恐剩症 *脑退化症 *密码强迫症 *中产焦虑症 虚拟社区依赖症

一项涉及3000名英国成年人的调查表明,长期以来,人们都认为星期一最糟糕。之后发现,星期二不得不面临"更严峻"现实:首先必须完成星期一拖延下来的很多工作;其次必须安排好整个一周的工作任务。调查显示,近半数英国工人感觉一周中第二个工作日的中午,压力最大,工作压力会持续到一天工作结束。

【行政刷票】 xíngzhèng shuāpiào 动用行政权力来操纵投票。例"行政刷票"行为也给"感动中国"评选活动提出了诸多难题。(2010年12月12日《中国青年报》)｜行政刷票玷污了崇高的道德,也在一定程度上矮化了道德模范的良好形象,使很多人对"感动中国"人物和"中国好人"不以为然。(2010年12月13日《长沙晚报》)

【胸替】 xiōngtì 名词。指影视剧拍摄中顶替女演员拍摄露胸镜头的人。例对于"胸替""色诱""强暴""床单"等成为电影宣传的高频度"看点",有业内人士分析,对一些大制作新片来说,这些所谓"看点"往往并非电影内容的重点。(2010年10月20日《解放日报》)｜海清:"虽然这是个古代媳妇,但其实在情感上我跟她并不陌生,我演的就是一个好妻子、好母亲。(哺乳的)镜头意境很美,我没有必要、也不能找'胸替'"。(2010年12月26日《南方都市报》)

【熊猫姓氏】 xióngmāo xìngshì 比喻非常罕见的姓氏。因熊猫(大熊猫)是我国珍稀动物,故称。例在刚刚进行的人口普查登记工作中,各种十分罕见的姓氏进入了普查员的视线,如"啊""哦""个""十""百""千"等。这些鲜为人知的姓氏,被网友称作为"熊猫姓氏"。(2010年12月1日《新民晚报》)｜国人大多只熟悉"百家姓",但如今相关的"熊猫姓氏"概念已在网络上悄然流行,并进入了百度百科词条。(2010年12月1日中国新闻网)

【熊猫字】 xióngmāozì 名词。比喻非常罕见的字。因熊猫(大熊猫)是我国珍稀动物,故称。例人口普查查出大量"熊猫字" 取名生僻麻烦多(2010年12月1日中国新闻网)

【袖珍公交】 xiùzhēn gōngjiāo 指运营路程短、站点少,仅在每天早晚交通高峰时段运营的社区公交。例袖珍公交真正对黑车实现了对症下药,今年4月,公交集团开通了前门到故宫北门的专一线,这条全长仅8公里袖珍线路不

仅方便了周边的旅游乘客,也使沿线的黑车黑摩的没了踪影。(2010年6月29日北京电视台《北京新闻》)|比起大路大桥,我们的城市其实更缺乏"袖珍公交"这样的"小不点儿"。(2010年8月5日《人民日报》)

*3D巴士 *立体快巴

【炫父】 xuànfù 动词。炫耀父亲的权势和能力。多发生在官二代、权二代、富二代身上。仿"炫富"而造。例这些事是对社会公平的公开叫板,可是却道出了一个令人无可奈何的现实:"炫父"时代已经到来。(2010年10月23日腾讯网)|肇事者的"炫父"行为很可怜,因为他仅知道爸爸是谁,但不知道自己是谁。(2010年10月24日《成都晚报》)

【炫证女】 xuànzhèngnǚ 名词。称在网络上展示自己获得的各类证书的女性。也称"晒证女"。例"烧钱男"、"雅阁女"、"炫富女"……继"炫富风"猛刮之后,近期网上"炫证女"又热闹起来。(2010年8月24日《中国青年报》)|在互联网上刮起一阵阵"炫富风"之后,近期网上又出现了一位宣称"拜金不如拜知识"的"炫证女"。虽然炫耀的内容不同,但年轻人网络炫耀似乎正成为一种社会流行现象。(2010年8月24日腾讯网)

*摩女 *森女 胜女 囧女 *单贵女 *嫁房女 *乐宅女 *穷二女 *山楂女 *三瓶女人

【学历造假门】 xuélì zàojiǎmén 指学历造假被媒体曝光而引发的事件。例受到近日唐骏的"学历造假门"事件影响,很多名人纷纷修改自己之前公布的简历,而修改的主要内容就是学历。(2010年7月11日《北京青年报》)｜针对名人"学历造假门"等事件,英才网联推出"你如何看待简历'注水'"的调查。(2010年8月2日《新京报》)

相关词语见"杯具门"。

科普作家方舟子发微博质疑前微软中国总裁、现新华都集团总裁兼CEO唐骏的"加州理工学院计算机科学博士"学位子虚乌有。唐骏回应自称从未说过是加州理工大学博士,而是西太平洋大学的博士学位,并发出学位证书照片。同日,方舟子回应唐骏学历证明,称唐骏所读西太平洋大学是一家著名的卖文凭的野鸡大学。此事引起网民热议。

【学模】 xuémó 名词。在教育展览会上一些教育机构和留学机构为了吸引人的注意力推出的模特。例"学模"惊艳亮相国际教育展(2010年3月16日《北京青年报》)｜在第十五届"中国国际教育巡回展"上,一批"学模"成为展会上一道靓丽风景线。(2010年3月22日《新京报》)

【血房】 xuèfáng 名词。以暴力拆迁的房屋。例"血房"就是指在拆迁过程中发生过暴力事件,用带血的房子这一寓意表达暴力拆迁事件的凶残。(2010年10月26日 eNet硅谷动力网)｜网友认为,每一座血房倒下的土地上,后来都耸立起了华丽的大厦。(2010年10月27日《新京报》)

【巡婚】 xúnhūn 动词。分别在男方、女方的家乡及工作地举办

婚礼。例高房价、高消费的压力,确实使得很多"80后"一路奔波在"生存"的基本线上,异地婚姻又催生出"巡婚"事实,一对新人几次婚礼,这也让很多准婚族心生胆怯。(2010年10月21日中国日报网) | 被巡婚婚礼累倒的新人不算少数。(2010年12月1日《太原日报》)

---

*摆婚 *蜗婚 *滞婚 *半裸婚 *全裸婚 *世博婚 *橡皮婚姻 *十全十美婚

Y

【10后】 10 hòu 名词。指2010年至2019年间出生的人。例十年一代人,境遇迥然,耐人寻味。我们以倒叙的方式展现这四代人进入2010年的代际符号。昨天,"10后"的诞生标志新的代际符号的出现,今天我们将目光转向"00"后。(2010年1月2日《北京青年报》) | 2010年刚刚开始,被称为"10后"的宝宝们一出生,他们的家长便开始为养育培养他们而筹划。(2010年1月5日《北京青年报》)

40后 50后 60后 70后 80后 90后 00后

【压力面】 yālìmiàn 名词。指面试的考官故意提出一些难题而使面试者感到有压力的面试方法。例如果你觉得"同类残

杀"太过无情,那么第三轮"压力面"简直让人泪崩。以一敌三,考官是三,最基础的挑战也是"你人生中到现在最失败的事情是什么"。(2010年11月16日新疆电视台《新疆新闻》)|中国农业大学应届生邵奇刚遇到了他"史上最恐怖的压力面"。(2010年12月10日《中国青年报》)

【*亚历山大】 yàlìshāndà 指压力极大。谐音"压力山大",具有戏谑色彩。例 因为种种原因,很多毕业生选择离开读书所在地和家乡去到另一城市工作,对于此类"就业全漂族"来说,新环境所带来的心理压力和经济负担让他们直喊"吃不消",自嘲"亚历山大"。(2010年6月3日广东新闻网)

【研漂】 yánpiāo 名词。大学毕业后因各种原因仍然滞留在学校考研的人。也称"研漂族"。例 2010年报考研究生考试的"研漂"共有7人,考上的只有一人。(2010年5月25日人民网)|在西南村里,研漂们除了住独单,还会三四个人合租两室或三室一厅的房间。(2010年5月25日人民网)

【羊羔体】 yánggāotǐ 名词。对第五届"鲁迅文学奖"获得者车延高所作诗歌的语言风格的戏称。"羊羔"谐音"延高"。例 这种直白的几近不像诗歌的诗体被网友称作"羊羔体",是继"梨花体"之后又一"口水诗"的代表。(2010年10月21日《新民晚报》)|"鲁迅奖"颁了 "羊羔体"诗歌火了(2010年10月21日《北京青年报》)

---

*凡客体 纺纱体 红楼体 *回音体 *亮叔体 蜜糖体 排比体 *微博体 *乡愁体 *校内体 *子弹体

yáng 阳洋

📖 2010年10月19日,第五届"鲁迅文学奖"获奖名单公布,武汉市纪委书记车延高的诗歌《向往温暖》位列其中。当天夜里11点16分,一位名叫陈维建的人在其新浪微博发表名为《"梨花体"后"羊羔体"?》的短文:"第五届鲁迅文学奖诗歌奖得主、武汉市纪委书记车延高诗《徐帆》:徐帆的漂亮是纯女人的漂亮/我一直想见她,至今未了心愿/其实小时候我和她住得特近/一墙之隔/她家住在西商跑马场那边,我家/住在西商跑马场这边/后来她红了,夫唱妇随/拍了很多叫好又叫座的片子。"8分钟以后,他又发一篇微博名叫《车延高的"羊羔体"诗会红》,内容只是转引了车延高的另一首诗歌《刘亦菲》的部分内容。此后,"羊羔体"一词不胫而走。

【阳光假】 yángguāngjià 名词。一种休息方式。让员工工休时到室外短时间活动(比如晒会儿太阳),使身心得以舒缓的一种休息方式。例上海心潮心理咨询中心的顾恺颉主任对"阳光假"非常赞同。他说,今年的冬天极其漫长且阴雨天多,心理抑郁的人比往常多了不少,改善心理的最好办法也是最简单的办法,其实就是在充裕的阳光下深呼吸。(2010年3月17日《新闻晚报》)| 到外面呼吸新鲜空气、享受阳光的冲动如此强烈,甚至有一些白领在网上发帖,希望单位能从人性化出发设置"阳光假",即使是一两个小时,让大家出去晒晒太阳,对身心和工作大有好处。(2010年3月23日《中国青年报》)

*安胎假 家长假 失恋假 心碎假

【*洋白菜】 yángbáicài 名词。对上海2010年世博会的外国志愿者的昵称。因中国的志愿者昵称为"小白菜",故称。例10月15日,来自西班牙的志愿者团队结束了为期一周的上海世博会志愿服务。22名"洋白菜"与中国伙伴临别之际一再表示,对中国人民的热情、友好和良好素质留下了深刻印象。(2010年10月16日《人民日报》)

*菜农 *菜头 *橙子 *白菜服 *白菜墙 *蓝精灵 *小白菜 *小蓝莓

【洋代工】 yángdàigōng 名词。指委托国外知名企业为国内厂家贴牌生产产品的国际合作模式。例娃哈哈借道洋代工 进军高端奶粉市场(2010年5月27日腾讯网)|首创"洋代工"模式 成为业内焦点(2010年5月27日网易网)

【药老鼠】 yàolǎoshǔ 名词。❶指以"社保卡套现"为诱饵向市民收购社保卡,利用这些卡购买药品,转售后牟利投机的人。例"药老鼠"收购社保卡低价买药牟利今被判刑(2010年12月2日凤凰网)|今年8月,民警在其摩托车后备箱内查获了12张社保卡和三张身份证,至此"药老鼠"阿茂落网。(2010年12月7日凤凰网)❷指大型比赛前药检不能通过的人。例他也是只"药老鼠"。昨天凌晨,国际自行车联合会宣布,中国自行车手李富玉因为药检未能过关,将被临时性禁赛。(2010年4月24日腾讯网)

【药你苦】 yào nǐ kǔ 对某些药物价格大幅上涨的戏谑说法。是"要你苦"的谐音。例不正常的"药你苦"已经导致

120种中成药限停产。(2010年11月26日《新民晚报》)｜三七、丹参、野菊花、五加皮等中药材涨幅也相当可观,消费者嗟叹"糖高宗"刚刚休息,"药你苦"又粉墨登台。(2010年12月12日《北京青年报》)

*豆你玩 *腐不起 *鸽你肉 *姜你军 姜一军 *煤超疯 *棉花掌 *苹什么 *蒜你狠 *糖高宗 糖玄宗 *虾死你 *油你涨 *玉米疯

【一厘米主权】 yī límǐ zhǔquán 指在执行规章和命令时不应超越的道德伦理底线。例在执行既不合法又侵犯学生权益的校纪校规时,教师应该秉着自己的良知行事,运用手中掌握的"一厘米主权",尽可能保护学生不受不合理的校纪校规伤害。(2010年10月13日《中国青年报》)｜一个善于运用"一厘米主权"的教师,不但能保护学生,而且还能保护自己。(2010年10月13日腾讯网)

"一厘米主权"源自一个关于"最高良知原则"的判例:东德一名叫亨里奇的守墙士兵开枪射杀了攀爬柏林墙企图逃向西德的青年克利斯。德国统一后亨里奇受到审判。他的律师辩称,他们仅仅是执行命令的人,根本没有选择的权利,罪不在己。法官当庭指出:"作为警察,不执行上级命令是有罪的,但是打不准是无罪的。作为一个心智健全的人,此时此刻,你有把枪口抬高一厘米的主权(即只开枪而故意不打中),这是你应主动承担的良心义务。"

【衣橱整理师】 yīchú zhěnglǐshī 指从造型、色彩、搭配角度出发,帮助顾客整理衣橱的人。淘汰不需要、不合适的衣物并陪同顾客购买合适衣物。例据说,在成都职业衣橱

整理师"只有几十名",整理一次衣橱收费3000元左右。(2010年10月26日《新民晚报》)|目前时兴的私人服务大致划为3大类……第三是推崇新兴生活方式类,如私人厨师、私人色彩顾问、私人衣橱整理师、私人旅游顾问等等。(2010年11月28日中央电视台《中国新闻》)

策派师 *K歌培训师 入户育婴师 网络砍价师 *议价师 营养点菜师

【医联码】 yīliánmǎ 名词。一组贴在患者的就诊卡或病历本上的条形码,内有患者的姓名、性别、家庭住址、药物过敏史、疾病诊断结果等基本信息,方便一定范围内的所有医院共享。例 6月24日,北京市卫生局组织"医联码"工作部署会,计划9月份在所有三级医院和11家区县中心医院针对非医保病人发放"医联码"。(2010年6月30日《北京青年报》)|2012年,本市二级以上医疗机构将全面推广"医联码"。(2010年9月21日北京电视台《北京新闻》)

【移动就业】 yídòng jiùyè 以移动设备和无线移动通信网络作为辅助手段,完成招聘、应聘手续,实现就业的求职方式。例 毕业生和用人单位通过"视频就业"和"移动就业"服务可以足不出户完成双向选择的全过程,使就业方式在降低就业成本、有效对接等方面达到一个前所未有的新阶段。(2010年11月28日《中国青年报》)|"视频就业"和"移动就业"都是先进就业工作理念和多媒体技术、远程视频传输技术的重大结合,它以全新的方式实现了毕业生与

用人单位的无缝对接,全面优化了毕业生的就业环境。(2010年11月28日《北京青年报》)

*视频就业

【**以善代刑**】 yǐshàn dàixíng 指让轻微犯罪者通过为社会做义工行善而自我改造、赎罪自救的司法政策。也称"以罚代刑"。例"以善代刑"虽没有明确的法律依据,但它是法律教育和矫正功能的延伸,具有实践价值。(2010年7月22日《光明日报》)|还是有一些人对以善代刑能够种善得善表示怀疑,除了死不悔改的心态和异常之外,犯了罪一般人都会追悔莫及、痛哭流涕,可是好了伤疤忘了疼,这白眼狼还是在的。(2010年9月6日北京人民广播电台《新闻天天谈》)

【**亿时代**】 yìshídài 名词。指事物的数量或价值都以"亿"为单位计算的时代。例人才依然是构成互联网新十年竞争力的基石,而拥抱互联网的"亿时代",人才储备将是决胜未来业务的关键因素。(2010年3月28日《光明日报》)|随着腾讯QQ同时在线人数过亿,腾讯世界杯同样迎来"亿时代"。(2010年8月4日《北京青年报》)

相关词语见"词时代"。

【**议价师**】 yìjiàshī 名词。专职帮助网络购物者讨价还价,从中收取报酬的人。例陈小姐买到了称心如意的商品,也不得不对议价师的能耐刮目相看。(2010年8月25日《北京青年报》)|说到底,网络议价师的收益是与商家砍

价,然后将商家给予的提成与团购成员分享。(2010年9月21日《新民晚报》)

策派师 *K歌培训师 入户育婴师 网络砍价师 *衣橱整理师 营养点菜师

【隐贷族】 yǐndàizú 名词。指隐瞒自己办理了助学贷款而不说的学生。例借助学贷款却讳莫如深 高校诞生大学生"隐贷族"(2010年9月15日中国新闻网)

相关词语见"阿鲁族"。

【隐形世袭】 yǐnxíng shìxí 由于干部不能直接把自己的领导职务传给子女,一些干部就把子女辗转安排在其权力管辖的部门或其他部门做干部。这种做法被称为"隐形世袭"。也称"隐性世袭"。例当代中国社会不平等现象的根源:隐形世袭(2010年5月16日腾讯网)|结束"拼爹"时代 关键在断掉权力"隐形世袭"(2010年12月16日新浪网)

【印章相机】 yìnzhāng xiàngjī 一种外形像印章,并且可以将照片变成印章形式的相机。例随时打造最个性签名 印章相机即拍即印(2010年7月1日硅谷动力)

印章相机的具体操作方式是,先利用相机拍照,例如

你的人头像,该印章相机的小帽顶部就是一个镜头,在机身背后的LCD上看到刚拍摄的照片。之后把背面的LCD拿掉,就能看到一个橙色的印泥与一个数码印章,印章上面的图案就是刚拍摄的头像,只要染上印泥的颜色,就能在纸上拓印出图像。

【婴儿黑洞】 yīng'ér hēidòng 人们刚刚发现不久的黑洞。例这次NASA公布的发现就是这样一个疑似"婴儿黑洞"。这个看起来很像是婴儿黑洞的天体究竟有多年轻呢?答案是31年。这个天体于1979年被一位业余天文爱好者发现。(2010年11月21日《新京报》)| 美国宇航局(NASA)表示,在宇宙数以亿计的大尺度背景下,这短短三十年几乎可以忽略不计,这个还是小男孩般的新生黑洞为人类研究早期黑洞形成与发展提供了宝贵机会,"婴儿黑洞"因此得名。(2010年11月30日新民网)

【泳动机】 yǒngdòngjī 名词。利用海浪发电的浪泳发电平台。由北京市第二十五中学高三学生秦臻发明。例经过几年的研究,秦臻发明的"浪泳发电平台——泳动机"在2010年3月获得"北京市青少年科技创新大赛"一等奖,并于8月获得国家级实用新型专利证书。(2010年12月4日《中国青年报》)| 日前,北京一家科技公司出资在天津汉沽蔡家堡海域搭建实体"泳动机"。(2010年12月7日《人民日报》)

【油米】 yóumǐ 名词。指因油价上涨,四处寻找打折加油站,并把相关信息公布到网上的人。例说起"油米"的故事,邢瑞松好像有说不完的话,他给记者讲了一位北京油米的故事。(2010年5月9日大洋网)｜去年以来,油价不断上涨让越来越多的人开始在网上晒自己爱车的省油、省钱心得,并由此形成了一个自称"油米"的群体。(2010年12月23日《中国日报》)

【油你涨】 yóu nǐ zhǎng 对食用油价格大幅上涨的戏谑说法。谐音"由你涨"。例 从"蒜你狠""豆你玩"到"姜你军""糖高宗"再到"油你涨""苹什么",层出不穷的新词看似调侃,实际已变成释放生活压力的缓冲地带。(2010年11月4日《新闻晨报》)｜从"蒜你狠""豆你玩"到"姜你军",再从"糖高宗""油你涨"到"苹什么",随着食品、日用品的接力涨价,不少市民加入了网购大军,众多网友也纷纷在网上晒出各自的省钱高招。(2010年11月28日《光明日报》)

*豆你玩 *腐不起 *鸽你肉 *姜你军 姜一军 *煤超疯 *棉花掌
*苹什么 *蒜你狠 糖高宗 糖玄宗 *虾死你 *药你苦 *玉米疯

【游二代】 yóu'èrdài 名词。❶网络游戏的第二代产品。例《大话西游2》爆红,成为国内第一个成功运营的国产网络游戏,在那个《传奇》盛行的年代书写了国产游二代的一段佳话。(2010年6月23日电玩巴士网)❷最早的网游玩家的接班人。例"游二代"的走红迅速在网络上引起轰动,引发新一轮关于青少年人和网游的关系,以及家长和老师应该怎样看待网游对孩子的影响等问题的激烈讨论。(2010年12月17日《重庆晚报》)

相关词语见"导二代"。

【有备族】 yǒubèizú 名词。为应对可能出现的灾害,在救灾知识和必要物资方面有所准备的人。例比如美国就出现了"有备族",他们开始有计划地储备罐头食品、应急毛毯、碘酒,甚至还有军用的止血贴,并对孩子进行紧急避险的训练。(2010年3月10日《北京青年报》)

相关词语见"阿鲁族"。

【有线手机】 yǒuxiàn shǒujī 设有内置伸缩耳机的手机。使用时,可以从手机内拉出内置耳机和耳机线。例有线手机的独特优势在于:更健康。可将电磁辐射控制在安全距离之内,还使用者一个无忧的环境。(2010年8月27日《新民晚报》)| 我手中拿的是一款刚刚问世的"有线手机",它与一般手机最大的区别是,这款手机有一个内置全自动的伸缩耳机。(2010年9月4日中央电视台《新闻联播》)

*吃费手机 *僵尸手机 *可乐手机 *吸金手机

【幼儿名片】 yòu'ér míngpiàn 家长给上幼儿园的孩子印制的名片。名片上除了印有孩子的姓名、年龄、住址和电话号码外,还印有父母、爷爷奶奶、外公外婆的单位、职务和联系方式。例一家幼儿园孩子的"幼儿名片"上,除了印有幼儿的姓名、住址,还要印上家长的工作单位、职务等。(2010年3月18日《人民日报》)| 有很多家长给孩子准备名片,而这些孩子要去的地方是幼儿园,这幼儿名片咱还是头一次听说。(2010年3月23日北京人民广播电

视台《夹叙夹议》)

低碳名片 *民生名片 *鸳鸯名片

【余味男】 yúwèinán　名词。称类似电视剧《媳妇的美好时代》男主角余味的男人。貌不出众,收入一般,但爱情专一、孝敬长辈、善于处理各种关系。例 2010年,没财没貌的"余味男",却让"经济适用男"们成为新宠,迅速刷新女人们的择偶观。(2010年5月11日《武汉晨报》)

*淘男 *贝塔男 宠物男 *戳车男 *极客男 *快餐男 *抡车男 *奶瓶男 *素养男 *公家男人 *4D男人 *经济弱势男

【娱乐烈士】 yúlè lièshì　指娱乐圈内冒着危险进行整容的人,也泛指为了获得名利而做出巨大牺牲的人。特指曾进入成都超级女声20强的王贝。例 王贝的悲剧在于,她为这个行业付出了最沉重的代价……"娱乐烈士"留给我们多少震惊和思考。(2010年11月27日《新民晚报》)| 落选超女的生活现状 王贝成"娱乐烈士"(2010年11月30日硅谷动力)

曾进入2005年成都超级女声20强的王贝,2010年11月15日在武汉某整形医院接受面部磨骨手术时,出现意外事故,血液通过王贝的喉部进入气管,经转院抢救无效死亡。

【语文门】 yǔwénmén　名词。指上海某些大学在理科生的自主招生考试中不考语文科目而引发争论的事件。例 这则闹得沸沸扬扬的"语文门"事件,引发了委员们的激烈讨论,有的委员甚至当场拿出手机,查询是哪几所高校。(2010年1月27日中央电视台《新闻1+1》)

相关词语见"杯具门"。

【语音云】 yǔyīnyún 名词。在云计算技术的基础上,通过互联网进行语音合成、语音识别以及语音听写等智能语音交互式服务的技术。运用这项技术可以把人的语音转换成对应的文字,或者将文字转换成语音清晰流畅地朗读出来。例将语音技术和移动互联网结合的平台——"讯飞语音云",今天在北京发布。这标志着我国的移动互联网迈入语音时代。(2010年10月29日《人民日报》)|近日,科大讯飞公司正式发布,"讯飞语音云"将使这近似科幻版的场景变成现实。(2010年11月23日《中国青年报》)

*计算云 虚拟云 云打印 云服务 云计算 云快递 云时代 *云物流 云引擎 *中国云谷

【玉米疯】 yùmǐfēng 对玉米价格大幅上涨的戏谑说法。例"玉米疯,小麦狂,农产品成吸金王。"此顺口溜再现了近期A股大农业类股票的惊人涨幅。(2010年8月16日《北京青年报》)|最近网络上又多了一系列有趣的名词,先是有豆你玩,蒜你狠,接下来有玉米疯、辣翻天,如今还有姜你军。(2010年9月4日凤凰卫视《财经正前方》)

*豆你玩 *腐不起 *鸽你肉 *姜你军 姜一军 *煤超疯 *棉花掌

*苹什么 *蒜你狠 *糖高宗 *糖玄宗 *虾死你 *药你苦 *油你涨

【预测帝】 yùcèdì 名词。对某件事情预测得很准确的人或动物。例贴吧世界杯竞猜火暴 700万网友争当"预测帝"(2010年6月27日新华网)|欧洲杯与世界杯上,保罗每言必中,屡建奇功,实乃预测界后起之秀,时人称其为"预测帝"。(2010年11月27日《解放日报》)

*表情帝 *淡定帝 *贺岁帝 *口误帝 *练摊帝 龙套帝

【鸳鸯名片】 yuānyāng míngpiàn 两面分别印有不同人(一般是丈夫和妻子)名字、职务等信息的名片。例自从我发明了鸳鸯名片并投入使用之后,我在全市范围内无论办什么事情都一帆风顺。(2010年2月9日《北京青年报》)|只要为领导干部者心术不正、物欲汹汹,那么"鸳鸯名片"就难以消除。(2010年9月28日《解放日报》)

低碳名片 *民生名片 *幼儿名片

【月光退休族】 yuèguāng tuìxiūzú 指由于物价上涨,每月退休工资不够支出的老人。例和拿得不多却享乐不少的年轻"月光族"相比,"月光退休族"的开销总是围着锅边灶台转,享乐绝对是奢侈品,不敢轻易涉及。(2010年9月14日新浪网)|高物价催生"月光退休族" 退休人员开始再就业(2010年11月8日腾讯网)

相关词语见"阿鲁族"。

【悦活】 yuèhuó　名词。指崇尚自然简单,追求健康环保,享受愉悦生活的态度。例尽管是个"舶来词",但"悦活"却是当今中国都市人所期待的:在现代的钢筋水泥中,渴望回归自然;在防不胜防的食品安全事件中,呼唤放心食品;在都市的奔忙喧嚣中,需要身心的宁静……(2010年2月10日《光明晚报》)|在意大利馆的媒体联络人龚春艳看来,这些美食更多体现了意大利人悦活生活的态度。(2010年5月1日《中国青年报》)

【云物流】 yúnwùliú　名词。采用直营和加盟相结合的模式,结合电子商务企业的需求,做类似线下商业的物流配送,实践所有的物流功能的服务平台。也称"云快递"。例说起这次能顺利接到马云抛出的"绣球",陈平说秘诀就在于他所提出的"云物流"概念。(2010年4月6日北京电视台《首都经济报道》)|"云计算"很贴切,"云物流"很牵强,想来谷歌也没料到今天"一云天下应"的局面,照这个发展速度,或许"云中介"、"云养殖"、"云耕作"等也已为时不远。(2010年9月5日《光明日报》)

*计算云　虚拟云　*语音云　云打印　云服务　云计算　云快递　云时代　云引擎　*中国云谷

【晕3菜】 yùn 3 cài　名词。指戴着3D眼镜观看3D电影时发生的晕眩现象。例近来欧美网上很热的一个话题就是《阿凡达》观众的"晕3菜"问题。造成"晕3菜"的原因是,3D电影除实焦画面外还有虚焦画面。时间久了,自然晕眩。(2010年1月3日《扬子晚报》)｜网上一直流行一个很热的话题——《阿凡达》观众的"晕3菜"问题,即"《阿凡达》的3D晕眩症",对此,专家提示:看时要让大脑充分放松,让目光紧盯实焦元素,不要太"贪心"想看整个画面。(2010年1月18日人民网)

Z

【**早熟门**】 zǎoshúmén 名词。指圣元奶粉质量可疑,可能导致多名婴儿性早熟的事件。也称"催熟门"。例从2008年年底的三聚氰胺事件到现在的圣元"早熟门",国产奶粉一次次冲击着国人脆弱的神经。(2010年8月16日合肥电视台《合肥新闻联播》)｜近几年来,乳制品行业接二连三爆出了大头门、结石门、疑似早熟门等公共安全事件。(2010年8月26日上海广播电视台《新闻透视》)

相关词语见"杯具门"。

【**宅病毒**】 zháibìngdú 名词。指长期待在室内,通过计算机与外界保持联系,形成网络依赖的现象。因这一现象像病毒一样在高校广泛传播,故称。例老师领导关注学生精力不足 大学流行"宅病毒"(2010年11月5日华商网)｜究竟是什么原因致使高校沦为"宅病毒"散播的温床?(2010年11月5日天津网)

【战略知识分子】 zhànlüè zhīshi fènzǐ 具有战略思维的知识分子。他们通常具有敏锐、超前的见解,擅长前瞻性趋势性研究,有强烈的社会责任感和使命意识。例审时度势,有人推出"战略知识分子"。据说他们是国家公民的优秀代表,具有强烈的民族责任感和历史使命感,以人民利益为宗旨,以国家兴盛为己任,以国家振兴为关怀。(2010年9月25日《新京报》)|近日,"大国复兴与战略知识分子"高层理论研讨会召开,各方对"战略知识分子"这一提法仍存争议。(2010年11月18日《光明日报》)

【张三族】 zhāngsānzú 名词。指已结婚生子,工资不高但收入稳定,事业不求进取,生活简单平淡而有规律,一旦危机爆发,又不能承受生活之重的都市普通人。源自电视剧《老爸快跑》中的人物"张三"。例男主角徐峥将会呈现给观众一个都市小人物、一个"张三族"自我拯救的奋斗故事。(2010年3月22日新浪网)

相关词语见"阿鲁族"。

【张悟本现象】 Zhāng Wùběn xiànxiàng 指某些群众相信"养生食疗专家"张悟本,追随其"食疗方法"的社会现象。例张悟本提倡绿豆养生,仅仅3个多月,中国各地的绿豆价格涨了近3倍,有些地方甚至出现了"满城尽喝绿豆汤"的张悟本现象。(2010年5月29日凤凰卫视《总编辑时间》)|"张悟本现象"显示出医疗保健信息的市场需求潜力巨大,高质量医疗保健信息的供不应求。(2010年7月7日《人民日报》)

大二现象 纽扣现象 山寨现象 于丹现象 *正妹现象

张悟本,曾被人称为"神医""京城最贵中医",著有畅销书《把吃出来的病吃回去》,称自己的食疗方法治愈了糖尿病、高血压、心脏病甚至红斑狼疮等疑难杂症,其宣扬的"绿豆治百病大法"引发市场绿豆涨价。2010年5月,卫生部否认张悟本"卫生部首批高级营养专家"的身份,其食疗理念也遭到专家质疑。

【章鱼哥】 zhāngyúgē 名词。称一只名为保罗的章鱼。南非世界杯期间,它因准确预测足球比赛胜负而闻名世界。也称"章鱼保罗""章鱼帝""预测帝"。例那只叫"PAUL"的章鱼,有人说它是"章鱼哥",有人说它是"章鱼帝",日本人叫它"章鱼君",眼下已成为世界杯的大明星。(2010年7月11日《北京青年报》)|尽管南非世界杯足球赛结束已经好几个月,但"章鱼哥"保罗的离世,还是像它当初"八战八捷"的神奇预测一样,引人注目。(2010年11月1日《人民日报》)

相关词语见"保证哥"。

【赵作海案】 Zhào Zuòhǎi àn 指河南商丘村民赵作海被疑"杀害"同村人赵振响而在监狱服刑多年,后因"被害人"回家而被宣告无罪释放的案件。例司法机关对赵作海案进行个案追究当然重要,但是,对早已不在岗位的办案人员处以不痛不痒的处罚,完全不能带给这个社会什么教益。(2010年5月10日《北京青年报》)|赵作海案余热未消之

际,有关方面出台规定,首次明确"以刑讯逼供等非法手段取得的口供"等6种证据不能用于死刑定案。(2010年7月29日《人民日报》)

帖案 钓鱼案 断供案 力拓案 *南杨案 替学案 轮胎特保案

1997年10月30日,河南省商丘市柘城县赵楼村村民赵振晌因与同村人赵作海有矛盾,用菜刀在其头上砍了一刀,怕赵作海报复,于10月31日离家出走。1999年5月8日,赵楼村在挖井时发现一具高度腐烂的无名尸,公安机关经过调查后,把同村人赵作海作为重大嫌疑人刑拘。1999年5月10日至6月18日,赵作海做了9次有罪供述。2002年12月5日商丘中院作出一审判决,以故意杀人罪判处被告人赵作海死刑,缓期两年执行,剥夺政治权利终身。2010年4月30日,赵振晌因偏瘫无钱医治返回赵楼村。河南省高院于2010年5月8日做出再审判决:撤销省法院复核裁定和商丘中院判决,宣告赵作海无罪。赵作海被释放并领到国家赔偿金和困难补助费。

【震网】 zhènwǎng 名词。一种计算机病毒。以破坏伊朗核设施为最终目标,通过对操作系统进行重新编码而造成破坏。例伊朗半官方的通讯社报道称,这种代号为"震网"的"电脑蠕虫"病毒很可能是伊朗的敌人专门为破坏布什尔核电站而"量身定做"的。(2010年9月30日《中国青年报》)| 最近一段时间,伊朗核设施内的系统受到一种名为"震网"的计算机病毒侵扰。(2010年10月11日《人民日报》)

【正妹现象】 zhèngmèi xiànxiàng　指年轻女孩凭借漂亮的外表就可获得成功的社会现象。正妹,指年轻漂亮的女孩。该词流行于台湾。例风行台湾的"正妹现象"反映身体作为大众消费商品的事实。(2010年6月9日中国新闻网)|台湾正流行一股"正妹现象",有"正妹"就是收视率保证,就能吸引人潮。(2010年9月1日中国新闻网)

大二现象　纽扣现象　山寨现象　于丹现象　*张悟本现象

【证件哥】 zhèngjiàngē　名词。对一名带有30多个证件去应聘网店运营职位的男子的戏称。例"证件哥"的那些证件或许真的不能说明能力和水平,但至少可以说明,他是一个上进的人,是一个尊重知识并努力掌握知识的人。(2010年8月12日《华西都市报》)|不难想象,在如此高密度的考证"档期"内,"证件哥"还有多少精力用于专业课学习,同时对于各类证书涉及的领域又有多少了解。(2010年8月13日《光明日报》)

相关词语见"保证哥"。

【直改名】 zhígǎimíng　动词。指持有没办理产权证的新房"房票"的人不通过二手房交易程序,将房源直接改名,转卖给买房者。例用"房票"转让的房子都是"直改名",也就是直接过户,少了中间的二手房交易的相关税费,这其实是一种群体的偷税漏税行为。(2010年11月6日中央人民广播电台《新闻纵横》)|截至13日,台州已初步查实党政干部、事业单位人员参与"直改名"的有40多人,其中

涉嫌倒卖"房票"的有30多人。(2010年12月15日《北京青年报》)

【植物环保瓶】 zhíwù huánbǎo píng 指融入植物纤维制成的塑料瓶,可100%循环再生。植物环保瓶融入了30%的植物纤维,可以使瓶子变为可降解材质,减少碳排放量。例"环保轻量瓶"与"植物环保瓶"这两种低碳环保新包装,首次在中国出现。(2010年8月19日《中国青年报》)|在世博园内的可口可乐快乐工坊参观过的人可能记得:这里有一种名叫"植物环保瓶"的新型低碳包装,由高达30%的植物原料制成,可100%循环再生,是环保包装领域的一项重大突破。(2010年10月30日《光明日报》)

【纸牌门】 zhǐpáimén 名词。指郑州火车站电子大屏幕出现纸牌游戏的事件。例猫扑等论坛里,"纸牌门"事件成了网友热议的话题,跟帖不断。(2010年5月20日《西安晚报》)|郑州火车站上演的这"神奇"的一幕被网友称为"纸牌门",大量网友在后跟帖围观。(2010年5月20日《广州日报》)

相关词语见"杯具门"。

【志愿彩】 zhìyuàncǎi 名词。指2010年广州亚运会志愿者佩戴的彩色多用巾(彩巾)和七色手腕带(彩铃),是亚运会志愿者的标志物。例大家随着音乐的节奏,挥动手中的"志愿彩",兴奋地唱起第十六届亚运会志愿者主题歌《一起来,更精彩》。(2010年1月11日《人民日报》)|挂上"志愿彩",翘起"大拇指",6万名亚运会赛会志愿者,2.5

万名亚残运会赛会志愿者,50万名城市志愿者蓄势待发,如阳光般照亮羊城。(2010年9月29日《光明日报》)

*志愿歌 *志愿礼

【志愿歌】 zhìyuàngē 名词。指2010年广州亚运会志愿者主题歌《一起来,更精彩》。例做志愿者、戴志愿章、佩志愿彩、行志愿礼、唱志愿歌已成为广州全市百万青少年追求的新时尚。(2010年7月23日《中国青年报》)|志愿彩、志愿礼、志愿歌……一系列代表亚运志愿文化的产品将成为后亚运时代的一种标志符号。(2010年10月12日《中国青年报》)

*志愿彩 *志愿礼

【志愿礼】 zhìyuànlǐ 名词。指2010年广州亚运会志愿者使用的标准规范的礼仪动作。志愿礼包括问候语、面部表情、肢体动作和激励口号四部分,旨在展现志愿者"我志愿,我快乐"的服务理念。例在三中,同学们齐学志愿礼和志愿操,世界跳水冠军余卓成也到场和同学一起分享亚运喜悦。(2010年9月1日广州电视台《广视新闻》)|据介绍,志愿者行"志愿礼"时,要求左手自然垂放,右手伸展成中国青年志愿者标志形状,抬举右臂,移动右手至左胸口心脏处变成"大拇指"形状,保持大拇指向上,右手与左胸留有半个拳头间隙。(2010年10月12日《中国青年报》)

*志愿彩 *志愿歌

【智能蜗居】 zhìnéng wōjū 一种在集装箱内运用科学技术巧妙设计出的小型居住空间。例从设计图纸、装修到调整电路等,用了3个月时间,完成了"智能蜗居"。(2010年12月8日和讯网)|这个智能别墅是清华在读硕士生马庆甜和7名同学,有感于高房价的压力而设计的智能蜗居,总面积仅9平方米,花费12万元。(2010年12月23日《京华时报》)

*蛋居 *蜗租 *箱居 *蜗居蛋 *蛋形蜗居

【智障包身工】 zhìzhàng bāoshēngōng 遭受非人待遇的智障工人。因他们的处境与旧时包身工相似,故称。例日前,新疆佳尔思厂虐待智障包身工的新闻引起了极大的反响,而曾令全贩卖这些智障包身工的行为更激起了人们的愤怒。(2010年12月15日人民网)|"智障包身工"需要关怀而不是奴役,再也不能让发带血之财的曾令全们猖狂了。(2010年12月15日《新民晚报》)

*博士工 智障工

【滞婚】 zhìhūn 动词。因户口、房子等问题的阻碍而推迟结婚。例由于结婚后必须迁出人才市场集体户口的硬性规定,数以万计的人逐渐成为潜在的"滞婚"人群,"房子"

成为他们开启婚姻之锁的万能钥匙。(2010年5月12日《广州日报》)｜这日子,活着不该是为别人、为虚名、为浮华。但多少客观条件,却又是"结婚"绕不过去的坎?"滞婚"不是罪,万人一起受。(2010年5月13日《新闻晚报》)

*摆婚 *蜗婚 *巡婚 *半裸婚 *全裸婚 *世博婚 *橡皮婚姻 *十全十美婚

【滞婚族】 zhìhūnzú 名词。滞婚的人。例由于结婚后必须迁出人才市场集体户口,广州市数以万计的情侣逐渐成为潜在的"滞婚族",在通往婚姻殿堂的道路上,"滞婚族"倍感辛酸和无奈。(2010年5月13日《新民晚报》)｜人才交流中心"只管单身户口,不管结婚户口",结婚必须将户口迁出,一时又找不到地方落户,只能将婚期一再后延,造成济南数以万计的"滞婚族"。(2010年7月14日山东人民广播电台《山东新闻》)

相关词语见"阿鲁族"。

【中产焦虑症】 zhōngchǎn jiāolǜzhèng 指中产阶级对未来生活充满焦虑、担忧的社会现象。例仅靠知足常乐治不好中产焦虑症(2010年7月26日新浪网)｜之所以有中产焦虑症,还有一个更重要的原因是这是一类被各种光鲜概念与广告牵着鼻子走的人。(2010年7月31日《新京报》)

恐归症 路怒症 脑残症 *恐剩症 *脑退化症 *密码强迫症 *星期二综合征 虚拟社会依赖症

【中国达人秀】 Zhōngguó dárénxiù 东方卫视的一个节目名称。开办这个节目旨在为身怀绝技的"达人"提供展现自己的舞台。|例|中国达人秀给了小人物一个实现大梦想的舞台。(2010年10月11日上海广播电视台《东广早新闻》)｜昨晚,第一届中国达人秀在上海八万人体育场圆满落幕。超高的收视率,各界的倾心支持,都让达人秀成为2010年最成功的选秀节目。(2010年10月12日上海广播电视台《新闻纵横》)

【中国答卷】 Zhōngguó dájuàn 指中国应对世界金融危机所取得的举世瞩目的成就。中国经受住了世界金融危机的严峻考验,成为世界经济触底反弹的新引擎,故称。|例|一年来举世瞩目的"中国答卷",是党中央、国务院科学决策、坚强领导的结果,是各地区各部门齐心协力、扎实工作的结果。(2010年1月1日《人民日报》)｜过去一年,面对百年不遇的国际金融危机,中国经济逆势上扬,交出了世界瞩目的"中国答卷"。(2010年3月3日大连电视台《大连新闻》)

【中国独秀论】 Zhōngguó dúxiù lùn 指西方舆论所说的中国不受世界金融危机影响,经济一枝独秀的论调。|例|最近又冒出了"中国独秀论",声称在世界金融危机中,西方经济困难重重,而中国成为最大赢家。(2010年6月21日《中国青年报》)｜在多伦多20国集团峰会召开前夕,西方政界、学界等又炮制出"中国独秀论",称在此次全球金融危机中,欧美主要经济体深陷泥淖,而中国经济却不降反升,相比之下可谓一枝独秀,成为危机中的最大赢家。

(2010年6月26日《北京青年报》)

【中国服务】 Zhōngguó fúwù　指自主创新,具有中国品牌效应的特色服务。例此次论坛上,与会者普遍认为,"中国服务"应成为未来的国家战略,并且要与"中国制造"一起,成为产业振兴和中国腾飞的两个翅膀。(2010年10月9日《中国青年报》)｜以新时期、新使命、新品牌为主题的"中国服务"发展论坛日前在京举行。(2010年10月25日《光明日报》)

【中国金】 Zhōngguójīn　名词。指用铝、铁和其他金属制成的仿真金。因主要由中国制造,故称。例当前在埃及,24K黄金的售价为每克218埃磅(约合38美元),但由铝、铁和其他金属制成的"中国金"只要20至30埃磅(4至5美元)。(2010年8月16日《北京青年报》)｜这些饰品并非全部是真金打造,其中不少是来自中国的仿真金饰,当地人称之为"中国金"。(2010年8月16日《北京青年报》)

【中国控】 Zhōngguókòng　名词。深爱中国及中国文化,又怒其不争,想使其变得更好的人。控:痴迷者。例当别人看到中国的积贫积弱,"中国控"看到意志和美德;当别人赞美中国的进步光鲜,"中国控"看到问题和劣根性。"中国控"对中国到底怀着怎样的情感?如张海儿所言:"我是如此地热爱她,以至于不得不和她肉搏。"(2010年5月15日《新周刊》)

大叔控　*街拍控　*签到控　*微博控

【中国云谷】 Zhōngguó yúngǔ 指具有完整的云计算技术核心产业链。提供基于云计算基础设施平台的云存储、云备份、云弹性计算等服务的大型云计算数据中心基地。例"中国云谷"将在总规划面积16平方公里的哈南国际数据城落地,规划建设云计算数据中心基地、应用创新研发基地、企业孵化基地等。(2010年11月22日《人民日报》)| 11月18日,黑龙江省决定,哈尔滨市将构建完整的云计算技术核心产业链,形成未来三年百亿规模的新兴产业,打造"中国云谷"。(2010年12月7日《光明日报》)

*计算云 虚拟云 *语音云 云打印 云服务 云计算 云快递 云时代 *云物流 云引擎

【中考白条】 zhōngkǎo báitiáo 仅有学生需要缴纳的入学费用而没有任何分数信息的中学录取通知书。例"直到现在,我们手里只有一张'中考白条'。"一位愤怒的家长说的"中考白条"指的是任县中学的录取通知书,在通知书上只有孩子需要缴纳的入学费用,依然难以找到和分数相关的信息。(2010年9月17日《中国青年报》)|"中考白条"透露着教育资源分配不公下的无奈和辛酸。(2010年9月19日凤凰网)

【钟摆式移民】 zhōngbǎishì yímín 指流向沿海开放城市的大批农村剩余劳动力。这些进城的农民不能成为真正的城市人口,而是处在城市和农村之间来回移动的状态中,故称。例碍于收入支出不对等,农民工仍旧难以融入城

市，徒有"城市人"之表，"钟摆式移民"现象也难以终结。(2010年5月13日《中国青年报》)|这样的路径，使得中国每年1亿多进城打工的农民，成为世界上最大的"钟摆式移民"。(2010年11月24日《光明日报》)

【竹立方】 zhúlìfāng 名词。2010年上海世博会的浙江馆。因其外墙由竹子造型的金属网孔板构成，故称。例浙江馆的外观富有特色，用不锈钢材料和照明装置加工而成的"竹子艺术品"将浙江馆包裹成"竹立方"。(2010年6月19日《光明日报》)|在竹立方为外观的浙江馆，穿过绿莹莹的"竹林"，踏着还带着泥土芬芳的青石板，一个江南小镇呈现眼前。(2010年6月19日《人民日报》)

【专拍哥】 zhuānpāigē 名词。专门拍摄公车私用现象并予以曝光的人。例一个"专拍哥"当然是卑微的，但如果千千万万个"专拍哥"团结起来，就能汇聚成强大的洪流。(2010年7月19日山东人民广播电台《山东新闻》)|因为热衷于拍摄各类公车私用的现象而迅速蹿红网络，被网友戏称为"专拍哥"。(2010年7月22日《北京青年报》)

相关词语见"保证哥"。

【状态人】 zhuàngtàirén 名词。热衷于通过微博或个性签名发布个人即时生活动态信息的人。例像晓雨这样把自己每时每刻的状态展现在微博上的人越来越多,他们在微博时代演绎着凡人真人秀,也被形象地称为"状态人"。(2010年12月3日搜狐网)│这个即时通讯越来越发达的时代,有些人把自己每时每刻的状态在微博或个性签名上全程直播,在网络展现真实的"生活秀",这就是"状态人"。(2010年12月13日《现代教育报》)

*低碳达人 *过期新鲜人

【撞峰】 zhuàngfēng 动词。指出行时遇到交通高峰时间。例错峰上下班需防"撞峰"(2010年4月13日《新京报》)│京城外企作息时间多为朝九晚六,同时办公地点扎堆,集中于CBD、建外、中关村等几个区域,因此,在这些区域工作的公务员,大多会跟白领"撞峰"。(2010年4月17日《新京报》)

【子弹体】 zǐdàntǐ 名词。一种网络文体。模仿影片《让子弹飞》片名及其台词而成,典型句式是"让××飞(一会儿)"。例子弹体,由影片《让子弹飞》中的台词演变而来,因其表达形式独特幽默而引发博友模仿创作。(2010年12月25日《扬子晚报》)│目前,微博上最火的"子弹体"主要有两种类型,一种是拿片名说事,一种是拿台词逗乐。(2010年12月27日山西新闻网)

*凡客体 纺纱体 红楼体 *回音体 *亮叔体 蜜糖体 排比体 *微博体 *乡愁体 *校内体 *羊羔体

📖 "体"本来指文字的书写形式或作品的体裁,如楷体、宋体、公文体、政论体等。但 2010 年新词语中的"体"主要指的是话语的语言组织格式和特点,是对不同特点的语言格式或形式的归纳,表现了人们对语言及语言功用的关注。如"微博体、凡客体、回音体、亮叔体、校内体、羊羔体、子弹体"。

【紫砂门】 zǐshāmén 名词。指紫砂产品的造假事件。商家采用陶土等代替紫砂制成煲、壶等成品,欺骗消费者。例"紫砂门"事件曝光后,有专家表示,这暴露出该行业存在准入门槛低、国家标准缺失、市场竞争无序等问题。(2010 年 5 月 26 日上海广播电视台《东广早新闻》)

相关词语见"杯具门"。

【足囚协会】 zúqiú xiéhuì "足球协会"的谐音。因足球协会中有 9 名高官在"反赌扫黑"中落马,成为犯罪嫌疑人,故称。"囚"谐音"球",含讽刺意。例这栋距离沈阳市中心以北十公里粉白相间的三层小楼,被很多人认定就是谢亚龙、南勇、杨一民三人被关押的地方。有媒体戏称,三位前国足高官都可以在小楼里办起"足囚协会"。(2010 年 9 月 17 日中央电视台《新闻 1+1》)| 随着越来越多的足协官员聚集在辽宁,公众却更喜欢用"足囚协会"这样戏谑的语气来调侃。(2010 年 9 月 18 日中央电视台《新闻周刊》)

附录

2007—2009 汉语新词语词目音序索引

A

爱疯族……………… 243
安可………………… 243
安可效应…………… 243
暗七对……………… 244

B

傍生活……………… 244
包容性增长………… 244
北漂春晚…………… 245
北上广……………… 245
被丁克……………… 245
被动房……………… 245
被购物……………… 245
被广告……………… 246
被看球……………… 246
被考研……………… 246
被落榜……………… 246
被相亲……………… 246
被中产……………… 247
必剩客……………… 247
毕分族……………… 247
䴗…………………… 247
波基尼……………… 247
博客问政…………… 248

C

蚕茧族……………… 248
潮范儿……………… 248
车虫………………… 248
车联网……………… 249
宠物男……………… 249
宠物女……………… 249
触屏时代…………… 249

穿越剧	250	腹黑	254
床吧	250		
床跳	250	**G**	
次生伤害	250		
		冈布茨	254
D		刚需族	254
		港漂	255
大叔控	250	*公路火车	255
代检族	251	挂账村	255
代秒客	251	观博	255
单身经济	251	国四条	256
低碳风	251		
低碳日	251	**H**	
地球脑	251		
顶标级	252	海啃族	256
		红脉	156
E		红色运动会	256
		后毕业群体	257
E 提案	252	后毕业时代	257
		化学锅	257
F			
		J	
反粉丝	253		
分床族	253	竞价排名	257
负碳城	253	纠客	258
富三代	253	酒吧车	258

K

砍价团 …………………… 258

L

乐定族 …………………… 259
泪崩 ……………………… 259
两栖生 …………………… 259
量宽 ……………………… 259
零碳屋 …………………… 260
陆生 ……………………… 260

M

卖腐 ……………………… 260
脉客 ……………………… 260
慢递 ……………………… 261
秘婚族 …………………… 261
摩天鞋 …………………… 261
末日游 …………………… 261

N

男孩危机 ………………… 261
南澳一号 ………………… 262
内定门 …………………… 262
内夹心层 ………………… 262
娘化 ……………………… 263

P

跑腿族 …………………… 263
拼家教 …………………… 263
拼友团 …………………… 264

Q

齐天大剩 ………………… 264
钱骡 ……………………… 264
桥脆脆 ……………… 264 265
勤廉指数 ………………… 265
*青椒 …………………… 265
穷三代 …………………… 265
权力房 …………………… 265

R

日光盘 …………………… 266

S

SCI崇拜	266
三无团	267
*杀猪板	267
沙发漫游	267
晒密族	267
山寨幼儿园	267
删帖费	268
*闪游	268
社会法官	268
生活墙	268
胜女	268
剩斗士	268
试床员	269
收心班	269
手娱族	269
水焚葬	269
四好少年	269

T

碳标签	270
碳补偿	270
碳积分	270
体重指数计算尺	271
同居成本	271
囤女	271
拖粉族	271

W

外挂村官	272
外夹心层	272
网络砍价师	272
威尼斯葬礼	272
微表情	273
微公益	273
微媒体	273
微能耗	273
微笑曲线	274
微整容	274
伪娘	274
文化啃老族	274
午漂族	274

X

*洗白	275
闲客	275
橡皮白领	275

小白文 …… 276	云快递 …… 278
小三 …… 276	云时代 …… 278
小私 …… 276	云引擎 …… 279
邪典电影 …… 276	
新生活驿站 …… 276	**Z**
休夫潮 …… 276	
虚拟云 …… 277	造云船 …… 279
学位门[1] …… 277	宅童 …… 279
学位门[2] …… 277	涨时代 …… 279
	智愿者 …… 280
Y	智障工 …… 280
	中国责任 …… 280
雅贿 …… 277	种文化 …… 280
隐居族 …… 278	紫领 …… 281
云打印 …… 278	租房奴 …… 281
云服务 …… 278	

2007—2009汉语新词语

A

【爱疯族】 àifēngzú 名词。拥有苹果iPhone手机的人。爱疯：谐音"iPhone"，含诙谐意。例苹果iPhone虽好，但不停的固件升级，不断的价格上涨，让很多"爱疯族"大失所望，好在能取而代之的机型也有不少。（2007年12月14日新浪网）

【安可】 ānkě 形容词。在职场上极受欢迎的。[安可：英语encore的音译。]例在职场上，同样也有"安可现象"或称"安可效应"，即在工作上备受瞩目和追捧的职场人士。职场"安可"人士也许比别人杰出能干，也许做得了别人做不了的事，也许还左右得了老板的意志。（2009年第9期《知识文库》）

英语"encore"原为"返场再演"的意思，通常在表演或演唱会结束后，观众们不停喊"Encore"，让表演者返场再演一次，再唱一个。被"安可"是对实力和受欢迎程度的一种肯定。

【安可效应】 ānkě xiàoyìng 在职场上因言行富有魅力而

受到欢迎。也称"安可现象"。[安可:英语 encore 的音译,原义是观众要求演员返场一次。]例调查职场"安可效应"我的"安可"秘诀(2009年7月8日《申江服务导报》)

【暗七对】 ànqīduì 名词。麻将术语,是和牌的一种牌形。用来比喻办公室中隐秘的不正当男女关系。例"暗七对"往往是在熟人、朋友中产生,公司更是产生"暗七对"的温床。(2007年5月31日千龙网)

B

【傍生活】 bàngshēnghuó 动词。在金融投资市场中依仗他人的强大力量或成功经验来获取丰厚利润。例他们在投资理财中都很好地运用了一个"傍"字,就是通过有针对性的"傍",使他们少走了许多弯路,投资的方向也变得更为准确。"傍生活",真是起到了事半功倍的效果。(2008年7月22日腾讯网)

【包容性增长】 bāoróngxìng zēngzhǎng 指倡导机会平等的增长,即公平合理地分享经济增长。包括以下要素:让更多的人享受全球化成果;让弱势群体得到保护;加强中小企业和个人能力建设;在经济增长过程中保持平衡;强调投资和贸易自由化,反对投资和贸易保护主义;重视社会稳定等。例胡主席在谈到包容性增长时,表示应该加

强社会保障网络建设,着力解决教育、医疗、养老、住房等民生问题。(2009年11月16日中央人民广播电台《新闻纵横》)

【北漂春晚】 běipiāo chūnwǎn 指在北京漂泊生活的外来人员自发组织排演的春节联欢晚会。例两个月前,他主动取消了正在筹办的"北漂春晚",原因是他发现民间春晚只是一场民间话语权的争夺和民间商业行为,难掩投机实质,都在自我伤害着品质和品牌。(2009年2月16日《北京青年报》)

【北上广】 Běi Shàng Guǎng 北京、上海和广州的合称。例总部从全盘考虑航线分配,支线向干线让利,重点抓"北上广"商务黄金干线和上海出发的国际航线。(2008年4月17日红网)

【被丁克】 bèidīngkè 动词。由于生理、社会等原因而不要孩子,过丁克家庭的生活。例为了避免"被丁克",戒掉肥胖、抽烟、咖啡、不规律的生活,恢复健康的生活习惯是年轻夫妇马上要做的事情。(2009年10月16日《国际先驱导报》)

【被动房】 bèidòngfáng 名词。利用太阳能、地热能等可再生能源来采暖的房屋。例汉堡将在其友好城市上海建造中国第一栋"被动房"——一座体现最高环保建筑科技水平的现代化商住两用建筑。(2009年12月6日《中国青年报》)

【被购物】 bèigòuwù 动词。游客被旅行社(导游)强制安排购物。例憋屈就是因为在香港被当地导游带着"被购

物"了两个小时,不购物就遭到冷嘲热讽。(2009年11月13日中国经济网)

【被广告】 bèiguǎnggào 动词。受众不情愿地、无奈地收看和收听广告。例既不能关机,又没法选台,这种"被广告"的行为,是当地广播电台为了自身的利益而不顾居民权益的做法。(2009年11月18日《新民晚报》)

【被看球】 bèikànqiú 动词。对球赛不感兴趣的人被周围球迷的欢呼、评论打扰而无法正常地生活、工作。例被利用就被利用吧,这年头,我们跟"被"字结下了不解之缘,被就业、被成长、被小康甚至被自杀,难道一不小心,我们"被看球"了?(2009年8月22日网易网)

【被考研】 bèikǎoyán 动词。临近大学毕业的学生为获得更好的工作机会或为逃避就业压力而被迫选择考研。例一名大四学生笑称自己是"被考研",身边同学都考研,自己也就"随大流"了。(2009年11月11日人民网)

【被落榜】 bèiluòbǎng 动词。指超过录取分数线,本应被录取,因录取工作的人为失误而导致落榜。例高考文化分高出录取分数线61分,术科分高出32.9分,今年报考广州体育学院的湛江考生高湛文却"被落榜"了。(2009年8月5日《南方都市报》)

【被相亲】 bèixiāngqīn 动词。当事人迫于压力或碍于情面而去相亲。例"被相亲"让小辉不知如何是好。很多网友在跟帖中表示,"被相亲"的滋味确实让人憋屈得很。(2009年9月30日新浪网)

【被中产】 bèizhōngchǎn 动词。指按照公布的标准被划入中产阶层,而被划入者并不认同。例回头一想,拾荒者有了钱有了房,就从此变成"中产阶级"的一员了? 如果老汉赶得上潮流,谁去这么一问,他肯定会回答:"我那完全是'被中产'了!"(2009年8月30日新浪网)

【必剩客】 bìshèngkè 名词。对30岁上下的未婚男女的戏称。例随着"剩女"群体的扩大,社会也把"剩"的期限调长,按照内地年轻人的流行说法,二十五岁到二十七岁的未婚女性叫"剩斗士",超过了这个年龄范围就叫"必剩客"。(2009年11月18日新浪网)

剩客是对大龄未婚青年的戏称。按年龄来划分等级:25—27岁为初级剩客,这些人还有勇气继续为寻找伴侣而奋斗,故称"剩斗士";28—31岁为中级剩客,此时属于他们的机会已经不多,故称"必剩客";32—36岁为高级剩客,称为"斗战剩佛";到了36岁往上,就是特级剩客,称为"齐天大剩"。

【毕分族】 bìfēnzú 名词。一毕业就分手的大学生情侣。例记者调查发现,对他们这样"毕业就分手"的"毕分族"来说,选择拍套婚纱照作纪念成了一种"时尚"。(2007年5月25日人民网)

【靐】 bìng 形容词。本义指"雷声"。现流行于网络,意为"很雷",令人吃惊震撼。例靐到! 就好像被三个响雷同时劈到,堪称雷的最高境界。(2008年7月18日《钱江晚报》)

【波基尼】 bōjīní 名词。罩袍泳衣。是澳洲冲浪救生协会为穆斯林救生员设计的一种几乎覆盖全身的泳衣。一般人也可以穿。例法国巴黎近郊一座游泳池禁止一位年轻

的穆斯林妇女身着"波基尼"泳衣入池。(2009年8月13日《新闻晚报》)

【博客问政】 bókè wènzhèng 指官员通过博客与群众进行沟通、了解民意的问政方式。例某些官员对博客这种载体认识还不充分,没有正确认识"博客问政"的价值,思想还停留在传统的问政模式上。(2009年10月7日新浪网)

C

【蚕茧族】 cánjiǎnzú 名词。比喻注重私人空间,对他人心存戒备,像蚕茧一样把自己包裹起来的人。例韩国某就业网站最近对1544名上班族进行的调查显示,54.9%的被调查者认为自己是"蚕茧族",女性和男性当中自称"蚕茧族"的比例分别为62.9%和47.7%。(2007年7月4日《经济参考报》)

【潮范儿】 cháofànr 名词。指所呈现出来的时尚、流行、充满个性色彩的派头。潮:时尚;范儿:派头。例小沈阳唱《三枪》主题歌 潮范儿似天王(2009年11月26日腾讯网)

【车虫】 chēchóng 名词。指通过非法买卖车辆,帮助违反交通法的司机刷分等行为牟取利益的人。例在京城许多交通执法站门口,每天都会聚集着大量的"车虫",这些人会向前来接受处理的驾驶员明示,可以为一些即将满12

分又不愿意重新学习交规的司机提供刷分服务。(2009年9月15日《北京青年报》)

【车联网】 chēliánwǎng 名词。一种基于射频识别技术的车辆管理信息网络平台。通过识别装载在车辆上的电子标签,对所有车辆的属性信息和动静态信息进行提取和有效利用,并根据不同的功能需求对所有车辆的运行状态进行有效监管并提供综合服务。例车联网,使汽车自身能够"思考",通过先进的移动信息交流技术和智能化处理技术,实现了人、车和道路之间的"实时交流",避免交通堵塞和交通事故的发生。(2009年10月28日人民网)

【宠物男】 chǒngwùnán 名词。被女人当作宠物一样对待的男性。例也有不少想做"宠物男"的网民们主动在网上发帖公布自己的条件,比如贴出身高1米78,体重74公斤,手机号码多少,居住在哪里,可以用手机传送照片联系,会做家务活等信息来介绍自己。(2008年7月24日新浪网)

【宠物女】 chǒngwùnǚ 名词。被男人当作宠物一样对待的女性。例"养宠物男"这个设想本身也曾在网络上遭到强烈的批评。比如,"如果将内容换成男性养宠物女,肯定会引发骚乱"、"不可以歧视女性,难道就可以歧视男性吗"?(2008年6月4日网易网)

【触屏时代】 chùpíng shídài 触摸屏技术全面应用于计算机、手机、相机、音乐播放器等数字产品的时代。例新操作系统Windows7对多点触控技术的支持,加速了触屏时代的进程。(2009年11月26日人民网)

【穿越剧】 chuānyuèjù 名词。以人物穿越时空为剧情线索的影视剧。例作为中国电影类别中比较罕见的穿越剧,《隋朝来客》走的也是借古讽今的路子。(2009年11月3日新浪网)

【床吧】 chuángbā 名词。用床代替椅子的酒吧。例床吧在澳洲很流行,但床吧餐厅第一次投入很高,是否适合武汉还很难说。(2008年5月6日人民网)

【床跳】 chuángtiào 名词。一种娱乐活动。选择弹性好的床(多在酒店里),跳跃悬空,做出各种动作并进行拍摄,以寻求刺激和乐趣。目前在西方流行。例互联网总是引领风潮,先是Facebook,后又有了微博Twitter,而现在,一股最新风潮甚至盖过了微博的热度。床跳就是目前网络上最新流行的怪异风潮。(2009年12月7日人民网)

【次生伤害】 cìshēng shānghài 在原有伤害基础上的再一次伤害。例回到驻地,张克华和抢险人员连夜研究制定抢修方案和避免次生伤害的具体措施,即先清理不牢固的浮石,再进行施工,并作出了人员和机具天亮就进入抢险现场的决定。(2008年7月4日人民网)

D

【大叔控】 dàshūkòng 名词。指喜欢年龄很大的成熟男性

的年轻女性。控：痴迷者。例她们被称作"大叔控"，因为她们只对岁数比自己大许多的男人动心。(2009年6月25日新浪网)

【代检族】 dàijiǎnzú 名词。代替某人体检并从中获取报酬的人。被代替的人多患有某种疾病不能符合某项职业体检要求。例在求职高峰期，"代检者"轻松得到数千元收入的同时，乙肝病毒携带者或乙肝病患者也拿到了健康证或体检合格证。(2009年10月12日《生活新报》)

【代秒客】 dàimiǎokè 名词。代替他人在网上参与秒杀活动的人。例代秒客的出现，必将降低人们对秒杀的信任、降低人们参与秒杀的积极性。(2009年11月17日中国网)

【单身经济】 dānshēn jīngjì 指专门针对单身群体推出单身套餐、单身公寓等一系列产品的经济模式。例随着北京、上海的单身人数相继突破百万大关，单身经济这片潜在的蓝海大有可为。对于有创业念头的年轻人来讲，或许单身经济将成为自己最好的创业良机。(2009年11月17日新民网)

【低碳风】 dītànfēng 名词。倡导降低二氧化碳排放的环保风潮。例低碳风再起 新能源板块一路飙升(2009年11月30日腾讯网)

【低碳日】 dītànrì 名词。为倡导和践行低碳生活而设立的宣传日。例设立全国低碳日，可以持续宣传和普及低碳知识，提高公民低碳意识。(2009年12月10日国际能源网)

【地球脑】 dìqiúnǎo 名词。指通过互联网等媒介连接起来的地球上所有人类智慧的总和。它类似人脑,互联网等媒介可看成神经,人类个体的大脑相当于其中的一个神经元,故称。例地球脑是由地球上的所有人类,包括电脑以及将它们连接起来的各种通信方式,所共同形成的。(2008年4月7日中国宁波网)

【顶标级】 dǐngbiāojí 名词。在台湾大学入学考试学科能力测验中成绩最高的一等。一般要在台湾地区所有同年级考生中排名位于前5%,能被台湾一流大学录取。例参加台湾大学入学考试学科能力测验,且考试成绩达到台湾一流大学录取标准(顶标级)的台湾考生,可直接向大陆高校申请就读,经学校面试达到录取标准即可入学。(2009年7月13日人民网)

E

【E提案】 E tí'àn 名词。通过互联网提交的电子版议案。[E是英语electronic的首字母,意思是电子的。]例今年两会的帷幕正在拉开,和往年不同的是,民众正在从单纯的旁观者变成直接的参与者——通过在互联网上提交自己的电子提案(E提案),实现参政议政的权利。(2009年3月3日《济南日报》)

F

【反粉丝】 fǎnfěnsī 名词。指对某个演艺人员持反对态度并进行批评甚至攻击的人。例 不久前,韩国著名女星崔真实,传因承受不了"反粉丝"网络的谣言,上吊自杀。(2008年11月26日搜狐网)

【分床族】 fēnchuángzú 名词。指夫妻双方分床而睡的人。多为工作压力、社会压力大的80后职场白领。例 昨日,市妇联妇女儿童法律服务中心法律顾问赵华说,最近两年,他常常遇到前来咨询的"分床族",他们往往是因为两人习惯不同,或者工作时间冲突。(2009年8月7日《生活新报》)

【负碳城】 fùtànchéng 名词。以生物环保产业为依托,实现无污染、资源可再生、自然可循环的新型城市。例 未来的"负碳城"中建筑物均采用微能耗建筑,就像吸收阳光改善环境的大树一样,通过吸收阳光提供光和热,并且把"冬季的寒冷"存入地下水池,用于夏季空调制冷,因而被称为会"呼吸"的建筑。(2009年11月16日腾讯网)

【富三代】 fùsāndài 名词。指富二代所生的子女。例 江苏苏州一位23岁的"富三代"青年近日因不愿爷爷要求其放弃钟爱的动漫、为继承家业作准备而愤然拔刀断指事件

再度将长期以来悬而难决的"中国家族企业如何选择接班人"议题送进公众视野。(2009年11月10日南方报网)

【腹黑】 fùhēi 形容词。形容人表里不一,看起来单纯善良,实则阴损恶毒。源自日本漫画。例生活中的他是一个十分真诚、亲切、可爱的人,常受到长辈以及同辈的关照。同时也是相当腹黑(表里不一的意思)喜欢恶搞的人。(2009年12月4日腾讯网)

G

【冈布茨】 gāngbùcí 名词。一种名为三维凸均匀体的全新的几何形状。该物体只有一个稳定平衡点和一个非稳定平衡点,无论以何种角度将其放置在水平面上,都可以自行回到其稳定点。类似于不倒翁玩具。[冈布茨,英语 Gomboc 的音译。也译作"冈波茨"。]例冈布茨是继魔方之后匈牙利人的又一项世界级发明创造,集科学性与趣味性于一体。(2009年12月16日《新民晚报》)

【刚需族】 gāngxūzú 名词。对住房有刚性需求的人。他们

是真实的购买住房的群体。例高房价吓退大部分"刚需族",北京楼市呈价升量跌态势。(2009年8月27日新浪网)

【港漂】 gǎngpiāo 名词。在香港工作和生活,但尚未安定扎根的外地人。例在北京,他是华侨,是美国人;在香港,仍被当作外地人、"港漂"。(2008年12月25日凤凰网)

【*公路火车】 gōnglù huǒchē 一种新型的高效低碳出行方式。利用无线传感器将各类汽车如卡车、轿车、出租车等连接起来,像一节节火车车厢那样首尾连在一起行驶,就像在公路上行驶的火车,故称。例在欧洲,人们很快就可以看到一种有趣的"公路火车"。只要"火车头"起好领头作用,跟在它身后的司机们即使在车里看书、睡觉也没关系。(2009年12月2日新浪网)

公路火车是由欧盟资助的研究项目。每列公路火车可包括8辆独立的车辆,由公路火车带领的轿车和卡车,燃油平均可节约20%。欧盟希望通过这种方式减少车辆油耗,缓解交通堵塞。

【挂账村】 guàzhàngcūn 名词。指城乡结合部需要进行整治的村庄。通常地域人口密度高、卫生环境差、违章违法建筑多、社会治安秩序混乱。因被列入市级挂账整治督办重点,故称。例为确保年底之前摘掉挂账村的"帽子",平房地区办事处成立了专项领导小组。(2009年12月1日朝阳新闻网)

【观博】 guānbó 动词。参观世博会。例作为上海世博会唯一的航空合作伙伴,世博前,东航将推出3500张免费

"机票＋世博门票",以吸引更多观博游客。(2009年7月9日《新民晚报》)

【国四条】 guósìtiáo 名词。指温家宝总理在2009年12月14日召开的国务院常务会议上,就促进房地产市场健康发展提出的增加供给、抑制投机、加强监管、推进保障房建设等四大举措。例国务院14日会议明确提及要遏制部分城市房价过快上涨的势头,并提出被称为"国四条"的具体措施。(2009年12月15日《新闻晚报》)

H

【海啃族】 hǎikěnzú 名词。指海外留学归来后依然由父母供养的人。例现在,留学人数年年都在增长,国内就业竞争也日渐加剧,海啃族只会变得越来越多。(2007年12月7日《中国青年报》)

【红脉】 hóngmài 名词。指一个区域的产业、交通、城镇建设等因素。与"绿韵"相对。例城市生态包括人类行为的社会生态、物质代谢的经济生态和环境友好的自然生态3个层次,是绿韵(蓝天、绿野、沃土、碧水)和红脉(产业、交通、城镇、文脉)的融合。(2009年6月10日《中国环境报》)

【红色运动会】 hóngsè yùndònghuì 融红色文化和体育竞

赛于一体的运动会。例 此次红色运动会大部分项目与抗战时期广大劳动人民的生活息息相关,有独轮车运军粮、红嫂纳鞋底,红嫂火线救伤员等等,参赛选手的表现引来了观众席上热烈的掌声和一片叫好声。(2009年8月11日中国日报网)

【后毕业群体】 hòubìyè qúntǐ 刚刚毕业走上社会的高校学生。例 陆家嘴建人才港助"后毕业群体"暂渡难关(2009年12月3日文新传媒)

【后毕业时代】 hòubìyè shídài 高校学生毕业后刚刚走上社会的一段时间。在这段时间里,他们在求职、心理方面往往会遇到一些问题。例 走出校园,走进后毕业时代的年轻人进入了我们的视野,他们正面对怎样的压力?他们的理想与现实有着怎样的距离?(2009年12月2日新华网)

【化学锅】 huàxuéguō 名词。指汤中放入大量化学添加剂的火锅。例 大家都爱吃涮火锅,可这热腾腾的火锅里却隐藏着大量不为人知的"神秘物质"。"火锅其实就是由众多调味品、添加剂杂烩成的化学锅。"一位业内人士表示。(2009年4月13日《城市快报》)

J

【竞价排名】 jìngjià páimíng 指根据缴费的多少来人为确

定网站搜索结果的排序。例谁花钱多,就给谁排在前面。近日,百度竞价排名黑幕被央视曝光之后,股价大跌。(2008年11月21日南方报网)

【纠客】 jiūkè 名词。热衷于为影视剧等大众传媒挑错的人。例随着网络文化的延伸发展,网络人群也渐渐分化成多个特色群体,纠客就是2007年浮出水面并结成"组织"的。这是一群乐于纠正别人错误的具备专业精神的人。(2008年2月1日《齐鲁晚报》)

【酒吧车】 jiǔbāchē 名词。我国"和谐号"或高铁列车上专为旅客提供茶水、咖啡等服务的车厢。例4395次沈阳至抚顺北的列车,共有7节车厢,分别为3辆一等车、3辆二等车和1辆酒吧车,此外头尾每端还各有一台柴油机车牵引。(2009年7月31日新华网)

K

【砍价团】 kǎnjiàtuán 名词。专门帮助别人向卖主砍价并从中收取一定费用的团体。例金融危机催生了代人购物、代人砍价的服务新模式,不少市民为了捂紧口袋节缩开支,选择通过"砍价团"这一中介模式购物。(2009年4月15日网易网)

L

【乐定族】 lèdìngzú 名词。指在快节奏的现代生活中,讲求放慢脚步,以淡定的态度快乐生活,追求心灵环保的人。例快节奏的都市生活,孕育了一支全新的族群——"乐定族",他们以"放慢脚步,定逸生活"为主旨。(2009年8月23日中国新闻网)

【泪崩】 lèibēng 动词。突然流出大量眼泪。例颁奖典礼上,费德勒在发表亚军感言时突然泪崩。(2009年6月9日搜狐网)

【两栖生】 liǎngqīshēng 名词。既准备出国留学,又不放弃国内高考的高中生。例她还真不知道自己是否能像"两栖生"那样应对SAT和高考的双重压力,好在AP高中有老师安排进程,免除了高考的压力。(2009年11月11日《广州日报》)

【量宽】 liàngkuān 动词。"量化宽松"或"定量宽松"的简称。指中央银行在实行零利率或近似零利率政策后,通过购买国债等中长期债券,增加基础货币供给,向市场注入大量流动性资金的干预方式。例2008年第四季过后,在美国实施"量宽"货币政策后,各国争相仿效大印钞票,导致市场对通胀预期升温,国际热钱大量流入商品期货市

场。(2009年6月22日金融界网)

【零碳屋】 língtànwū 名词。二氧化碳排放量为零的房屋。例在苏格兰北端安斯特岛,一对英国老夫妇建造了世界上首座无排放的"零碳屋",房屋和日常生活所需能源全部用太阳能和风力涡轮自给自足。(2008年7月11日腾讯网)

【陆生】 lùshēng 名词。台湾地区对大陆学生或具有大陆学历人员的称呼。例台行政院大跃进 明年起开放陆生前往就学(2008年7月19日《海峡都市报》)

M

【卖腐】 màifǔ 动词。靠美男或男同性恋为炒作点来吸引眼球。腐:网络语言中指热衷于幻想男男爱情。例自从《断背山》开了先河,断背之恋在演艺圈愈演愈盛,不知是人人心中都有座断背山,还是明星们想靠模棱两可的断背绯闻炒新闻,"卖腐"成了明星们上位的最好选择。(2009年11月19日中国山东网)

"腐"在日文中有无可救药的意思。"腐女"一词最初源于日本,是指那些喜欢看描写男男爱情的漫画或小说的女性。现在影视圈意识到了腐女的力量,开始拿男男关系做文章,产生了"卖腐"现象。

【脉客】 màikè 名词。善于建立和经营人脉关系的人。

[源自英语 Man keep] 例你是"脉客"么：人脉网中必须有的十类人(2007年9月4日中国网)

【慢递】 màndì 名词。一种信件投递方式。因信件收到时间由寄信人决定，可以在几个月、几年甚至几十年后，故称。例只要填上详细的地址，并在慢递自制的邮戳上写明，希望这封信将于某年某月某日之前寄达，这封信就会在数个月、数年甚至数十年后，出现在收信人的信箱中。(2009年11月18日《中国青年报》)

【秘婚族】 mìhūnzú 名词。即"隐婚族"。例揭秘娱乐圈"秘婚族"明星 华仔15年前已结婚？(2007年12月27日中国新闻网)

【摩天鞋】 mótiānxié 名词。鞋跟极高的鞋。例"摩天鞋"——今年夏季鞋子流行中的最大热点(2007年5月8日新华网)

【末日游】 mòrìyóu 名词。指在某个珍奇的自然景观因地理环境变化而即将消失之前进行的旅游。例即将消失的马尔代夫引发了人们在马尔代夫沉没前去游览凭吊的末日游风潮。(2009年12月3日中国山东网)

N

【男孩危机】 nánhái wēijī 指男孩在学业、体质、心理及社会适应等各个方面日益落后于女孩的现象。也称"男生危机"。例男孩危机是全线性的危机,从中小学到大学,男孩危机日趋严重。(2009年12月9日《光明日报》)

中国青少年教育问题研究专家孙云晓在《拯救男孩》中提出"男孩危机"的论点,揭示了男孩成长与教育的四大危机:学业危机、心理危机、体质危机和社会危机。并指出,应试教育、家庭教育和流行文化是导致"男孩危机"的三大成因。书中强调:教育应尊重男孩的性别差异、父亲对男孩教育的影响以及男孩怎样承担压力和责任等等。

【南澳一号】 Nán'ào yīhào 指在广东省南澳县云澳海域发现的一艘明代古沉船。上面载有大量古代瓷器等文物。例据了解,因"南澳一号"沉船海域水底是沙,能见度高,此次打捞方案与"南海一号"不同,将采用传统的水下考古方式,先将沉船上的瓷器打捞出水。(2009年9月24日搜狐网)

南澳1号古船,简称"南澳1号",是2009年9月26日在中国广东汕头市南澳岛县举行水下考古抢救发掘启动仪式上宣布对此前被名为"南海Ⅱ号"的明代古沉船的正式更名,理由是根据考古精确命名惯例,以其发现地为名,是结合当地政府和公众的意见并报请国家文物局同意的。

【内定门】 nèidìngmén 指在评选或其他人事调配问题上因涉嫌内定而引发的事件。例最近一则关于中国足球的悬案就是所谓的"内定门",出自上海申花俱乐部的大嘴老板朱骏之口。(2007年11月4日新浪网)

【内夹心层】 nèi jiāxīncéng 指达不到廉租房条件、又买不起经适房的家庭。与"外夹心层"相对。例广州已经开始着手研究内外"夹心层"住房问题,将针对"内夹心层"推出公共租赁房。(2009年11月25日《南方日报》)

【娘化】 niánghuà 动词。指男子女性化,也指倾向将漫画或游戏角色等安排成女性的现象。例喜欢三国的玩家朋友肯定会被这款名为《巾帼天下》的三国战争策略游戏雷倒。这款游戏居然把响当当的三国知名人物全部娘化。(2009年5月22日265G网)

P

【跑腿族】 pǎotuǐzú 名词。为别人跑腿做事并收取一定费用的人。多指高校中勤工俭学的学生。例近段时间气温很低,弄得有些大学生懒得出宿舍,催生了校园"跑腿族"为其买零食、香烟的事情。(2009年12月14日《桂林晚报》)

【拼家教】 pīnjiājiào 动词。几个家庭合请一位家教,以减少开支。例外出旅游要"拼游",买时尚杂志要"拼读",买VCD要"拼碟",几个单身"贵族"请家政工要"拼保姆",一个小区的几个学生家长都想请老师要"拼家教"等等,随时随地在"拼",无时无刻不在打着省钱的算盘。(2008年1月8日东北新闻网)

【拼友团】 pīnyǒutuán 名词。组织在一起游玩、消费的群体。其成员之间原多互不相识。例拼友团的宗旨和目标是：以AA制方式，力争一年内，吃遍本市所有高、中、低档饭店餐馆，让所有团友充分享受美食世界的乐趣。(2007年8月1日《北京青年报》)

Q

【齐天大剩】 qítiān dàshèng 名词。对30岁上下的未婚男女的戏称。谐音"齐天大圣"。见"必剩客"(247页)。例25到27岁的是"剩斗士"，28到31岁的是"必剩客"，32到36岁为高级剩客，到36岁以上的是"齐天大剩"。(2009年8月31日《北京青年报》)

【钱骡】 qiánluó 名词。指受人雇佣通过互联网把非法所得从一国转移到另一国的人。例在经济危机时期，网络骗子以诱人的工作机会引诱失业人群上当，旨在获取钱骡，即那些帮助他们把非法钱财转移的人。(2008年12月24日搜狐网)

【桥脆脆】 qiáocuìcuì 名词。对因质量很差而出现破损、开裂等现象的桥的戏称。例在南京、杭州、贵州等地相继爆出"桥脆脆"事件后，近日，有市民向媒体报料，称佛山南海也有一座"桥脆脆"，该桥多处出现裂缝，最宽的裂缝有

近10厘米。(2009年12月23日《南方日报》)

【勤廉指数】 qínlián zhǐshù　指主要由群众打分,综合分析各种勤廉信息,对干部日常工作进行测评的监督体系。例在测评结果的统计中,建立数据分析机制,从测评内容上对"勤政"和"廉政"两部分内容的测评结果分别进行统计,然后累加计算出"勤廉指数"分值,量化分析"勤廉指数"测评结果。(2009年10月23日《光明日报》)

【*青椒】 qīngjiāo　名词。网络用语,对青年教师的昵称。例在不少高校BBS的青年教师交流板块上,几乎都能找到这篇《青椒生存指南》,其中列出的"青椒"关注事项123,生动讲述了高校青年教师的生存压力和困惑。(2009年8月17日《文汇报》)

【穷三代】 qióngsāndài　名词。指没有摆脱贫穷命运的"穷二代"子女。又称"贫三代"。例如果教育这个最能改变命运的渠道被堵死,那就意味着"穷二代""穷三代"将是一种残酷的宿命。(2009年11月19日《中国青年报》)

【权力房】 quánlìfáng　名词。指为公职人员提供的房子,也指借由公权获得的房子。例权力房有几点共性,一是价格低廉,远远低于市场价,二是以集体的名义买或建,三是为少数特权阶层所享有。权力房的背后,说到底,是特权魂灵死而不僵,是权力通吃的积弊大肆铺陈。(2009年8月31日新浪网)

R

【日光盘】 rìguāngpán 名词。指当日开盘当日售罄的楼盘。例今年昆明楼市的火爆,让"日光盘"逐渐成为现实。(2009年12月11日《生活新报》)

S

【SCI崇拜】 SCI chóngbài 指国内大学、科研院所和科学工作者将SCI论文发表情况作为衡量学术水平最重要的尺度,硕博学位、职称评定、经费申请、评奖晋升乃至院士评选,都与之挂钩的现象。例20世纪80年代末由南京大学最先将SCI引入科研评价体系后,各高校纷纷跟进,将SCI与职称评定、科研经费等挂上钩,并制定相关的奖励政策。(2008年7月9日《中国青年报》)

　　SCI(Science Citation Index)是由美国科学信息研究所(ISI)1961年创办出版的引文数据库。SCI(科学引文索引)、EI(工程索引)、ISTP(科技会议录索引)是世界著名的三大科技文献检索系统,是国际公认的进行科学统计与科学评价的主要检索工具,其中以SCI最为重要。

【三无团】 sānwútuán 名词。指旅游全程"无强迫购物""无自费项目""无附加费"的旅游团。例第一批"三无团"7月份前往中国香港、中国台湾、韩国和日本,游客回来后反映很好。(2009年7月23日人民网)

【*杀猪板】 shāzhūbǎn 名词。对具有高风险的创业板的戏称。例著名财经评论人士水皮更直言,担心创业板会成为"杀猪板"。(2009年10月19日新浪网)

【沙发漫游】 shāfā mànyóu 一种互助旅游方式。双方通过互联网沟通达成共识,彼此到对方居住地旅行时,在对方家客厅沙发睡觉休息。参与这种互助旅游的人称"沙发客"。例"沙发漫游"的接待主人通常提供客厅,让客人以沙发代床或者打地铺。通过它人们可以为自己寻找旅途中的免费住宿,虽然"待遇"不高,但却可以让无数年轻人踏遍全球。(2007年10月8日国际商报网)

【晒密族】 shàimìzú 名词。指在互联网上公布个人私密的人。例近来年轻网民流行"隐私公开秀",匿名将私密发布到网上,自认为是个性生活的体现。这些人自称"晒客""晒密族"。(2007年9月5日中国日报网)

【山寨幼儿园】 shānzhài yòu'éryuán 指没有达到现行注册标准而未能在教育部门登记注册的托幼机构。例北京"山寨幼儿园"数量超过正规园(2009年7月29日《中国青年报》)

【删帖费】 shāntiěfèi 名词。指为删除网站上的帖子而向网络管理人员支付的费用。[例]最近,有一些大小网络利用捏造、炒作、传播企业负面新闻的方式,通过对删帖费漫天要价进行明目张胆的商业敲诈。(2009年11月29日人民网)

【*闪游】 shǎnyóu 动词。指短时快速地在某地旅行。[例]阿娇与阿Sa闪游台湾 被路人认出无损好心情(2008年12月25日腾讯网)

【社会法官】 shèhuì fǎguān 在当地群众中有较高威望,有热情、有能力解决一些民事纠纷的人。[例]现在法院的案件量大,法官少,应该充分利用"社会法官",把案件化解在法庭之外。(2009年8月3日《工人日报》)

【生活墙】 shēnghuóqiáng 名词。日本松下研制的一种能放映视频并能与人进行智能互动的显示屏。目前正在开发过程中。[例]可以将数码相机的照片用无线传输到生活墙上,通过手势的简单操作来选择及排列照片,装饰成一面"美好记忆墙"。(2009年10月26日网易网)

【胜女】 shèngnǚ 名词。各方面都较优秀且心态较好的大龄未婚女性。由"剩女"衍生而来。[例]她们都是当之无愧的"胜女",胜在典雅的气质,胜在不凡的阅历,胜在丰厚的收入。(2009年4月19日新浪网)

【剩斗士】 shèngdòushì 名词。对25—27岁的未婚男女的戏称。谐音"圣斗士"。见"必剩客"(247页)。[例]25到27岁的是"剩斗士",28到31岁的是"必剩客",32到36岁为高级剩客,到36岁以上的是"齐天大剩"。(2009年8月31

日《北京青年报》)

【试床员】 shìchuángyuán 名词。指一些旅行网站招募来对酒店接待水平进行评价的人。他们免费入住酒店,对酒店整体情况进行体验,然后提交报告。例艺龙首先推出招募"五星级酒店试床员"的活动,涉及到了北京、上海、杭州等15个重点商务及度假热门城市的宾馆。(2009年12月13日《北京青年报》)

【收心班】 shōuxīnbān 名词。在假期结束前举办的,使孩子的注意力转移到学习上来,以适应新学期节奏的培训班。例寒假就要结束了,可不少孩子还没有从春节的兴奋劲儿里走出来,为了让孩子们尽快适应学习生活,一种"收心班"应运而生。(2009年2月11日新浪网)

【手娱族】 shǒuyúzú 名词。用手机阅读、玩游戏、看电影、看电视,并以此作为娱乐方式的人。例在广州,公交车成为了"手娱族"的主要阵地,在上下班高峰时期,大部分年轻人往往需要经历较长的乘车过程,而在这段时间,利用手机娱乐,放松自己的心情,也会为工作和生活带来惬意的轻松。(2009年12月10日天极网)

【水焚葬】 shuǐfénzàng 名词。一种丧葬方式。通过加热含有氢氧化钾的水来处理遗体。例所谓"水焚葬"就是将死者用丝绸包裹,放入一个圆柱形的"锅炉",随后向里面注入数百升混合着氢氧化钾的水,将锅炉内部加热到150摄氏度,两到三小时后,死者的尸体就变成了白色的骨灰。(2007年8月6日扬子晚报网)

【四好少年】 sì hǎo shàonián "热爱祖国、理想远大的好少年;勤奋学习、追求上进的好少年;品德优良、团结友爱的好少年;体魄强健、活泼开朗的好少年"的合称。是胡锦涛总书记对全国少先队员提出的要求。例少先队辅导员要肩负起引导少先队员争当"四好少年"的神圣使命和光荣职责。(2009年10月30日《中国青年报》)

T

【碳标签】 tànbiāoqiān 名词。把商品在生产过程中所排放的温室气体排放量标示出来的产品标签。例现在欧洲、美国的很多产品都有"碳标签",标明该产品生命周期的碳排放。(2009年12月1日腾讯网)

【碳补偿】 tànbǔcháng 动词。计算生产和生活中二氧化碳的排放总量,然后通过植树等方式吸收这些二氧化碳,以达到环保目的。也称"碳中和"。例碳补偿是现代人为减缓全球变暖所作的努力之一。(2009年3月10日《北京青年报》)

【碳积分】 tànjīfēn 名词。按欧盟设立的二氧化碳配额制度,通过减少水电等使用量所产生的温室气体减排量,经积分运行系统换算后所获得的值。例酒店将投资于国内绿色能源发展及能源减排项目,通过购买碳积分的方式来抵消自己的碳排放。住店客人也可以通过个人购买碳积

分的方式,来充抵自己在酒店中吃住的部分开销。(2008年2月9日中国上海网)

【体重指数计算尺】 tǐzhòng zhǐshù jìsuànchǐ 一种计算身高体重指数的尺子,通过测量得出数据,提醒人们注意饮食健康。例杭州市还通过向市民发放计步器、限盐罐、控油壶、腰围尺、体重指数计算尺等健康生活用具等活动,以推行适量运动、平衡膳食来改变社区居民、外来人口和工作场所工作人员的健康状况。(2008年11月18日《人民政协报》)

【同居成本】 tóngjū chéngběn 指未婚男女同居生活所付出的代价。包含经济成本、身体成本、生理成本、心理成本以及社会文化成本五项指标。其中女性的五项成本均偏高,部分女性甚至付出沉重的代价,而男性成本几乎为零。例最近,有专家提出"同居成本"论。研究发现,未婚同居中男人的同居成本接近于零,而女性却要付出沉重的代价。(2009年7月22日人民网)

【囤女】 túnnǚ 名词。主要指年龄超过25岁的女性。由于身体新陈代谢减缓,体内代谢物和脂肪日渐囤积,故称。例女生过了25岁,因新陈代谢变缓,同时也缺乏运动,体内废物逐渐囤积,令健康大不如前,成了名副其实的囤女。(2009年8月3日太平洋新闻网)

【拖粉族】 tuōfěnzú 名词。通常指到港澳或境外购买奶粉带回中国大陆的人。例近日海关严查"拖粉族",每天都没收几百人的证件,有一次有个香港妈妈只带了两罐奶粉也被查了,据说还被扣了证。(2009年10月2日《新快报》)

W

【外挂村官】 wàiguà cūnguān 挂名做村官的本村外出务工人员。他们往往经验丰富,眼界开阔,思想活跃,有助于本村社会经济的发展。例 近年来,该市外挂村官牵头为乡亲助困、助学、助医等好事实事2600多件;调解或帮助调解各种矛盾纠纷达580多宗。(2008年8月12日《云浮日报》)

【外夹心层】 wài jiāxīncéng 指既不够资格申请经济适用房,又买不起商品房的人。与"内夹心层"相对。例 针对"内夹心层",广州将推出公共租赁房,而对于"外夹心层"住房问题,正在研究多种路径,如提高工资收入中的住房消费分量,包括住房补贴、公积金等,提供限价房。(2009年12月25日《广州日报》)

【网络砍价师】 wǎngluò kǎnjiàshī 通过网络平台了解消费者需求,组织团购,并代表消费者与商家讨价还价,从中获取一定报酬的人。例 此次专门开设了2000多平方米的现场展品团购活动,特邀专业的网络砍价师免费帮消费者"杀价",让市民以最低价格拿到中意的商品。(2009年9月21日腾讯网)

【威尼斯葬礼】 Wēinísī zànglǐ 指2009年11月14日威尼

斯居民为这座人口不足6万人的城市举行的"葬礼"。旨在引起社会的关注。例威尼斯葬礼的组织者之一、商人沙奇介绍说,在1950年时这里仅有100万游客,而如今每年都有约2000万游客。(2009年11月16日《扬子晚报》)

根据官方公布的统计数据,1957年威尼斯常住人口为17.4万人,1996年已经下降到7万人。2009年则达到历史最低水平,为59992人。如果继续发展,2030年威尼斯就将变成一座没有居民的城市。威尼斯居民为威尼斯举行葬礼,是为了引起人们对威尼斯当前困境的关注。

【微表情】 wēibiǎoqíng 名词。指人不经意流露出的不明显的真实表情。例有专家指出,这些并不受意识控制的"微表情",透露了面试者内心极高的压力。(2009年10月27日《中国青年报》)

【微公益】 wēigōngyì 名词。指从身边小事做起,以达到积少成多的公益活动。例做微公益也需要一个平台,通过这个平台,让"微不足道"的付出通过每个自发的个体,渗透到公益需求的每个角落。(2009年12月11日惠州新闻网)

【微媒体】 wēiméitǐ 名词。由许多微小的信息发布点构成的网络传播结构。例博客的发展为大家提供了一个非常好的个性化网络媒体的平台。希望在未来合作中我们能够有共同的进步,能够帮助中国不管是宏观媒体内容还是微媒体内容、个性化媒体内容能够有更好的发展。(2007年1月18日新浪网)

【微能耗】 wēinénghào 名词。很小的能量耗费。例日

前,全球首台微能耗、零排放、无污染新型发电机在深圳研制成功。(2009年3月23日新浪网)

【微笑曲线】 wēixiào qǔxiàn 指台湾宏基集团创办人施振荣提出的理论。微笑曲线的线形两端朝上,中间低洼,像人微笑的样子,两端分别代表附加值高的研发和销售环节,中间代表附加值低的制造环节,企业未来应向曲线两端发展。例公司经营上采用"微笑曲线"战略,通过对附加值最高的创新研发及市场营销业务的重点开发和投入,形成了公司在技术和市场营销上的核心优势。(2009年11月11日新浪网)

【微整容】 wēizhěngróng 名词。创伤小、疼痛少、简单快速的整容。如开双眼皮、隆鼻、点痣、祛疤、洗牙、洁白牙齿等。也称"微美容"。例她们此行目的是来"体验"一下各整容项目,主要是"微整容",包括皮肤的养护等。(2009年8月26日新浪网)

【伪娘】 wěiniáng 名词。故意扮成女性模样且面容姣好的男子。源于日本动漫。例伪娘在动画作品上的出现很大程度上都是为了艺术的夸张,这就和很多春晚小品中会有男扮女装是一个道理。(2009年3月8日《广州日报》)

【文化啃老族】 wénhuà kěnlǎozú 名词。靠改编或颠覆经典名著作品、争夺古代文化遗址来获取利益的人。例为了防止"文化啃老族"势态的蔓延,最好的办法就是,老年人自己永葆革命的青春。(2009年7月13日新浪网)

【午漂族】 wǔpiāozú 名词。中午不能回家休息的上班族。例记者在市区几家大型商场、超市发现,上午11时这些场所还略显冷清,可中午 12 时左右突然热闹起来了,不少白领"午漂族"来悠闲地挑选商品。(2007 年 8 月 13 日扬州新闻网)

X

【*洗白】 xǐbái 动词。通过一定的不正当渠道将非法所得变成合法财物或将不光彩的记录消除。例国内视频网站的版权问题也在风口浪尖上,原来隐藏在海量内容中的盗版电影电视很难再藏住了,各家都逐渐地"洗白"自己,借助各种资金和力量逐渐地正版化。(2009 年 12 月 9 日《北京青年报》)

【闲客】 xiánkè 名词。由闲不住网推出的一种互联网职业。指通过 QQ、MSN 等网络工具向他人有偿提供知识、经验的人。因网站名为"闲不住",故称。例闲不住网创建不到一年,就吸引了大批的高教人才,在国内外产生了较大的反响,并催生了"闲客"这一新兴职业。(2009 年 12 月 2 日新浪网)

【橡皮白领】 xiàngpí báilǐng 没有工作热情,没有效率,没有荣辱感,不接受新生事物和意见的高级职员。他们如同橡皮做成的一样没有神经、没有痛感、没有反应,故名。例剖析:职场中令人头疼的"橡皮白领"(2008 年 12 月 10

日世界企业家网)

【小白文】 xiǎobáiwén 名词。没有深度、轻松搞笑的作品。也指情节干净，没有出格描写的小说。例蓝紫是晋江网上当红的作者，和那些小白文、穿越文的意淫小说不同的是，她已经脱离了网络文学的范畴。(2008年11月17日《东南快报》)

【小三】 xiǎosān 名词。对插足他人婚姻关系的第三者的贬称。例杨群的妻子知道丈夫在外养"小三"，坚决要求离婚，并提出他们的女儿由杨群抚养。(2009年4月3日《新民晚报》)

【小私】 xiǎosī 名词。喜欢享受并拥有私人保姆、私人律师、私人秘书等私人服务的人。例"小私"一族悄悄兴起 专家提醒选择"私人服务"要慎重(2008年3月29日新华网)

【邪典电影】 xiédiǎn diànyǐng 指拍摄手法独特、题材诡异、风格异常、在小众范围内受欢迎的电影作品。译自英文Cult Movie。例"邪典电影"成新选择 世界为什么需要蜘蛛侠？(2007年5月11日中国经济网)

【新生活驿站】 xīnshēnghuó yìzhàn 广州2010亚运会城市志愿者服务站站点的别称。例广东省青少年迎亚运志愿行动启动仪式暨亚运志愿服务全民体验日活动隆重举行，广州市首个亚运城市服务站点，装饰一新的"新生活驿站"出街。(2009年12月15日《广州日报》)

【休夫潮】 xiūfūcháo 名词。由女性主动提出离婚的社会现象。例美超级富豪们惨遇老婆休夫潮(2008年7月14

日《北京晚报》)

【虚拟云】 xūnǐyún 名词。利用云计算技术开发的有助于企业电脑系统提高效率和安全性的操作系统。例如今,越来越多的企业用户更看重网络连接之外的增值服务,数据中心、服务器托管、虚拟云都是当前热门的企业网络服务,拥有很好的发展前景。(2009年12月2日中国通讯网)

【学位门】[1] xuéwèimén 名词。指大学生毕业典礼上穿过的一道门。象征大学生活结束。例毕业典礼上,北大一改传统的本科毕业生不穿学位服的规定,毕业生以院系为单位分别走上典礼舞台,身着学位服,依次穿过精心装点的学位门,校领导和导师代表为每一名毕业生拨流苏,祝贺他们顺利毕业。(2009年2月18日《光明日报》)

【学位门】[2] xuéwèimén 名词。指因学历造假引起的丑闻。例沸沸扬扬的韩国"学位门"事件并未随着东国大学艺术史学副教授申正娥被解聘而告一段落。(2007年9月12日《竞报》)

Y

【雅贿】 yǎhuì 动词。用名家字画、珍奇古玩等来进行贿赂。跟"俗贿"相对。例如果堂堂学府总在闹出一些"雅贿"、一些趋炎附势、一些权权交易权钱交易之事,教育圣殿的蒙垢染尘势必带来社会风气的不良形成。(2009年7月16日人民网)

【隐居族】 yǐnjūzú 名词。因生存压力等长期蛰居,很少与他人沟通的人。例渐渐地,"玫瑰族"中一部分人产生自卑感,变成整天闷在屋里躲避现实的"隐居族"。(2007年6月25日新华网)

【云打印】 yúndǎyìn 名词。指采用Chrome OS操作系统的设备,在运行应用程序过程中,能够与任何打印机相连接,完成各种打印任务。例惠普实验室在其最为擅长的打印领域推出了一项可以应用的、基于云计算的云服务——云打印。(2009年8月19日比特网)

【云服务】 yúnfúwù 名词。指在云环境中为用户提供咨询、设计、建设、运营一体化等服务,满足用户个性化需求。例盛大"云服务"或将为750家企业提供协助。(2009年12月10日人民网)

【云快递】 yúnkuàidì 名词。采用直营和加盟相结合的模式,结合电子商务企业的需求,做类似线下商业的物流配送,实现所有的物流功能的服务平台。也称"云物流"。例如上便是陈平所强调的以平台为核心的"云快递"服务模式。(2009年12月4日21世纪网)

【云时代】 yúnshídài 名词。即云计算时代。"云"指连接在互联网上的计算机群,不论信息资料存储在哪台计算机上,都可以在任何地点用某些设备(如计算机、手机等)迅速查询和计算这些信息资料。例搜狗输入法的推出,也

代表中文输入进入了云时代。(2009年11月16日搜狐网)

【云引擎】 yúnyǐnqíng 名词。指面向互联网及云安全技术的安全内核。例这一次我们推出的云查杀,或者说云引擎实际上就是基于云安全、云计算做出来的引擎。(2009年9月15日腾讯网)

Z

【造云船】 zàoyúnchuán 名词。一种专用来制造白云的船。其工作过程是把具有造云功能的船队分布到海洋里,利用风能吸收海水,通过高高的烟囱喷射到空中形成白云。旨在利用形成的白云反射太阳光,减少二氧化碳排放导致的气温上升。例一项独立的研究显示,与所有对抗全球变暖创意中所需要的费用和产生的效益相比,造云船的费用相对较低,而获得的支持有增无减。(2009年8月28日《新民晚报》)

【宅童】 zháitóng 名词。长时间待在家里不出门的儿童。也称"宅孩"。例网络普及与快速,台湾岛内的"宅童"愈来愈多。(2008年4月11日中国新闻网)

【涨时代】 zhǎngshídài 名词。物价、房价等飞速上涨的时代。例无论是价格机制的改革,还是阻止"涨时代"的逼

近,公民权利都应得到强有力的维护。(2009年8月21日搜狐网)

【智愿者】 zhìyuànzhě 名词。在互联网上贡献知识和智慧的人。例智愿者的群体约有200人,这些草根专家并不受雇于网站,却是这本大百科全书的核心成员。(2009年9月3日《中国青年报》)

【智障工】 zhìzhànggōng 名词。存在智力障碍的务工人员。例他走上了另一条道路,即使用奴工,尤其是童工、智障工。道理很简单——这些人"听话"、"好管教"。(2007年6月23日金融界)

【中国责任】 Zhōngguó zérèn 指中国在全球问题上承担的义务和责任。"中国责任"是由美国等发达国家给中国定义的,它在部分层面上反映了中国与世界关系的某些事实,但更大程度是要中国在金融危机、气候变化、国际维和等问题上,承担起与中国国力和发展阶段并不相称的众多义务,以此减轻发达国家的"负担",并阻滞中国发展。例在世界经济危机的大背景下,国际社会将探询的目光转向世界的东方,中国模式、中国责任、中国形象成为人们热议的话题。(2009年4月8日《人民日报》)

【种文化】 zhòngwénhuà 动词。指言传身教传播文化,使文化扎根基层,调动人们参加各种文化活动,参与文化建设。例在送书下乡的过程中,农村文化建设还尝试各种途径和机制,鼓励农民发展图书大院、电影室等自办文化项目,将"送文化"与"种文化"结合起来。(2009年1月1日《人民日报》)

【紫领】 zǐlǐng 名词。兼有蓝领的动手操作能力和白领的积极创新能力，在各自领域深受欢迎的人。因红得发紫（含戏谑意），故称。例 这些拥有 Practical（能动手操作）、Progressive（积极创新）、Personal Brand（拥有个人品牌），既能动手，又能动脑的新职场明星，在各自的领域红得发紫，我们叫他们"紫领"（Purplecollar）。（2008 年 9 月 11 日慧聪网）

【租房奴】 zūfángnú 名词。买不起房子，靠租房生活并受房租之累的人。例 ……这只占一小部分，绝大部分的"北漂"和"南漂"一族还是处在"租房奴"中。（2009 年 11 月 16 日比特网）

2010年年度新词语使用状况表
（按频次排列）

说明：

1.使用状况调查语料源自国家语言资源监测语料库中2010年年度平面媒体、有声媒体和网络新闻的语料，共计1 301 850个文本文件，1 116 623 140字次。

2.有些词语是从该语料库之外的报刊、网站搜集到的，因此在该语料库中使用频次为零。

3.左上角标有"*"的是旧词新义。

词 目	频 次	文本数	所在页码
给力	5443	3132	57
犀利哥	4805	1062	195
呜呜祖拉	3274	462	192
章鱼哥	2633	806	225
中国达人秀	1918	665	232
维基揭秘	1656	313	187
新国十条	1541	869	202
胶囊公寓	1411	209	82
*小白菜	1323	574	199

词目	频次	文本数	所在页码
世博护照	1037	338	155
*苹果皮	902	128	135
蒜你狠	878	677	160
国十一条	846	506	63
赵作海案	788	331	225
*翻墙	744	554	46
根叔	716	144	58
豆你玩	714	589	42
*爆仓	709	301	9
团客	628	464	169
神马	596	393	152
巴比	569	281	3
柠檬水起义	538	60	128
理约	531	443	104
蛟龙号	513	84	83
中国控	491	319	233
*蓝精灵	486	175	101
天地图	481	62	166
羊羔体	480	143	209
3Q大战	439	247	147
兽兽门	435	240	157
中国服务	399	241	233

词 目	频 次	文本数	所在页码
网店实名制	399	142	173
姜你军	389	347	81
漏摇	367	296	111
果粉	364	215	64
微新闻	361	318	186
微单	353	139	179
糖高宗	349	300	163
极虎	335	209	78
未来信	332	247	189
志愿彩	331	150	228
立体快巴	325	33	104
慢城	310	60	116
*玻璃门	309	212	17
泡菜危机	305	112	132
开领	293	278	92
哈夫病	280	57	65
低碳旅游	279	146	38
零帕	277	69	108
PE腐败	272	91	130
拜客	271	71	6
空博	265	207	96
经转商	265	81	88

词目	频次	文本数	所在页码
偷票房	258	59	168
凡客体	250	78	46
考神	247	39	93
瓦瓦祖拉	245	95	173
能博会	241	52	127
小青春期	240	92	200
裸辞	240	22	114
*北约	232	62	11
孔雀哥	222	90	97
时间芯片	220	62	153
*华约	216	111	72
切客	206	43	139
酒店试睡员	204	44	90
咆哮哥	202	57	132
*上墙	196	157	141
苹什么	196	147	136
龙虾门	194	68	109
天线门	192	106	167
僵尸手机	188	24	82
封村	185	65	50
绿羊羊	183	87	113
南杨案	180	101	125

词 目	频 次	文本数	所在页码
微博控	179	105	176
摩女	177	72	123
媒治	177	33	119
森女	175	63	150
僵尸病毒	175	48	81
黑飞	174	65	69
手机僵尸	173	39	156
空房管家	170	26	86
菜头	168	109	20
蜗婚	167	32	190
踏板门	156	105	161
被联盟	156	147	13
*超学时	152	78	23
淘凶	149	18	165
菜奴	149	87	20
摆婚	149	117	5
激素门	146	78	77
早熟门	144	98	223
*裸晒	142	51	115
黑灯率	142	54	68
10后	141	113	208
震网	137	67	226

词　目	频　次	文本数	所在页码
以善代刑	137	31	214
*记者村	135	62	79
直改名	133	35	227
黑机	133	112	70
3D 报纸	133	28	147
*签到	132	25	137
六普	130	45	108
饭局门	130	29	47
蛋形蜗居	129	46	33
志愿礼	128	65	229
张三族	127	31	224
李刚门	123	66	103
低碳达人	121	74	36
化税为薪	120	47	72
被志愿	120	113	16
团奴	119	47	170
微访	118	39	180
柜族	118	48	62
傍傍族	118	21	8
拼养	117	13	134
感谢门	116	72	54
张悟本现象	113	66	224

词　目	频　次	文本数	所在页码
紫砂门	112	45	237
微博门	111	64	177
裸账	111	31	115
平墅	110	28	135
陆生三法	109	43	112
阳光假	108	83	210
吻瘫	108	67	190
退出令	108	52	171
上班奴	108	24	151
锐词	108	21	145
彩衫军	106	37	19
表情帝	105	53	17
预测帝	103	84	221
禁报令	103	30	86
低碳交通卡	103	37	37
欧猪五国	102	71	130
天冰	101	76	166
空天战机	101	39	97
筷子路	100	22	100
教考	100	85	84
乳房炸弹	99	8	145
证件哥	98	10	227

词 目	频 次	文本数	所在页码
悦活	97	37	222
锦旗哥	97	20	85
贺岁帝	97	60	68
飞机墓	97	17	48
专拍哥	96	26	235
垃圾减量日	95	75	100
媒曝	94	92	118
打错门	94	64	29
*洋白菜	93	57	210
被署名	93	32	15
医联码	92	11	213
悲催	92	65	10
洗蟹粉	91	17	196
冲凉死	91	35	26
房二代	89	38	47
蛋居	89	26	32
特招门	88	39	166
被小三	88	82	15
跳楼门	87	54	168
碳信用卡	85	28	162
袖珍公交	84	33	205
金扫帚	84	21	85

词目	频次	文本数	所在页码
零帕族	83	15	108
弹簧门	83	59	161
碳捕捉	82	43	162
菊花文	82	28	90
被上楼	82	31	14
微笑姐	80	43	185
黄山门	80	40	73
有备族	79	11	218
微情书	79	24	183
新国四条	78	60	203
千团大战	78	45	137
毛基	77	24	117
梨花头	76	39	103
杯具门	76	22	9
限宴令	75	18	197
战略知识分子	74	3	224
黑灯照	74	36	69
海囤族	74	43	66
赖班族	73	18	101
淡定哥	73	42	32
中国独秀论	72	20	232
九宫格日记	72	11	89

词 目	频 次	文本数	所在页码
*喊渴	72	64	67
议价师	71	12	214
伪农民	71	33	188
犀利姐	71	36	195
脾气门	71	38	133
僵尸粉	71	14	81
茶杯门	71	36	21
微博问政	70	30	178
就书	69	56	90
喝水死	67	42	67
发票奴	67	13	45
洗脸死	66	50	195
地板工资	66	32	40
吃费手机	66	9	25
中国答卷	65	36	232
蜗婚族	65	21	191
白金汉	64	45	5
荒时代	63	50	737
滞婚	62	12	230
跳早族	62	7	168
火山灰危机	62	34	76
微博元年	61	44	179

词　目	频　次	文本数	所在页码
毁遗	61	39	75
反腐硕士	61	13	46
环保妹	60	10	73
玉米疯	59	48	220
楼超超	59	14	110
试考族	58	7	155
浮云哥	58	4	51
小康二代	57	46	200
微时代	57	32	184
世博婚	57	31	155
闹太套	57	28	127
灰技	57	8	74
阿鲁族	56	10	1
油米	55	19	216
中国金	55	35	233
港生一代	55	10	54
*对表	55	43	43
楼挤挤	54	19	111
智障包身工	53	14	230
血房	53	12	207
淘男	53	10	165
励志哥	53	17	105

词目	频次	文本数	所在页码
亿时代	52	37	214
七彩之心	52	25	136
抡车男	52	32	113
学模	51	18	207
微革命	51	24	181
龙套帝	51	20	109
西毕生	50	26	193
认房认贷	50	44	143
练摊帝	49	8	106
党龄工资	49	5	34
被上网	49	44	15
时间宝宝	47	21	153
伪城镇化	47	16	188
齐全哥	47	18	137
瞌睡哥	47	5	94
故里经济	47	22	60
微博招聘	46	17	179
网配	46	33	174
数码毒品	45	4	158
融雪屋	45	13	144
剧二代	45	10	91
房托族	45	10	47

词目	频次	文本数	所在页码
地震捕手	44	3	42
吸费门	44	13	194
鼠族	44	17	157
卡佩罗指数	44	15	92
啵乐哥	44	15	17
被明星	44	42	14
巴比晚宴	44	30	3
时间信使	43	15	154
声音爸爸	43	6	152
未来邮局	43	24	189
囧囧族	43	20	171
地下标间	43	22	41
志愿歌	42	33	229
油你涨	42	39	217
微针	42	13	187
绿价比	42	10	112
乐价比	42	6	102
粉衫军	42	19	49
错案警示日	42	26	28
白技	42	27	4
蜗居蛋	41	7	191
天价QQ	41	28	167

词　目	频　次	文本数	所在页码
解套哥	41	5	85
衣橱整理师	40	11	212
晕3菜	40	14	222
微动力	40	22	180
树官	39	14	158
微博体	39	29	177
i理财	39	8	77
祥云工程	38	18	199
词媒体	38	10	27
白领返乡	38	26	5
未来哥	37	21	189
被第一	37	33	13
空气考生	36	7	97
煤超疯	36	32	119
钢管姐	36	5	54
地板干部	35	4	40
通缉门	35	18	168
灵猫六国	35	8	107
活粉	35	9	75
海豚族	35	24	66
担忧爷	34	8	31
竹立方	34	18	235

词　目	频　次	文本数	所在页码
炫父	34	23	206
低碳信用卡	34	16	39
戳车男	34	7	27
被坚强	34	32	13
微管	33	26	181
低碳哥	33	14	36
低碳爱情	33	12	36
保本菜	33	11	8
足囚协会	32	18	237
有线手机	32	9	218
奴时代	32	7	129
地王秀	32	7	41
地补	32	17	40
白菜服	32	23	3
N 连跳	32	22	124
云物流	31	15	222
慢拍客	31	2	117
零百千万工程	31	22	107
拆弹红条	31	8	22
淘手	30	6	165
刹那族	30	3	21
*菜农	29	13	19

词目	频次	文本数	所在页码
压力面	29	25	208
安胎假	29	7	2
微民	28	7	183
板凳妈妈	28	10	7
微投诉	28	10	184
十全十美婚	28	19	152
楼陷陷	28	10	111
*超导	27	6	22
*橙子	27	21	25
被弟子	27	17	12
卖折族	26	3	116
裸购	26	1	114
哼唱搜索	26	5	70
古墓经济	26	10	60
发言门	26	13	45
冒死爷	25	11	118
罚款套餐	25	12	45
暖床员	24	8	129
献身门	24	9	198
团生活	24	22	170
全裸政府	24	16	142
敲章族	24	21	139

词 目	频 次	文本数	所在页码
公益存折	24	3	59
富 N 代	24	13	52
微喜剧	23	6	185
守望犬	23	12	157
视频就业	23	6	156
跑京	23	11	132
盖被死	23	12	53
春晚钉子户	22	12	26
脑退化症	22	12	126
骷髅死	22	15	99
禁网门	22	17	86
胸替	21	14	205
智能蜗居	21	3	230
学历造假门	21	17	207
尿点	21	19	128
炒地图	21	11	24
*小蓝莓	20	11	200
克隆生	20	13	94
台历门	20	12	161
连跳门	20	10	105
口舌费	20	15	98
汉堡族	20	3	67

词目	频次	文本数	所在页码
互粉	20	8	71
鳄鱼哥	20	10	44
三嫂院士	19	7	148
子弹体	19	6	236
幼儿名片	19	5	218
新老年	19	5	203
微世界	19	14	184
网一代	19	9	175
淘课族	19	7	164
绿色零碳信用卡	19	11	113
黎明工程	19	4	103
开水门	19	7	93
核银行	19	12	68
*格子领	19	5	57
淡定姐	19	5	32
撤办令	19	9	24
植物环保瓶	18	16	228
炫证女	18	5	206
俗贿	18	4	159
禁香令	18	8	87
发狂死	18	16	44
草族	18	6	21

词 目	频 次	文本数	所在页码
擦汗门	18	9	18
爱绿日	18	9	2
滞婚族	17	4	231
药你苦	17	14	211
糖玄宗	17	12	163
清退门	17	10	140
可乐手机	17	6	94
高姐	17	8	55
电子绿标	17	4	42
淡定帝	17	16	32
代表门	17	10	30
被逝世	17	8	15
隐身猫	16	3	
棉花掌	16	12	121
坑前班	16	1	95
词时代	16	9	28
被酒驾	16	14	13
状态人	15	11	235
过期新鲜人	15	8	65
密码族	15	2	121
快炒族	15	1	100
经转限	15	5	88

词 目	频 次	文本数	所在页码
博士工	15	12	18
移动就业	14	5	213
微博110	14	7	176
网上敬老院	14	2	174
玩偶旅行社	14	3	173
微博游	13	8	178
微博议政	13	11	178
求上墙	13	4	141
潜伏地块	13	3	138
果咖	13	12	64
官效工资	13	10	61
碳粉知己	12	4	162
耐药宝宝	12	5	125
慢跑干部	12	5	117
箱居	12	11	198
乡愁体	12	5	198
网课族	12	6	174
特搜族	12	9	165
青春样范儿	12	9	139
咖啡汽车	12	5	92
解独	12	9	84
干水	12	9	54

词 目	频 次	文本数	所在页码
负月薪	12	3	52
疯克鸡	12	2	51
被出国	12	6	12
钟摆式移民	11	5	234
垄二代	11	10	110
微域名	11	3	186
民生名片	11	2	123
秒停秀	11	7	122
米包机	11	2	120
萝卜招聘	11	3	114
技术宅	11	9	80
计算云	11	11	79
灰色支出	10	2	74
粉丝买卖	10	4	50
保证哥	10	4	8
天花板官员	9	3	167
漂二代	9	4	133
观光孕妇	9	1	61
潮外婆	9	4	23
纸牌门	9	7	228
语音云	9	4	220
熊猫姓氏	9	3	205

词目	频次	文本数	所在页码
微爱情	9	5	175
北京镑	9	6	10
全漂族	9	7	142
啃嫩族	9	2	95
禁怨令	9	2	87
低碳谷	9	3	37
半漂族	9	7	8
苏珊大爷	8	4	159
撞峰	8	5	236
中考白条	8	4	234
鸳鸯名片	8	2	221
研漂	8	3	209
险奴	8	7	197
微谣言	8	3	186
团购学历	8	7	169
肉片装	8	6	144
拼炒族	8	5	134
奶瓶男	8	4	124
秒团族	8	3	122
乐益族	8	2	102
口误帝	8	6	99
红娘哥	8	3	70

词目	频次	文本数	所在页码
鳏寡效应	8	1	61
高考微作文	8	4	56
被作弊	8	6	16
被潜门	8	5	14
中国云谷	7	4	234
月光退休族	7	4	221
婴儿黑洞	7	6	216
药老鼠	7	4	211
橡皮婚姻	7	1	199
虾死你	7	4	196
微文化	7	5	185
日历哥	7	1	143
果奴	7	5	64
顶码	7	1	42
Phone 时代	7	3	131
泳动机	6	3	216
一厘米主权	6	2	212
行政刷票	6	2	204
如厕死	6	6	144
去城市病	6	3	141
批零同营	6	4	133
两手干部	6	1	106

词目	频次	文本数	所在页码
经济弱势男	6	5	88
挤生活	6	4	78
花草族	6	2	71
黑飞族	6	3	69
粉刺死	6	4	49
低碳人家	6	5	38
低水经济	6	3	35
导二代	6	3	34
代际符号	6	4	30
三瓶女人	5	3	148
高薪蓝	5	2	56
语文门	5	5	219
维他糖	5	1	188
微作文	5	3	187
团团族	5	5	170
淘婚族	5	2	164
碳机会	5	5	162
恼火族	5	5	125
密码强迫症	5	3	120
锚族	5	1	118
快餐男	5	3	99
光线雨	5	5	62

词 目	频 次	文本数	所在页码
工盟	5	5	59
高考哥	5	4	55
灯光上网	5	2	35
潮丐	5	3	23
闭关族	5	1	16
三低同事	4	1	148
洋代工	4	2	211
心情地图	4	2	202
心脚标	4	4	201
微简历	4	3	182
签到控	4	2	138
年清族	4	1	128
绿段子	4	4	112
乐宅女	4	1	102
高端剩客	4	4	55
坟奴	4	2	48
多忙时代	4	3	43
IN 词	4	4	76
DNA 喷雾	4	3	29
娱乐烈士	3	2	219
蜜月测试员	3	2	121
废柴族	3	2	48

词目	频次	文本数	所在页码
划车妹	3	1	71
微耳	3	3	180
双核家庭	3	2	158
社会墙	3	2	152
山楂女	3	3	150
拧盖族	3	1	129
年奴	3	2	127
拇指图书馆	3	2	123
极客男	3	1	78
工科联盟	3	3	58
鸽你肉	3	3	56
单贵女	3	1	31
半裸婚	3	3	7
U盘采购门	3	1	172
TA时代	3	1	160
下井助理	2	2	196
低薪白	2	1	39
亚历山大	2	2	209
熊猫字	2	2	205
星期二综合征	2	2	204
吸金手机	2	1	194
微富二代	2	1	181

词 目	频 次	文本数	所在页码
素养男	2	1	159
上墙哥	2	1	151
入职季	2	1	145
码奴	2	2	115
恐检族	2	1	98
海藻灯	2	1	66
根叔式演讲	2	2	58
腐不起	2	2	51
吃拆迁	2	2	25
毕剩客	2	1	16
正妹现象	1	1	227
印章相机	1	1	215
巡婚	1	1	207
蜗租	1	1	191
伪婚族	1	1	188
微骚客	1	1	183
淘港族	1	1	163
色酬	1	1	149
扫街族	1	1	149
全裸婚	1	1	142
腻生活	1	1	127
南中国三小时经济圈	1	1	125

词目	频次	文本数	所在页码
回音体	1	1	74
低碳客	1	1	38
头衔通胀	0	0	169
游二代	0	0	217
微博保姆	0	0	176
穷二女	0	0	140
青绿人士	0	0	139
流二代	0	0	108
精英硕鼠	0	0	89
街拍控	0	0	84
孩农	0	0	65
富跑跑	0	0	53
K歌培训师	0	0	91
中产焦虑症	0	0	231
宅病毒	0	0	223
余味男	0	0	219
隐形世袭	0	0	215
隐贷族	0	0	215
校内体	0	0	201
夕阳隐婚族	0	0	193
鸵鸟爱情	0	0	172
睡蔬菜	0	0	158

词　目	频　次	文本数	所在页码
人流季	0	0	143
拼居族	0	0	134
秒课	0	0	122
咪咪墅	0	0	119
脉客族	0	0	116
亮叔体	0	0	106
恐剩症	0	0	98
啃亲族	0	0	95
考碗钉子户	0	0	93
嫁房女	0	0	80
婚宴红条	0	0	75
公家男人	0	0	59
代客帮	0	0	30
贝塔男	0	0	11
斑马族	0	0	6
摆婚族	0	0	6
白菜墙	0	0	4
爱堵族	0	0	1
4D男人	0	0	147
3D巴士	0	0	146
3A族	0	0	146

后　记

一部书写毕,总要说上两句话;一个多年期的项目研制完成,作为整个项目的最终成果的一套书即将出齐,似乎更要多说几句话。

2006年5月我率南开大学的科研团队接受了国家语委"新词语编年本"的科研项目(批准号:BZ2005—09),从此开始了五个寒暑的新词语研制工作。俗语道"铁打的营盘流水的兵",它说的是事业永恒,而人员流动不止,常换常新。五年来,我的学生(包括硕士生、博士生、博士后研究人员、高级访问学者)虽然换了一茬又一茬,但我们的"新词语编年本"的研究项目不但没有受到丝毫影响,反而成果愈益丰硕。所以会如此,端赖两个最主要的因素:一个是学生们的勤奋和刻苦,另一个就是侯敏教授率领的中国传媒大学科研团队深具领航意义的加盟。五年来我们两个团队的成果,就是我主编的《2006汉语新词语》,我与侯敏教授共同主编的《2007汉语新词语》《2008汉语新词语》《2009汉语新词语》《2010汉语新词语》。

2006年开始着手年度新词语的研制工作时,我们的态度是极其谨慎的,因为我们知道自己所采取的是先手工后机检的研制方式,手段并不先进。凭靠这样的研制方法,我们最终确定下来的2006年度新词语计171条(《2006汉语新词语》正式出版时更正为172条)。就是这171条新词语,因为是首次对社会公布,又是在教育部公布的,引起了媒体和大众较为广泛的关注,也听到了一些不同意见。2007年起,侯敏教授的团队参加进来负责用机器筛选,我的团队一仍其旧先手工后机检,一定意义上说两个团队所做的工作具有互补性,两者相互依赖,缺一不可。我之所以说侯敏教授的加盟具有领航意义,一是因为由机器筛选昭示着新词语研制工作未来的发展方向,二是那之后的新词语研制工作较之从前获得了质的发展。两个团队合作之后,新词语选收的数量似呈递增之势:《2007汉语新词语》正文收新词语420条,《2008汉语新词语》正文收新词语444条,《2009汉语新词语》正文收新词语573条,《2010汉语新词语》正文收新词语626条。两个团队的合作使新词语"漏网之鱼"愈益减少,这是毋庸置疑的。当然,未来新词语是否会总是以如此高的速度逐年增长,恐怕也还有待观察和研究。

综观五部新词语编年本,可看出五年来新词语发展的一些特点:

从结构上看,汉字词(即纯由汉字构成的词)中,三字格已超越双字格等其他格式,俨然成为最能产的格式。五部新词语编年本汇总统计出的汉字词基本数据如下:

正文	《2006》	《2007》	《2008》	《2009》	《2010》	总计
双字组合	56	87	70	107	105	425
三字组合	52	154	194	281	332	1013
四字及以上	59	163	152	165	166	705
总计	167	404	416	553	603	2143

非汉字词(分字母词,数字词,字母、数字、汉字混杂而成的混搭词三种情况)也呈快速增长的趋势。从五部编年本汇总统计出的非汉字词基本数据如下:

字母词:13个(如:aH、ECFA)

数字词:1个(如:12110)

混搭词a类(数字与汉字结构成):25个(如"3字头少女""破6")

混搭词b类(字母与汉字结构成):44个(如"e摘客""M型社会")

混搭词c类(数字、字母、汉字结构成):7个(如"3Q宝宝""甲型H1N1流感")

从语义上看,旧瓶新酒式的旧词新义词(如"控、雷、人肉、山寨")数量不菲。从词性上看,名词性新词语所占比例较大,这或与政治、经济、文化等领域大量的新事物、新概念的产生有关,社会热点事件的大量涌现也是其中一个重要原因。从造词上看,谐音造词(如"草泥马、腐不起、鸽你肉、姜你军、姜一军、煤超疯、棉花掌、苹什么、蒜你狠、糖高宗、糖玄宗、虾死你、药你苦、油你涨、玉米疯")、类推造词(如由

"××门"类推出"××族、××领、××哥、××姐"等)、简缩和合并造词(如"考公"为"报考公务员"的简称;"纽伦港"为"纽约、伦敦、香港"的合称)格外引人注目。三字格、四字格及以上组合五年来保持了一个高增长的态势,或与它们比单字、双字格表义更为丰满有关。伴随新事物、新概念的大量涌现,随着社会热点事件等热门话题的迅速传播,作为其信息载体的新词语在创制上必然是多字组合增长迅速。多字组合富于乐感的韵律、表义相对丰富的构造等是其脱颖而出的主因。造词手段的丰赡、谐谑,既在讲求高效的信息社会体现了语言的经济原则,又满足了人们在多元文化背景下和开放社会条件下交际的多重需求。

"年年岁岁花相似,岁岁年年人不同。"年度新词语年年做,但新词语的词目每年不同,研制手段也在逐年更新。例如《2010汉语新词语》的一些词条,就为方便读者理解词义而增加了图片信息。这在新词语类工具书的体例方面也是一个有益的尝试。

2006年刚刚承担此一研究项目时我还曾有一个想法:待21世纪第一个十年的新词语研制工作告一段落之后,马上启动编纂一个"十年本新词语",以十年为一阶段将新词语记录下来。如今看来,我的这一设想和愿望,或许只能由后之来者去实现了。我目前最大的一个愿望是:这个项目永远有人做下去,永远坚持做下去。我们今天翻看五年前的"饭替、海啸音、李娅空翻、汉芯造假事件"等新词语,会有时过境迁之感,或许会生出"幸亏当初将这些新词语收录下来,否则,让它们白白流失该有多遗憾""假如当初没把它们记录下来,今天或许无法明白那些词语究竟是什么意思"等等想法。倘若我们的新词语研制工作未来能够一直做下去,十年之后,百年之后,甚至更多年之后的人们再来了解我们今天的社会,了解我们今人的所思所想,该是多么宝贵的资料,他们该多么感激我们今天的工作!

已经过去的悠久历史,是我们的先人一代一代传承下来的。未来更为久远的历史,需要我们为自己的后人,需要我们的后人为他们的后人,一代一代地留下史料。我们今日卓有成效的工作将构成未来历史的一个个环节,而无数个这样的环节串联在一起即成就了历史的辉煌。可以毫不夸张地说,新词语研制工作仰不愧天,俯不怍地,福泽万代,功德无量。投身此一工作付出多多,但一言以蔽之:值!

以上拉拉杂杂的话,可看作是我代表南开团队对五年来在国家语委领导下从事新词语研制工作的点滴心得和粗略总结,也可视为我本人对未来继续从事此一工作的各位先进的拜托。

周 荐

2011 年 5 月 18 日

于澳门

致 谢

为了把新词语发布和新词语编年本的工作做得更好,我们在2011年3月5日至5月20日期间将我们所做新词语的候选词语在语言文字网、中文互动百科、有声媒体语言资源网等多家网站上公示,请网友审查、把关。网友对此都很感兴趣,有四百多人次参与了讨论,在充分肯定的基础上,从不同角度提出了自己的看法和批评建议。特别是网友王小泡、蓝兔影儿、小淘饭、朱葛亮、杨不悔、尼摩船长、小霸王、一马青尘、愚人码头、锵锵之徒、敢笑杨过不痴、DAZ、Mosearch、sinoalex、Toboe等不仅提出了很好的意见和建议,还补充了一些词条,本书中"*签到、废柴族、头衔通胀、北京磅、金砖五国、候鸟老人"等词条就是经他们特别提出才收录到书中的。特在此表示深深的感谢。谢谢你们的积极参与,我们会把这本书赠送给您一本,让我们成为新词语编年本系列的永远的朋友。

另外,商务印书馆的唐敏负责策划并组织了2010年度汉语新词语在网上公示及与网友的沟通工作,中文互动百科的王波、语言文字网的于桂英站长及有声媒体语言资源网的邹煜也为新词语的公示付出了许多辛劳,谨在此一并表示衷心的感谢!

编 者